中国社会科学院学部委员专题文集

ZHONGGUOSHEHUIKEXUEYUAN XUEBUWEIYUAN ZHUANTI WENJI

外援书札

周　弘◎著

中国社会科学出版社

图书在版编目（CIP）数据

外援书札／周弘著 . —北京：中国社会科学出版社，2015.10
（中国社会科学院学部委员专题文集）
ISBN 978 – 7 – 5161 – 6433 – 4

Ⅰ.①外…　Ⅱ.①周…　Ⅲ.①对外援助—研究
Ⅳ.①D812

中国版本图书馆 CIP 数据核字（2015）第 146893 号

出 版 人	赵剑英
责任编辑	冯　斌
责任校对	刘　娟
责任印制	李寡寡

出　　版	中国社会科学出版社
社　　址	北京鼓楼西大街甲 158 号
邮　　编	100720
网　　址	http://www.csspw.cn
发 行 部	010 – 84083685
门 市 部	010 – 84029450
经　　销	新华书店及其他书店

印刷装订	环球印刷（北京）有限公司
版　　次	2015 年 10 月第 1 版
印　　次	2015 年 10 月第 1 次印刷

开　　本	710×1000　1/16
印　　张	19.25
插　　页	2
字　　数	311 千字
定　　价	69.00 元

凡购买中国社会科学出版社图书，如有质量问题请与本社营销中心联系调换
电话：010 – 84083683

前　　言

哲学社会科学是人们认识世界、改造世界的重要工具，是推动历史发展和社会进步的重要力量。哲学社会科学的研究能力和成果是综合国力的重要组成部分。在全面建设小康社会、开创中国特色社会主义事业新局面、实现中华民族伟大复兴的历史进程中，哲学社会科学具有不可替代的作用。繁荣发展哲学社会科学事关党和国家事业发展的全局，对建设和形成有中国特色、中国风格、中国气派的哲学社会科学事业，具有重大的现实意义和深远的历史意义。

中国社会科学院在贯彻落实党中央《关于进一步繁荣发展哲学社会科学的意见》的进程中，根据党中央关于把中国社会科学院建设成为马克思主义的坚强阵地、中国哲学社会科学最高殿堂、党中央和国务院重要的思想库和智囊团的职能定位，努力推进学术研究制度、科研管理体制的改革和创新，2006 年建立的中国社会科学院学部即是践行"三个定位"、改革创新的产物。

中国社会科学院学部是一项学术制度，是在中国社会科学院党组领导下依据《中国社会科学院学部章程》运行的高端学术组织，常设领导机构为学部主席团，设立文哲、历史、经济、国际研究、社会政法、马克思主义研究学部。学部委员是中国社会科学院的最高学术称号，为终生荣誉。2010 年中国社会科学院学部主席团主持进行了学部委员增选、荣誉学部委员增补，现有学部委员 57 名（含已故）、荣誉学部委员 133 名（含已故），均为中国社会科学院学养深厚、贡献突出、成就卓著的学者。编辑出版《中国社会科学院学部委员专题文集》，即是从一个侧面展示这些学者治学之道的重要举措。

《中国社会科学院学部委员专题文集》（下称《专题文集》），是中国社会科学院学部主席团主持编辑的学术论著汇集，作者均为中国社会科学院学部委员、荣誉学部委员，内容集中反映学部委员、荣誉学部委员在相关学科、专业方向中的专题性研究成果。《专题文集》体现了著作者在科学研究实践中长期关注的某一专业方向或研究主题，历时动态地展现了著作者在这一专题中不断深化的研究路径和学术心得，从中不难体味治学道路之铢积寸累、循序渐进、与时俱进、未有穷期的孜孜以求，感知学问有道之修养理论、注重实证、坚持真理、服务社会的学者责任。

2011 年，中国社会科学院启动了哲学社会科学创新工程，中国社会科学院学部作为实施创新工程的重要学术平台，需要在聚集高端人才、发挥精英才智、推出优质成果、引领学术风尚等方面起到强化创新意识、激发创新动力、推进创新实践的作用。因此，中国社会科学院学部主席团编辑出版这套《专题文集》，不仅在于展示"过去"，更重要的是面对现实和展望未来。

这套《专题文集》列为中国社会科学院创新工程学术出版资助项目，体现了中国社会科学院对学部工作的高度重视和对这套《专题文集》给予的学术评价。在这套《专题文集》付梓之际，我们感谢各位学部委员、荣誉学部委员对《专题文集》征集给予的支持，感谢学部工作局及相关同志为此所做的组织协调工作，特别要感谢中国社会科学出版社为这套《专题文集》的面世做出的努力。

《中国社会科学院学部委员专题文集》编辑委员会

2012 年 8 月

目　　录

自　序

在这本书札中，我收集了过去十数年间有关对外援助（foreign aid）研究的部分手稿。对外援助涉及的层面很多，也有很多其他称谓，如"官方发展援助"、"国际发展合作"等，都属于对外援助讨论的范畴，有些国家还把军事援助纳入对外援助的范畴，但多数国家的对外援助主要关注发展问题。为了更好地体现国家间平等的原则，越来越多的国家将其对外援助称为"国际发展合作"。

对外援助是跨越国界的财政转移，牵涉到众多的跨国行为者、复杂的利益关系、烦琐的行为规则和行为方式，以及厚重的历史背景和特殊的国家间关系。在 20 世纪末我开始涉足这个领域的研究时，同人和朋友们还不太理解，认为我在关注"冷门中的冷门"，即使在国际关系学界，对外援助问题也很少有人问津。但我认为，作为国与国之间深层交往的一条现实纽带，总需要有人去研究。因此，在过去的 15 年间，我在主要业务工作之余不时地关注一下对外援助领域里的进展，对外援助逐渐成为我的一项业余爱好。

能把业余爱好做成一定规模是我始料不及的。随着"联合国千年发展目标"的到期和有关"后 2015 议程"讨论的升温，将散落在各处的外援手稿收集整理成册也成了我的一个心愿，而这个心愿恰好能够借中国社会科学的"学部委员专题文集"的平台出版，更令我感到欣慰。整理过后的业余爱好成果虽然不够系统，但数量也十分可观：由我参与写作并主编的著作有三部，还有一些相关的中英文文章。我从与他人合作的成果中抽取了我个人撰写的部分，舍弃了一些联合署名的篇章和不够成熟的文稿，最后形成的这八章书札囊括了一些理论的探索和讨论，也收集了一些重要国家和行为主体的对外援助理论和实践，算是我的学习心得。

这部书札的最大遗憾是没有设立专章讨论对外援助的国际治理体系。这项工作在我主编的两部专著中（指《外援在中国》和《中国对外援助60年》）均有体现，但因相关章节由同事撰写或合作撰写，所以没有收录在此。第二次世界大战后，帮助不发达国家和地区从事发展事业曾经是国际治理体系的关键主题之一。数十年间，国际援助机构与各个援助国和受援国之间产生了大量的互动，各种行为体从不同的目的和优势出发，开展了各种各样的援助工作，对当今世界的塑造起到了十分关键的作用。中国作为曾经的最大的受援国和日益重要的援助国，在这个领域里扮演了独特而重要的角色。

对外援助大量地讨论发展问题、贸易问题、社会问题、法律问题，以及日趋严重的全球性问题：如人口的增长和流动、环境的污染和水资源的短缺、传染病的流行、毒品及其他犯罪问题等，这些都是传统的国际关系理论没有覆盖的知识领域，但却早已进入了外交事务的议程。这种现象给分散在各个领域里的研究者提出了选择分析工具和进行相互交流的难题。从这部书札中也可以看出我在分析工具选择方面的困惑和努力。

在这部书札中，我的关注主要集中在分析主要的国际援助行为体的动机和方式，同时关注相关的地缘政治和经济格局变化，例如冷战结束后发展中国家作为东西方争夺对象的历史地位的发展变化。我还试图讨论发展的主题、技术、方式和方向之间的相互作用，通过对外援助这个渠道可以清晰地看出，观念和技术等细节因素对于国际关系的潜在和巨大的影响力。所以，我在这里讨论的不只是援款、项目、技术等这样一些树木，而是尝试通过这些树木去判断整个森林。我们可以看到，援助国有提供援助的理由和方式，而受援国有受援国的无奈和选择，国际社会的经济不平等和政治不民主大量地反射在对外援助关系中。援助国和受援国有截然不同的发展水平、社会结构和政治程序，但是对外援助在它们之间建立连接，串联从社会基层到政治高层的各个环节，将争论和博弈技术化为发展议题。这些行为主体的出发点也许各有不同，但是它们却集体地构成了一幅世界格局的素描，是一种写实的和社会化的国际关系。

周　弘

第一章

对外援助与现代国际关系^①

一　引言

冷战结束以后，在西方发达国家内部曾经历过一场关于外援的大辩论。这场辩论围绕外援的目的、外援的效用、受援国对于外援的使用和援助国与受援国之间的关系展开。与这场辩论相对应，世界外援的数额出现了明显的下降趋势。但是到了世纪之交，两场战争重新唤起了人们对于外援的关注。一场战争发生在欧洲：1998 年年末，科索沃战争还未打响，欧洲的战略家们就在酝酿着一项庞大的援助计划。1999 年 6 月，这个被称为《东南欧稳定公约》的援助计划正式启动，它提出的口号是"促进和平、民主、对人权的尊重以及经济繁荣"，目前它正在巴尔干的西欧化进程中扮演着重要的角色。另外一场战争发生在中亚：阿富汗战场硝烟未散，世界上的主要援助国就聚集在东京，讨论如何通过经济援助稳定并重建被战火摧毁的阿富汗。阿富汗战争和反恐行动引起了人们关于世界发展不平衡、国际秩序不公正的深刻反思。2002 年 3 月，由发达国家和发展中国家领导人共同参加的《联

---

① 本章系作者根据本人为《对外援助与国际关系》（2002）一书所写的前言改写而成。从国家利益理论、超国家理论以及国内因素外化现象等方面，对应用于对外援助领域里的几种主要理论进行了梳理，并尝试运用马克思主义的基本分析方法，从提供援助的主体动机、国际背景、国内因素以及提供援助的观念与方式等方面进行分析和概述。认为，对外援助的多双边援助提供者不仅占有资金、技术、设备等硬件方面的优势，而且还具有管理经验和人文观念等软力量，因此可以借助外援资金流动的网络，带动发达的援助国内部的各种因素向发展中的受援国进行多层次的扩散和渗透。发展中国家不仅需要利用外援发展自己的硬力量，而且还需要发展自己的软力量，才有可能实现援助国和受援国之间的互利合作。原文曾刊于《欧洲》2002 年第 3 期。

合国发展筹资大会》达成了"蒙特雷共识"。欧洲和美国的代表在会上纷纷承诺，要在未来的几年中大幅度增加外援数额。于是，对外援助又成为人们广泛关注的热点。

从《马歇尔计划》开始，对外援助政策就在国际和地区性冲突的善后中发挥着巨大作用，不仅如此，它还涉及不为新闻媒体所关注的广阔领域，深入发展中国家内部经济、社会乃至政治生活的层面。在一些专门从事外援工作的机构中，常常可以听到这样的评论：发展援助并不总是成功的，但是所有成功的发展经验中都有援助的作用。

中国是世界上最大的受援国之一，根据经合组织不完全的统计，中国自20 世纪 80 年代初期以来，累计接受官方发展援助已达 600 亿美元。根据2002 年 1 月的最新统计，1999 年中国接受来自发达国家外援资金达 22.5 亿美元，是当年世界第二大受援国。[①] 在改革开放初期，中国利用外援资金，投资中国急需的基础设施和能源建设，后来又投资于市场建设、健康和教育事业以及环境保护等领域。外来的发展援助对于中国的经济改革起到了积极的推动作用。中国同时也是援助国。作为援助国，中国提倡平等互利、尊重主权、讲求实效等原则。[②] 无论是作为发展中的受援大国，还是作为向其他发展中国家提供紧急人道主义援助的国际社会负责任的成员，中国都需要比较完整而透彻地了解国际外援提供者们的理论、机构、政策和方法，为中国的改革发展事业和外交政策提供有益的参考。

二　国外研究外援的现状

关于对外援助的研究，在国内尚未形成规模，在国外却已取得了丰硕的理论成果。从国际关系的角度来看，国外主要从"国家利益"理论、"超国家"理论以及不可能被上述理论涵盖的、解释国家内部因素外化现象的理论

---

① 根据 2001 年经合组织网上数据，http：//www1. oecd. org/dac/htm。

② 1964 年周恩来总理提出中国对外援助八项原则，即平等互利、尊重主权（不附加任何条件）、以无息或低息贷款方式提供、帮助受援国走自力更生道路、力求投资少收效快、提供自己生产的质量最好的设备和物资、培训受援国人员掌握中国技术、中国在受援国专家不享受任何特权等。到了 80 年代，中国进一步提出"平等互利、讲求实效、形式多样、共同发展"等原则主张。参见《世界经济百科》，中国大百科全书出版社 1987 年版，第 876 页。

展开对外援实践研究的。

（一）国家利益理论

国家利益理论是发达国家提供外援的最为常见的政治理论依据。其中尤以现实主义的理论最具代表性。这种理论的预设前提是，在无政府的状态下，主权国家之间的永恒争斗决定着国与国之间的关系。在现实主义国际政治理论家摩根索看来，国家安全的前提是提高国力，而国力的主要成分是军事力量，其他因素，如经济力量、地理和政治的属性（如国家资源、科学技术、人力资源、政治领导和意识形态）都或加强或削弱军事力量。国家的对外政策是决定一个民族生存的政策。政策制定者使用各种政策工具保护或者促进民族安全和主权，抵御国际环境中的敌对势力，对外援助政策就是这样一种工具。因而，摩根索认为，无论什么形式的对外援助，本质都是政治性的，主要的目标都是促进和保护国家利益。① 他举出六种对外援助形式：人道主义援助、生存援助、军事援助、名望援助、贿赂、经济发展援助。他认为，人道主义援助和生存援助看上去是非政治性的，但是它们的最终目的还是保持国际力量对比的现状。军事援助的目的是军事战略，名望援助不包含发展的意义，经济发展援助本身已经变成了和平时期转移资金和服务的意识形态。所以，在对外援助的旌旗下并没有更高的道德原则。

同样是现实主义者的华尔兹进一步认为，在无政府状态下，主要的世界大国是相互竞争的对手，它们谋求建立霸权和霸权安全体系，对外援助政策就是霸权工具。军事援助直接服务于加强两极世界的安全体系，而经济援助则是给这个安全体系争取盟友和朋友，与行贿没有差异，也是为了增强援助国的国力，特别是遏止共产主义，建立"合适的世界秩序"的工具。②

瑞德尔认为，帝国主义时代的历史遗产对外援政策产生了影响。因此，欧洲援助国的行为也可以用国家利益理论来解释。在后殖民时代，外援用援助国和受援国之间的新关系延续前宗主国和殖民地之间的各种老关系。③ 这

---

① Hans Morgenthau, "A Political Theory of Foreign Aid", *American Political Science Review* 56, 2（June 1962）, pp. 301 – 309.

② Kenneth Waltz, *Theory of International Politics*, New York：Random House, 1979, p. 200.

③ Roger C. Riddell, *Foreign Aid Reconsidered*, Baltimore：The Johns Hopkins University Press, 1987, pp. 131, 133.

种观点得到了来自第三世界的理论的补充，多斯桑托斯认为，对外援助投资于发展中国家的原料生产，而不投资可能和援助国形成竞争关系的产业，使发展中国家的经济完全根据世界市场的需要，而不是根据自身发展的需要而发展，从而使受援国丧失了处理危机的内部机制，使它们在经济上长期地依赖于援助国的援助。① 更有大量的研究证明，援助还用于在援助国培训受援国的军官和官员，从而在政治上培养受援国对于援助国的亲和力和依赖性，维系从殖民时代延续下来的特殊政治关系。② 甚之，军事援助还是维持资本主义国家经济繁荣和就业的措施。③

（二）超国家理论

活跃在对外援助领域里的行为者不仅限于主权国家。各种国际多边发展银行和国际组织提供了全球30%—40%的发展援助，如世界银行、联合国机构以及地区发展银行等都由于自有资源或国际融资能力而成为外援领域里的强大力量。由于多边机构的资金来源于各个成员，这些成员就将本国对于外援的预期和发展理念与模式带到多边组织来，经过整合而形成超国家的发展理论与政策。这些理论与政策需要满足多边成员的基本认同，又要证明外援资金转移的普遍合理性。

自"涓滴理论"④之后，一直到20世纪80年代，多边援助机构强调的都是"工业发展替代理论"，这种理论与"国际经济新秩序理论"不同，后者主张"国家建设"，前者主张"全球团结"，后者强调国家与国家之间的相互利益，而前者则是以发达国家的工业化进程为典型，寻找发展的必要条件，并设法通过国际性的财政转移替代那些必要条件。例如，将外援资金投资于发展中国家的基础设施建设，用以替代通过原始积累才能获得的必要资本；用外援资金购买必要的技术，用以替代技术革命的漫长过程；用外援资金投资于人力资源的发展，用以替代消耗时日的技术和管理人才的培训等等。总之，国际多边组织倾向于以一种乐观和渐进主义的理念进行发展工

---

① ［巴西］特奥托尼奥·多斯桑托斯：《帝国主义与依附》，社会科学文献出版社1999年版。

② Simon Payaslian, *US Foreign Economic and Military Aid*, University Press of America, Inc., New York, 1996.

③ Paul Baran, *The Political Economy of Growth*, Monthly Review Press, New York, 1957.

④ 是一种利益扩散理论，认为发达国家的繁荣会自然而然地"涓滴"到发展中国家。

作，在这种乐观主义的背后是对于发达国家发展道路的基本肯定和大力推广①以及对于发展中国家自身发展道路和发展逻辑的忽视。

国际组织对于发展援助项目的评估证明，发展中国家也可以将外援作为替代物，来实现自己的国家目标，而这些目标并不总是与援助者的目标相吻合。例如非洲一些受援国可以用外援资金替换本国的发展投资，将本来用于发展的资金改用于消费，或者军费开支。冷战结束以后，外援的战略用途下降，外援对于发展的效用问题就开始受到更多的关注。1992 年在经合发组织发展援助委员会高级会议上，援助国提出了"一致性"的概念。为了提高发展援助的效率，经合发组织的援助国俱乐部要求在援助国与援助国之间、援助国的国内各部门、各种政策（外贸、对外投资、债务等政策）之间以及援助国与受援国之间进行政策协调，取得"一致"，或至少是使它们的政策彼此不相冲突。

事实上，经合发组织本身就是"一致性"观念的化身，早在 20 世纪 60 年代初，发展援助委员会主席就开始在报告中强调"一致性"。由于在"冷战"中战略的目标压倒了发展的目标，所以到了 1992 年，"一致性"的概念才得以被重新提出，并成为时尚。

除了经合发组织以外，实施"一致性"的典型例证就是欧洲共同体。欧共体的外援观念来源于国家利益理论，同时又混合了一些超国家理论。欧共体对外援助的法律基础是 1957 年制定的《罗马条约》第 131 条款，当时欧洲共同体中一些有殖民主义传统的成员国提出，要将它们和"有特殊关系的非欧洲国家及领地"之间的双边特殊关系带到欧共体中来，通过欧共体这种多边机制，继续保持并发展和这些"海外国家及领地"的"联系关系"。《罗马条约》认可了这种特殊联系的价值，提出要采取"同等待遇"原则，由"整个共同体"与前殖民地地区"建立密切的经济关系"，也就是要将前殖民地和它们的欧洲宗主国之间的"优惠贸易"和"特殊关系"扩大到整个欧洲共同体的范围内，从而把一种双边关系扩大为一种国家与超国家体制的关系。欧共体并且承诺，将本着"共同承担财政负担"的原则，建立独立的多边援助机制——欧洲发展基金，用于援助那些和欧共体成员国有特殊

---

① 参见经合发组织发展援助委员会 1980 年的年度报告。

关系的发展中国家。

为了在有不同利益的欧共体成员国之间进行协调和整合，欧共体提出了对外援助的"3C"原则，即协调性（Coordination）、互补性（Complementarity）和一致性（Coherence）。所谓"协调性"就是要求欧共体成员国在不同的国家利益之间进行协调，避免内部的恶性竞争；所谓"互补性"就是发挥成员国各自的比较优势，扬长避短，相互补充；所谓"一致性"就是要求在欧共体和成员国之间，在对外发展援助政策和其他政策之间，进行制度和方式的整合，从而通过步调一致的行动，提高发展援助的效率。可以说，欧共体的发展政策从国家利益出发，而发展的方向却是超国家的行为方式。

综上所述，在对外援助领域里，主权国家的利益在国际场合总是会受到其他国家利益的制约。在这种情况下，主权国家一方面调动一切可能的力量，包括党派的、非政府的、专家的、文化的和意识形态的力量，使各自的原则立场在国际场合得到认可；另一方面也不得不准备接受偏离预先设定的国家政策目标的现实。这些协调和整合的直接目标是取得更大的"一致性"，并且使对外援助拨款的使用更有效率，更符合援助者的整体利益。当超级大国自觉实力足够强大，而多边机构过于掣肘，使其国家利益受到影响的时候，也会采取"不合作"的政策。

（三）国家内部因素的外化

国家利益理论的依托是主权国家，而主权国家并不总是能够精确地计算自己的利益并使其畅行无阻。超国家理论的依托是超国家政体和国际多边组织，但是在全球化的时代，由于沟通渠道的发展，许多跨国联系都不需要经过国际组织。全球化不限于国家与国家之间的经济贸易关系，不停留在国家与国家之间的政治对话，更发展到了社会和社会、公民和公民之间在思想、观念、文化等多个领域中的深层交往。这些交往有许多载体，对外援助就是一个载体。通过对外援助政策的实施，许多国内决策都可能在远隔千里的他国产生影响，而这些现象既不能为国家利益理论所涵盖，也不能为超国家理论所解释。在一个沟通渠道日益畅通的国际社会中，国家的历史经验和社会文化会通过不同的方式和渠道表现出来，向外部释放。对外援助是这种国内因素外部化的一个主要渠道。

举例来说，主权国家对于本国的社会模式、发展道路有着各自不同的认定。美国崇尚"自由和民主",德国标榜"社会市场经济",北欧提倡"民主的社会主义",这些国家虽然同属西方发达国家,在经济政治制度方面具有许多的共同点,但是根植于不同历史经验中的政治文化和社会模式却有所差别。这些差别明确无误地反映在它们的对外援助政策中。

挪威学者斯多克曾经提出过一种与北欧社会模式密切相关的对外援助理论概念。他认为,有一种发展援助遵循了三条人道主义的原则:(1)将解脱全球的贫困和促进第三世界的社会和经济发展看作本国的义务;(2)坚信一个更加平等的世界是最符合西方工业国家利益的;(3)假定履行这些国际义务与保持民族经济和社会福利政策的社会责任是相匹配的。斯多克把这种发展援助称为"人道主义的国际主义",认为这种主义的重要表现形式就是人道主义救灾援助和以赠款方式出现的援助,而北欧的外援就是在国际社会中提倡这种主义。[1]

斯多克继而将20世纪80年代以前的国际发展援助界定为三种国际主义:人道主义的国际主义,现实主义的国际主义和激进主义的国际主义。人道主义国际主义认为人类的苦难不分国界,福利国家的理想和实践应该能够跨国界延伸。现实主义国际主义不主张干预他国内政,主张为了本国私利而提供援助。激进主义国际主义理论则主张通过外援,积极输出包括价值观在内的意识形态,从而保证外援政策能够更加有效地为扩展国家利益服务。根据斯多克的总结,现实主义国际主义明显地属于国家利益理论的范畴,人道主义国际主义从本国的政治文化出发,向外部世界输出价值和方式,而所谓激进主义国际主义虽然和人道主义的国际主义一样,具有输出价值观的倾向,但是这种价值观的输出不像人道主义国际主义那样具有普遍意义,而往往是排他性的,并且包含了将目标强加于人的目的,所以在国际社会中常常被看作一种扩展的和极端的国家主义。

在对外援助政策制定的过程中,占主要地位的因素除了地缘政治和国家安全的考虑以外,还有国内的财政预算和政策连续性等方面的考虑。[2]在发

---

① Olav Stokke (ed.) *Western Middle Powers and Global Poverty*, The Scandinavian Institute of African Studies, Uppsala, 1989.

② Simon Payaslian, *U. S. Foreign Economic and Military Aid*. University Press of America, 1996, pp. 120 – 155.

达的援助国内，政党更迭、政府构成、社会压力集团等都可能成为外援政策制定过程中的关键因素，而对外援助就将这些援助国国内的信念、程序、方式带到了受援国家。里根时代美国共和党政府提倡的"新经济自由主义"，同时代法国学者佩鲁提出的以社会和人的发展为中心的"新发展哲学"，都通过政府的发展援助在世界上产生了超越传统国家界限的影响。这种影响通过国际主流舆论的传播，对世界的发展产生着潜移默化的作用。

国家内部因素外化的另外一个表征是：双边和多边的援助机构一直都在为它们的外援拨款规定条件。这些条件包括强迫购买援助国产品的规定，更包括市场化、私有化、民主化等要求。冷战结束以后，斯多克考察了这一变化趋势，发展了他的理论，提出了"条件论"，即认为，自 20 世纪 70 年代中期以后，援助国给它们的发展援助附加了"经济条件"。所谓"经济条件"主要指援助国要求发展中国家进行经济政策改革（如市场化、私有化等），以此作为发达国家向发展中国家提供援助的先决条件。冷战结束以后，外援的条件并没有被取消，而是从"经济条件"转化为"政治条件"，即援助国将民主、人权、法制和"良治"等作为提供发展援助的先决条件。斯多克指出，数十年的实践表明，外援并没有实现它"造福世界人民"的初衷，而是"通过压力（指以停止外援拨款为压力），使受援国接受本来是不会接受的条件"。[①] 由于援助国和受援国之间力量的不对等，有条件的援助从定义上就代表着干涉内政。以交出南斯拉夫联盟前总统米罗舍维奇为条件，允诺提供 4000 万美元的援助款就是"外援条件论"的最新实践之一。

"条件论"与风靡一时的"良治论（良好治理）"密切相关。"良治"理论由世界银行提出，其背景是援助国议程无法为受援国政府接受，而在撒哈拉以南非洲的受援国中的确存在着官僚主义、腐败以及滥用援款进行内战的现象，这些现象被反馈到援助国，给对外援助政策的合理性造成了不良影响。由于援助国和受援国之间在政治与社会的关系方面存在着区别，援助国无法让受援国接受"经济条件"，也无法通过与受援国政府的合作，迫使受援国实施经济体制改革和建立市场机制。援助方俱乐部趁机要求受援国政府

---

① Olav Stokke, *Aid and Political Conditionality*, EADI Book Series 16, Frank CASS—London, 1995, p. 12.

接受"政治条件"，即转而直接投资于受援国的社会发展和政治改革项目，或者设法绕过受援国政府，直接向受援国的民众提供援助，以培育一种"良好治理"的社会观念和管理程序为名，直接干预受援国的社会和政治生活。

美国起主导作用的世界银行和欧洲成员占绝大多数的经合发组织发展援助委员会对于"良好治理"的概念有不同的侧重。相比起来，世界银行的定义比较狭窄，强调的主要是民主制度和决策程序，而经合发组织的定义则比较宽泛，强调的是公民社会的参与和参与程序。在欧洲援助国的"良治"概念中，效率是一个重要的道德判断依据，可以为外援拨款正名。它们还认为，效率只可能建筑在对于民主、人权和法制认同的基础之上。良治的政府和非政府管理者必须通过透明和负责的方式来实施管理，最大可能地避免腐败、贿赂和中饱私囊。

三　研究外援的视角

从上述概括中可以总结出研究外援的几个视角。它们分别是：主体动机、国际背景、国内因素以及外援的观念和方式。

首先，提供双边援助的主体是主权国家，它们提供的外援占了外援总额的60%—70%，而且越是大国，就越是倾向于提供双边援助。美国提供的双边援助占了美国外援总额的75%，法国占73%，日本占68%，德国占65%，丹麦占59%，意大利占25%。[①] 双边援助国在外援中表现出来的国家特性和国家利益与它们在其他领域里的表现没有本质的差别。所以，研究对外援助有助于我们理解现代国家的特性和利益，以及当今时代的国际关系。例如，在国家安全是国际关系主题的时代，外援政策首先被用作国家安全政策的工具。《马歇尔计划》和《东南欧稳定公约》都是以安全为主要出发点而提供的援助。由于这个方面的功能，对外援助政策就扮演了国家外交政策工具的角色，成为"一个国家整体外交政策的组成部分"。[②]

外援不仅服务于安全战略，而且服务于主权国家在其他领域里的利益，

---

① 根据 OECD 2001 年 1 月 3 日公布的数字。

② Olav Stokke（ed.）*Western Middle Powers and Global Poverty*，The Scandinavian Institute of African Studies，Uppsala，1989，p. 9.

这些利益有时也被国家冠以"安全"的名称。例如日本在20世纪70年代中东石油危机之后，就以"经济安保"为由，将其对外双边援助的对象从亚洲扩大到了中东；德国外援长期奉行的"喷水壶原则"体现了德国在全球的贸易利益；而美国的食品援助计划则与其解决过剩农产品的需要相关。绝大多数双边援助国都在对外援助政策中附加了"捆绑性"条款，目的是使跨国的财政转移更大限度地为本国的利益服务。所以透过外援，我们可以看到在官方文件中往往难以看到的援助国"世界观"。

当然外援的提供者不仅限于主权国家，多边援助组织和非政府组织正在发挥日益重要的作用。它们不仅通过30%—40%的资金转移发挥自己的影响，而且利用各种国际平台，组织有关外援作用、外援投资方向甚至附加条件的讨论，努力规范多元外援提供者的行为。例如国际劳工组织1969年关于就业问题的报告就曾引发了一系列相关的研究，并导致了"世界就业大会"在1976年的召开，推进了援助国在"人民取向"方面的认同。再如联合国发展计划署1991年在《人类发展报告》中讨论了发展中国家军费开支的问题，结果引起了整个外援世界对"政治条件"的强调。"可持续发展"、"参与式管理"等新的概念也是先在国际援助平台得到认同，而后风靡世界的。至于外援领域里的非政府组织，它们中的大多数由于缺乏自有资源而要么依附于多边援助机构，要么依附于双边援助国。它们也会利用接触基层和草根的优势提出议题、影响决策，在号召"以人民为中心"[①] 提供外援的时代发挥越来越大的作用。

其次，在现代对外援助政策实施的短短50多年中，国际形势不断地发生着变化。根据这些变化，援助的提供者们也变换着援助的政策、方式甚至主题。在冷战结束以前，美国的外援大量地集中在中东地区以及其他西半球的战略要地和东半球的战略前沿，军事援助占了美国外援很大的比重。为了在殖民地独立和解放运动风起云涌的时代保持传统的联系和国际实力地位，欧洲的一些前宗主国将援助重点放在它们各自在非洲的前殖民地国家。冷战结束以后，美援目标东移，直至广大的前苏东腹地。随着世界格局从两极向多极的转变，过去奉行中立安全政策的北欧国家转而援助周边地区，这种区

---

① 见1991年经合组织发展援助委员会年度报告。

域化的倾向也发生在原来奉行普惠原则的德国；不少非洲国家在冷战中享受东西方援助争夺战带来的利益，此时却失去了往日的战略地位。在全球化时代，外援的政策领域也相应地发生着变化，很多过去是主权国家范围内的政策，如环境保护、人力资源开发、公共卫生和控制犯罪等，此时也成了对外援助政策的主题和对象。世界银行、联合国以及经合发组织等国际援助平台逐年地更换对外援助的主题，通过各种"集体的力量"对于援助国，特别是受援国施加影响，目的不仅在于反映世界发展的潮流，更在于通过对外援助引导世界发展的潮流。

再次，国家在制定外援政策的过程中要受到国内各种力量的制约，援助国的内部决策程序对于它们的外援政策产生着重要的影响。丹麦为了保持民众对于外援拨款的高度认同，就特别强调外援给丹麦带来的商业利益，而瑞典民众就没有对国家外援政策施加类似的压力。同样是北欧国家，由于国内压力的不同，外援政策的取向就有所不同：瑞典比丹麦更加注重人道主义救援和其他"软性"投资领域。

除了对于国家决策施加直接的压力以外，在全球化时代，援助国内的各种力量已经开始绕过传统的国家利益代言人（这里指外交部），和国外的机构、集体或个人发生了直接的沟通和交往，并且在沟通和交往中谋求自己利益的实现。援助国通过机构改革、部际交流与合作等方式，致力于使多种利益之间的矛盾内部化，并且根据国家的外交需要，在与外援相关的各个部门之间进行协调，但是这些努力并不总是有成效的。不同援助国的外援决策机制不同，在决策的过程中起主要作用的利益和利益集团也可能转换，这就使得援助国的外援政策可能体现多种而不是单一的国内利益。

当然，半个多世纪以来，对于从发达国家向发展中国家转移公共资金的政策从来就有不同的意见。左翼批评说是"帝国主义的阴谋"，因为外援加强了发展中国家内政治和经济上层人士与发达国家利益集团之间的纽带关系，并且通过这种关系加剧对发展中国家的资源和廉价劳动力的掠夺。[1] 右

---

[1] Teresa Hayter, *Aid as Imperialism*, Baltimore：Penguin, 1971；Denis Goulet & Michael Hudson, *The Myth of Foereign Aid：The Hidden Agenda of the Development Reports*, New York：International Documentation North America, 1971.

翼认为，对外援助在发达国家扩大了公共开支和公共部门，把政治力量输出到欠发达地区，有悖于市场原则。[①] 左右两派的批评都没有从根本上动摇对外援助的基础。这是因为，外援的资金转移所实现的目标是援助国的现实需要。无论哪个党派，哪种利益，都会利用外援工具，输出他们所要输出的东西。保守党在初期支持军事和战略援助，在全球化时代转变为支持维和行动；自由党支持的发展援助和人权援助，在全球化时代演化为对全球性问题的关注。因此，透过外援，我们可以看到援助国内部的不同利益，这也是在外交辞令中不容易找到的。

最后，对外援助是以很少的政府支出造成较大国际影响的政策领域。在这个领域中，援助国可以用少量的外援资金投入作为"杠杆"，在援助国俱乐部中倡导或推行某种政策目标主张或观念，形成"主流观念"或时尚方式，例如"小额信贷"、"性别平等"、"多层治理"等，这些观念和方式有些来自援助国自身的遗产，有些来自援助国和受援国合作的经验，它们经过外援俱乐部的提倡和推广就产生了远远大于单个援助国分别提供外援的效果。

四　对外援助与当代国际关系

从以上的考察我们可以看到，对外援助涉及了多重的国际关系，这里包括援助国和援助国之间的关系，援助国和受援国之间的关系，还包括了主权国家和超国家外援行为者之间的关系，甚至包括了国与国之间的次政府和非政府行为者之间的关系。

（一）援助国与援助国之间的关系

从国际关系的角度来看，西方发达国家的对外双边援助政策至少服务于以下三种主要目的。

第一，追求援助国的既得利益，包括短期的经济和贸易利益，但更重要的是长期的战略和安全利益，包括在国外"购买朋友"（被称为国际性的贿赂）。

第二，谋求援助国广义的国家利益，包括塑造民族形象、提高国家声

---

① P. T. Bauer, *Dissent on Development*, Cambridge: Harvard University Press, 1971.

望、宣扬社会价值（如民主、法制、人权和社会团结）以及传播生活方式等。

第三，关注人类共同的利益，包括环境保护、缓解贫困和减灾救灾等，并且通过这些活动营造援助国的国家形象。

各个援助国由于历史和国情的不同，对于上述利益的认同和追求的领域、方式和程度都不相同。在它们之间有时共享信息、平衡利益、谋求合作，也有时会相互批评、彼此竞争、相互抵制、互为制约。它们之间除了双边关系以外，还会根据各自的能力、利益和价值取向，选择在不同的多边援助场所发挥作用。国际组织既是国家利益整合的场所，也是可能在国家之间达成一致意见的地方。小国通过国际舞台加强影响力，而一些关系到全球利益的领域也在国际舞台上得到强调和重视。

也是在国际场合，主权国家发现，由于它们都希望通过外援实现它们的利益，结果是它们单独实行的援助政策往往相互竞争和抵触。这种外援领域里的不良竞争和冲突不仅发生在国家与国家之间，而且发生在主权国家内的部门和部门之间。援助国通过多边的磋商机制，可以在很多问题上达成协议，或者取得一致，形成主流观念和合力，对整个世界发生影响。[①] 反过来，世界上出现的极度贫困、环境恶化、瘟疫流行、移民蔓延、恐怖和犯罪行为泛滥等现象，也都被国际社会普遍认定为影响到各国的利益，援助国也会根据不同的原则和利益，针对这些现象组成不同性质的磋商与合作机制。它们会在一些带有全球性的问题上达成较多的一致，而在其他一些方面则会形成不同的利益组合。例如北欧国家组成的团体经常提出一些发展观念和建议，欧洲联盟则不仅在成员国之间形成了更加紧密的联系，而且通过从成员国征集资源而建立了独立的欧盟援助计划。

（二）援助国与受援国之间的关系

从援助国与受援国之间的关系来看，力量对比的不对等是引起援助国国内因素外化的一个主要原因。根据经合发组织 2001 年的统计，1999 年美国的官方发展援助拨款仅占到了它国民生产总值（GNP）的 0.1%，日本占到了 0.35%，法国占到 0.39%，德国 0.24%，英国 0.24%，意大利 0.15%，

---

① 这些切磋机制包括经合组织发展援助委员会的年会，欧共体发展合作部长半年例会等。

只有少数北欧国家和荷兰达到或超过了 0.7%。①发达国家将这些十分有限的国内资源用于极端贫困的国家，就会在那里形成数量可观的资源。这些资源既可以用于发展经济，也可以用于强化政权，还可以用于改革制度。总之，援助资金可以转化成为许多种力量，受援国出于不同的目的，都会愿意得到这笔资源，甚至为之付出一定的政治代价。由于力量对比的失衡，掌握了资源的援助国就获得了一种超越传统主权国家的政治力量或筹码，用以实现对弱国的政策干预，甚至政治干预。

从斯多克在三个不同时期的理论也可以清楚地看出这种在外援领域里援助国占主导地位的情况。他在分析三种国际主义的时候，受援国的"国家建设"计划还是建立"国际经济新秩序"的必要条件，在尊重国家主权的基础上，援助国和受援国之间还存在着平等相对的关系。他在阐释"经济条件论"的时候，反映的正是"华盛顿共识"和"新自由主义"把外援作为载体，在全球推广市场化和私有化的时代，而他的"政治条件论"则分析了冷战结束以后援助国在政治和社会理念方面向受援国的大举渗透。到了他提出"一致性"的第三代理论时，援助国已经通过内部整合，全面而深入地寻求对于受援国的整体战略了。在半个多世纪的外援历史中，对外援助这个"安静的"外交工具已经改变了援助国与受援国之间联系和交往的方式，在全球化的背景下，它更在观念、方法和制度上对受援国产生着渗透作用。

当然，所有这些渗透往往是在受援国自愿的基础上发生的。伴随着观念、方法和制度等"软件"转移的是资金、技术和设备等急缺"硬件"的转移。由此我们可以看出，国与国之间的不对等不仅表现在"硬力量"方面，也表现在"软力量"方面，表现在为发展而制定规划和组织力量等方面。一位瑞典国际发展合作署的官员称："假如受援国能够提出很好的项目建议书，那么我们会很乐意扮演一个次要的角色，并且提供我们擅长的东西，比如说是技术。"② 正是由于发展中国家缺乏这样的"软力量"，从援助国转移到受援国的外援才参与到了受援国从发展战略规划、经济货币政策，一直到民主政治选举等各个领域里的活动。即使是瑞典这样的"友善国家"

---

① 见 http：//www1. oecd. org/dac/htm。
② 根据 2000 年 8 月 28 日笔者对瑞典国际发展合作署官员的访谈记录。

也不否认，对外援助通过贡献瑞典的"专长"干预了受援国的内部事务。①

列宁曾经说过，"资本输出……一定会有扩大和加深资本主义在全世界的进一步发展作为补偿……"② 援助国的官员们同样确信，随着对外援助资金从北向南的流动，必然地要产生文化、知识、技术和生活方式从北向南的流动，各种要素从世界工业的主要中心流向世界各个边远的角落是不可逆转的潮流。③ 这种流动在带动各种要素从援助国向受援国转移的同时，也"削弱了其他的传统价值，特别是那些与受援国的主权有关的传统价值"④。随着外援资金的流动而在全球推广的价值有些是属于全人类的，但是有些则仅仅代表了个别国家的利益和经验。

（三）在超国家、次政府和非政府层面上的关系

前面提到，传播西方文明的载体不仅限于援助国提供的双边援助，而是包括了超国家、次政府和非政府的外援行为者。除了国家以外，活跃在外援领域里的行为者还有超国家组织、次政府以及非政府组织。它们的工作早就超越了国家的藩篱，根据各自的专业领域建立全球性的网络。它们以自己的专业知识影响着整个世界，当然也包括受援国。例如位于美国首都华盛顿的非政府组织"海外发展委员会"（ODC）曾经在1979年提出了全面的人类基本需求指标，迫使整个外援世界的观念和方式，援助国与受援国之间的援助关系发生了变化。对于社会发展指标，如基尼系数、成人文盲率、能源和用水量、预期寿命、初生儿和孕产妇死亡率甚至病床率和人均医生率等的统计也影响了外援资金的投向和使用方式。再如国际组织对于发展中国家军费开支问题的关注引起了日本对越南、柬埔寨、古巴、阿富汗、埃塞俄比亚等国援助的削减或中止。

五 结论

在全球化的时代，世界上出现了一个多元外援行为者追求不同目标的混

---

① 根据 2000 年 9 月 4 日笔者对 Raoul Wallenberg Institute 研究所的访谈。

② 列宁：《帝国主义是资本主义的最高阶段》，载《列宁选集》第 2 卷，人民出版社 1995 年版，第 629 页。

③ *Sida Looks Forward*, 1997, pp. 11 – 12.

④ Olav Stokke（ed.）, *Aid and Political Conditionality*, p. xi.

乱局面。首先，援助大国继续通过双边援助，发挥各自的优势，并且致力于以少量的投入回收数倍的实惠；其次，一些具有相近目标的援助者在共同的基础上谋求增强整体实力和实现整体利益；再次，在国际层面上，经过援助国之间的协商形成了一系列或明或暗的原则、标准、规则和程序；最后，许多援助国内的"官民合作"和"地方参与"，以及非政府组织的国际化都使得国家非主体化、"超越国家中心"的现象不断出现。此外，对外军事援助继续起着在援助国内保护就业，在受援国内阻碍发展的作用。① 上述混乱局面由于国际社会中的司法不足、参与不足、激励不足和约束不足而加剧。

对于能够调动本国的"软国力"，自主地制定发展战略，并主动地将外援资金合理地利用来加强国力和造福人民的发展中国家来说，强大的国家功能成为引导多元外援提供者为我所用的必要中介。在这个方面，中国有许多成功的经验可以总结。一位瑞典国际开发署的主管官员曾经说："如果所有的受援国都能够像中国这样，动员他们的社会力量去发起，并且利用外来援助，为自己国家的发展事业服务，那么发展合作才是真正意义上的互利合作。"②

发展合作项目的成功与否最终还是取决于受援国在文化和精神等"软"领域里的"自强"精神和努力。在国际关系处于无政府的状态和条件下，主权国家必然要利用对外援助追求它们自己的国家利益，③ 倘若受援国没有足够的文化力量去回应和利用这种国际转移支付中的经济、政治和文化力量，反作用于"外援伴随干预"的时代潮流，那么对外援助自身并不一定有利于发展事业。

---

① Paul Baran, *The Political Economy of Growth*, New York, Month Review Press, 1957，载［美］吉利斯等《发展经济学》，第 31 页。

② Based on Interview Conducted on August 28, 2000.

③ Olav Stokke (ed.), *Western Middle Powers and Global Poverty*, p. 13.

第二章

苏联对华援助①

　　20 世纪的苏联对华援助是一种典型的外交行为，它服务于苏联的外交战略，随着苏联外交政策的变动而变动。相比较而言，新中国接受苏联援助是一种主动的战略行为，是中国谋求独立自主、自力更生的一个必要的步骤。

　　然而，在苏联援华项目具体实施的过程中却出现了两个值得注意的倾向：一是援华工程的影响远远超出了外交政策范畴，它并没有随着援助的终止、专家的撤离而消失。随着援建项目转移到中国的不仅是硬件设备，还有技术、观念、管理方法、行为方式，甚至体制和机制，这些因素在苏联停止援助中国后继续影响着中国的发展道路。二是通过苏联援华项目引进的设备和技术都比较先进，它们一方面提升了中国工业的整体水平，另一方面也出现了生搬硬套和消化不良的现象，经过了多年调整之后，最终产生了改革体制的需求和呼声。

第一节　苏联对华援助的动因

一　抗日战争时期对国民党政府的援助

　　苏联大规模的对华援助始于 20 世纪 50 年代。但是，早在中华人民共和国成立之前，特别是在中国抗日战争期间，苏联就已经开始了对华援助。当

---

　　①　本章曾作为《外援在中国》（周弘主编）中的一章发表于 2007 年。

时的苏联对华援助由两个部分构成：一部分是以国家的名义向中国国民党政府提供的政府援助，以军事援助为主；另一部分是基于联共（布）和中国共产党的党际关系而向中国共产党提供的援助。后一种援助从规模和数量上来讲是微不足道的，而且也是不公开的。

德国学者迪特·海茵茨希在论述中苏同盟关系史的过程中，讨论了苏联对华援助的动因。他认为，在整个抗日战争时期，斯大林都把在中国执政的国民党看作苏联在中国的首要伙伴和苏联提供援助的主要对象。这里的原因是多方面的。其一是因为苏联在外交上承认了国民党政府，并于 1937 年 8 月 21 日与国民党政府签订了《中苏互不侵犯条约》，承担了不支持任何对国民党政府持敌对态度的"第三国"或"第三种势力"的外交义务；[①] 其二是因为斯大林害怕在同一时段与日本和德国进行两线作战，希望能够联合中国的所有力量，把日本侵略者拴在中国大陆；其三是斯大林认为，国民党比共产党更有能力成为中国抗日的主导力量。

被斯大林派往重庆担任苏联首席军事顾问的瓦西里·崔可夫在 1940 年秋回忆说，斯大林曾经坦率地表述了他在援华问题上的观点：

> 看来，中国共产党人应比蒋介石更靠近我们。看来，人们应给他最多的援助……但是这种援助将被看作向与我们保持外交关系的国家实行一种革命输出。中国共产党和工人阶级现在还太弱，不能成为反侵略斗争的领导者……与蒋介石政府已缔结了相应的条约。您要熟悉所有这些文件，您的一切行动都要与这些文件相一致。[②]

苏联对国民党政府的三次主要援助都是以低息贷款的形式提供，用于购买苏联军火，支持中国的抗日战争。这三次苏联贷款总计 1.73 亿美元，加上每年 3% 的利息，共 2860 万美元的利息，本息加总，中国要偿还 2 亿多美

---

① Dieter Heinrizig, *Die Zowjetunion und das kommunistische China 1945 - 1950*, Nomos Verlagsgesell-schaft, Baden - Baden 1998, （中译本）［德］迪特·海茵茨希：《中苏走向联盟的艰难历程》，新华出版社 2001 年版，第 37 页。

② 崔可夫：《在中国的使命——军事顾问札记》，1981 年莫斯科版，第 56—58 页，转引自［德］迪特·海茵茨希《中苏走向联盟的艰难历程》，新华出版社 2001 年版，第 38 页。

元的苏联债务。苏联提供的虽然是贷款，但利息在当时是最低的（英美援华债务利息为 6.5% 以上），偿还条件也是对中国最有利的（农矿产品各半）。而且苏联提供的武器性能好、价格低，每架飞机仅折算 3 万美元。用这 2 亿美元的苏联贷款，国民党政府从苏联购买了 904 架飞机（中型和重型轰炸机318 架，歼击机 542 架，教练机 44 架），坦克 82 辆，牵引车 602 辆，汽车1516 辆，大炮 1140 门，轻重机枪 9720 挺，步枪 5 万支，子弹 1.8 亿发，炸弹 31600 颗，炮弹约 200 万颗，还有其他军用物资。① 这些物资一般是用卡车经新疆运送的。另有 1500 多名苏联军事顾问，约 2000 名空军人员在中国参与对日作战。作为交换，苏联获得了有价值的物资，如皮革、钨和其他稀有金属以及大量的粮食。苏联最后一批援华军事物资是 1941 年 8 月提供的。1941 年 10 月苏联由于要进行抗击德国法西斯的卫国战争，所以停止了对华军援。

　　有各种迹象表明，中国共产党在战争时期不是通过接受外来援助，而是经过独立自主、自力更生和艰苦卓绝的斗争而成长壮大起来的。1935 年中共遵义会议以后，毛泽东在党内的领导地位加强，中共纠正了苏共和共产国际的错误领导，进一步提出了"马克思主义中国化"的路线方针。1935 年年底，共产国际第七次代表大会通过决议，共产国际执委会将不再干预中国共产党人的内部事务，而只对他们的政策进行监督。美国人认定，中国共产党的行动独立于莫斯科，他们没有从他们的苏联同志那里获得有价值的支持。②

　　抗日战争时期，虽然中国共产党很少得到来自苏联的帮助，但是对于苏联援助却一直抱有期望。1935 年 9 月，毛泽东曾经提出，中共是共产国际的一个支部，中国革命是世界革命的一部分，"我们首先要在苏联边界创造一个根据地，然后向东延伸"；中共必须在地理上靠近苏联，政治上物质上得到帮助，"军事上得到飞机大炮"。③ 在同年 12 月的瓦窑堡会议上，这个

---

① 《抗战苏联对华三次军事贷款简介》，http：//www. xinjunshi. com/ziliao/xiandaizs/kangri/200412/879. html。

② Gordon H. Chang, *Friends and Enemies. The United States, China, and the Soviet Union*, 1948 - 1972, Stanford, CA 1990, p. 11.

③ ［德］迪特·海茵茨希：《中苏走向联盟的艰难历程》，新华出版社 2001 年版，第 43 页。

"打通苏联"的战略得到批准，中共中央政治局决定，巩固陕甘苏区，并从那里"东征"，由山西向绥远进发，以便建立与外蒙古的联系。"把苏联红军和中国红军在反对共同敌人日本帝国主义的基础上结合起来"，以便从莫斯科得到装备和物资。[①]

从苏联来到延安的王明给这种乐观的期待泼了一瓢冷水，他说，由于苏联和国民党已经达成了协议，所以即使苏联空军飞机飞越中国领土，向延安空运武器和弹药也是不可能的。结果，1937 年至 1941 年期间，苏联的援助几乎全部给了国民党政府。当然中国共产党也不是完全没有得到苏联的援助。除了通过共产国际的安排，苏联接受了大批的中国共产党人到苏联接受培训以外，也有几次是斯大林主动提出帮助装备中国共产党的军队，因为斯大林担心日本会从蒙古方向进攻苏联，所以请毛泽东把共产党的部队调遣到蒙古人民共和国边境，以牵制日本军队。与此相联系，斯大林表示愿意以现代化军事装备来配备这些部队。苏联提供这些援助主要出发点是"保卫苏维埃祖国的安全"[②]，保卫以苏联为代表的共产主义事业。当时共产国际把日本侵华战争视为针对苏联，并且号召各国共产党武装起来"保卫苏联"。

1945 年以后，斯大林曾经摇摆于两个选择之间：一是为了壮大社会主义阵营而支持中国共产党人的解放事业，二是为了不与美国在远东发生战略冲突而维持与国民党政府的关系。据沈志华考证，苏联对于中国共产党新政权的最初援助是不公开的，主要有两个渠道：一个是通过苏联对中长铁路的管理权向共产党的东北地方政府提供军需物品，另一个渠道利用旅大地区的苏联军事管制区为解放军的前线作战供应军服、军鞋、炮弹等物资。苏联虽然希望在东北地区发挥作用，但这种援助是在不影响与美国的战略合作，保持与国民党的正常外交关系的基础上提供的。[③]

① ［德］迪特·海茵茨希：《中苏走向联盟的艰难历程》，新华出版社 2001 年版，第 44 页。

② 黄修荣：《共产国际与中国革命关系史》第 2 卷，中共中央党校出版社 1989 年版，第 164 页。

③ 沈志华：《苏联专家在中国（1948—1960）》，中国国际广播出版社 2003 年版，第 32—33、27 页。

二 新中国的对外政策及苏联援助

（一）历史背景

1947 年是中国人民革命的战略转折年，也是国际战略格局的转折年。1947 年年初，中国人民解放军在几个战场上都夺取了主动，国军则开始失去主动。毛泽东在 1947 年 2 月 1 日指示全党，准备"迎接中国革命的新高潮"。5 月 30 日毛泽东在新华社发表评论，提出"为了建立一个和平的、民主的、独立的新中国，中国人民应当迅速地准备一切必要的条件"。① 同年 7—9 月，中国人民解放军转入了全国规模的反攻；10 月，毛泽东起草了《中国人民解决军宣言》，不仅提出"打倒蒋介石！解放全中国！"的口号，而且就全国解放后的政治制度、财产制度、土地制度、民族政策和外交政策等提出主张。②

在国际上，继丘吉尔 1946 年发表了针对苏联和社会主义阵营的有关"铁幕"的激烈演讲之后，1947 年 3 月 12 日，美国杜鲁门总统致函国会，号召对所谓的共产党"集权统治"展开斗争，并保证向所有"自由国家的人民"提供美援。"杜鲁门主义"的一个重要工具就是《马歇尔计划》。这个在 1947 年 6 月 5 日由美国国务卿马歇尔宣布的对欧洲提供巨额经济援助的计划，目标直指以苏联为首的社会主义阵营。此后，杜鲁门于 1949 年进一步提出与苏联社会主义阵营争夺世界其他地区的"第四点计划"，③ 美国政府进而宣布，"美国不应给共产党中国以官方的经济援助，也不应鼓励私人在共产党中国投资"。④ 1947 年 9 月底，苏联做出了反应，成立"共产党和工人党情报局"，日丹诺夫在成立大会上宣布，国际政治的力量已经分裂

---

① 毛泽东：《蒋介石政府已处在全民的包围中》，载《毛泽东选集》（一卷本），人民出版社 1968 年版，第 1123 页。

② 毛泽东：《中国人民解放军宣言》，载《毛泽东选集》（一卷本），人民出版社 1968 年版，第 1131—1135 页。

③ Harry S. Truman, "Inaugural Address of President（January 30, 1949）", *Department of State Bulletin* 33, p. 125, 参见周弘《美国：作为战略工具的对外援助》，载周弘主编《对外援助与国际关系》，中国社会科学出版社 2002 年版，第 182—185 页。

④ 上海市国际关系学会编印：《战后国际关系史料》第一辑，第 75、100、114 页。转引自董志凯、吴江《新中国工业的奠基石——156 项建设研究》，广东经济出版社 2004 年版，第 30 页。

为两个不可调和的"阵营",一个是"帝国主义—反民主的"阵营,一个是"反帝国主义—民主的"阵营。与此相适应,1948 年苏联驻哈尔滨总领事马里宁约见中共东北军区副司令员兼政委高岗,表示尽管苏联与蒋介石政府尚未断绝外交关系,但可以通过其他民主国家对中共的新政权提供援助。不久,斯大林又召见苏联交通部副部长科瓦廖夫,提出要给予新中国一切可能的援助。在他看来,如果社会主义在中国胜利,其他一些国家也将走上这条道路,社会主义在全世界的胜利就有了保障。因此,"为了援助中国共产党人,我们不能吝惜力量和金钱"。[①]

在世界出现东西方阵营的时候,中国共产党的领导及时地将战略定位锁定在社会主义阵营一边,虽然当时斯大林还坚持雅尔塔协定和与国民党签署的条约,只与国民党政府保持官方关系。根据薄一波的回忆,中国共产党的战略选择主要基于两个主要出发点,一是安全需要,二是经济发展需要。他写道:"国、共双方,犹如两个人打架,苏联这个巨人站在我们背后,这就极大地鼓舞了我们的锐气,大刹了国民党的威风。"中国要准备从新民主主义向社会主义的过渡,需要苏联"首先帮助我们发展经济"。[②] 由于"杜鲁门主义"的盛行,要英美等西方国家放弃它们在中国的第一伙伴国民党,不在军事和经济援助方面偏袒国民党,是不可能的。当然还有第三个出发点,就是中国共产党和以苏联为首的社会主义阵营存在着意识形态的联系。在国际势力因意识形态而出现分裂的时候,这种联系就显得尤为重要。

1948 年美国国会通过了给中国 4 亿美元赠款的议案,[③]但是,美元挽救不了国民党政权。10 月底,人民解放军占领了整个东北。此时,莫斯科开始改变对中国革命前途的看法。

(二) 中方的要求

1949 年 1 月底,斯大林派政治局委员米高扬去西柏坡,执行一项与中共领导进行会谈的秘密使命。米高扬在西柏坡与中国共产党的领导人讨论了一系列重大的战略和双边关系问题,例如"如何夺取政权"?"怎样组建政

---

① 沈志华:《苏联专家在中国 (1948—1960)》,中国国际广播出版社 2003 年版,第 31 页。

② 薄一波:《关于重大决策与事件的回顾》(上卷),中共中央党校出版社 1991 年版,第 36 页。

③ 〔美〕麦克法夸尔、费正清:《剑桥中华人民共和国史 (1949—1965)》,中国社会科学出版社 1990 年版,第 285 页。

府"？甚至包括解释什么是"人民民主模式"和"民主集中制"，以及"旅顺口、中长铁路、新疆及外蒙"等有争议的问题和"对未来中国共产党政府的承认"等很具体的问题。在这些会谈中，关于苏联向共产党中国提供经济和军事援助的问题具有重要的意义。对于中共方面提出的援助请求，米高扬给予了初步的原则性赞同的意见。

迪特·海茵茨希在他的《中苏走向联盟的艰难历程》一书中详尽地描述了中苏之间关于经济援助的谈判过程。从这个过程中可以看出：（1）能否从苏联获得对于未来新中国的经济援助是中国共产党领导人在双边关系中最为关注的问题之一；（2）中国争取外援的主要目的不仅是为了获得安全保障，更重要的是为了在经济建设方面得到帮助。中国确信，在冷战开始后的世界格局中，苏联和社会主义阵营是他们获得援助的唯一来源。

迪特·海茵茨希说，毛泽东在米高扬面前表现得十分谦虚，多次称自己是"斯大林的学生"，奉行的是亲苏路线，一再强调中国共产党和联共（布）相比经验不足，希望莫斯科对于中国党和革命给予"指示和领导"。①周恩来在2月1日会见米高扬的时候，提出了具体的请求，例如提供反坦克武器，派苏联顾问来华，在军队组织、军事教育和后方建设（包括军事工业）等方面提供帮助。②

3天后（2月4日），毛泽东、周恩来、刘少奇和朱德又与米高扬就苏联援助问题进行了一轮讨论。毛泽东首先代表中共就苏联过去给中国共产党提供的援助表示感激。他重复说，中国革命是世界革命的一部分。这里包含着两层意思：其一，援助中国就是援助世界革命的一部分；其二，中国革命是世界革命整体利益中的局部，所以如果苏联不能提供援助，中国也要想办法自力更生克服困难。毛泽东发出的信息准确无误："中国共产党需要苏联共产党的各方面援助。"③

刘少奇在简短地强调了苏联帮助中国建立工业基础的重要性之后，即提

① ［德］迪特·海茵茨希：《中苏走向联盟的艰难历程》，新华出版社2001年版，第256页。

② 同上书，第262页。

③ 俄罗斯档案文件，俄罗斯对外政策档案馆全宗39，目录1，案卷39，第58页，引自列多夫斯基《米高扬对中国的秘密访问（1949年1—2月）》，见《远东问题》1995年第3期，第97页，另见［德］迪特·海茵茨希《中苏走向联盟的艰难历程》，第263页。

出具体要求，（1）传授社会主义经济改造的经验；（2）提供相应的参考资料和派遣顾问和技术专家到各经济部门；（3）转让资本；（4）确定苏联援华的规模，以便中国根据这个情况安排国民经济计划。①中方还提出，为了发行中国货币需要苏联提供白银以及石油、原料、设备、卡车等物资。新中国虽然尚未诞生，但是中国共产党的领导人已经把目光投向了未来的国家建设，他们希望苏联能够帮助重建东北工业基地，把那里建设为"国家防御能力的锻造场"，制造汽车、飞机、坦克和其他装备的基地。中方甚至设想了几种苏联援助形式：苏中共同经营经济联合体，或者苏联提供贷款，用于开采沈阳、锦州和热河等地的钨、锰、钼、铝等矿藏。他们还和米高扬谈到了贷款建设铁路，请不少于 500 人的苏联专家顾问团（经济顾问和财政顾问）来华帮助工作等。②

中国共产党的援助要求虽然迫切，但自始至终都体现了实现民族独立和在国家之间寻求公平和平等的原则。2 月 6 日，毛泽东正式向米高扬提出由苏联提供 3 亿美元有息贷款的请求，他说："3 亿，这是我们的需要。我们不知道你们是否能给这个数目，是少一些或是多一些。但即使你们不给，我们也不会感到受伤害。我们不要求提供无偿的援助，因为这是中国对苏联的一种剥削。我们请求提供付息的、将来中国能偿还的贷款。这一点对中国工人来说是重要的。他们应知道，苏联的贷款是必须偿还的。"③

毛泽东不仅需要资金方面的援助，也需要人力方面的援助。他在 1949 年 5 月发给斯大林的电报中请求斯大林派遣经济建设的苏联专家。他解释说，军事任务，即最后消灭敌人，我们能够完成。但解决第二个任务，即经济建设——这比第一个任务更重要，我们在这方面很"需要你们的帮助"。④

---

① 1949 年 2 月 3 日刘少奇与米高扬的谈话，俄罗斯总统档案馆，全宗 39，目录 1，案卷 39，第 44 页，引自［俄］列多夫斯基《米高扬对中国的秘密访问（1949 年 1—2 月）》，见《远东问题》1995 年第 3 期，第 97—98 页。

② 参见［德］迪特·海茵茨希《中苏走向联盟的艰难历程》，新华出版社 2001 年版，第 264—265 页。

③ 同上书，第 265 页。

④ 1949 年 5 月 3 日，毛泽东给斯大林的电报，见《毛泽东年谱》（下卷），中央文献出版社 2013 年版，第 496 页。

毛泽东争取苏联援助的既定方针来自他对国际局势的基本判断。他曾经对张治中说，第二次世界大战后，世界上产生了两个大的集团：一个是以美国为首的资本主义的、政治垄断的、侵略性的集团，另一个是以苏联为首的社会主义的集团。"我们只能到以苏联为首的集团中去，我们不能到以美国为首的集团中去。……第三条道路是没有的。……我们也反对第三条道路的幻想。……我们在国际上属于以苏联为首的一边，真正的援助也只能从苏联方面获得。"①

中国共产党的领导人深切地知道，中国经济脱胎于旧中国殖民地半殖民地经济，工业基础极其薄弱，布局很不合理，国民经济严重依赖国外。在八年抗日战争之中，基础设施又遭到了严重破坏，难以保证新中国的民族独立和经济发展。由于国际形势向两极格局的快速转变，依靠英美政府的援助，只能是幼稚的幻想。因此，中国共产党采取了一系列积极主动的步骤，争取从苏联获得援助。

（三）苏方的立场

在与米高扬的会谈中，关于经济问题的谈话占用了许多个小时。米高扬在其最后发往莫斯科的电报中汇报说：他的中国会谈伙伴们，在一般性的政治和政党问题上，在农民和一般性国民经济等问题上是很内行的。但是在企业经济方面，他们的知识不够丰富，对工业、运输业、银行业只有一些很模糊的设想。他们对被没收的资产没有数字，不知道在中国有哪些最重要的外国公司，也不知道它们是属于哪个国家的。他们也不拥有外国银行在中国活动的情报。他们甚至不知道哪些企业属于"官僚资本"，应予以国有化。"他们的所有经济计划都具有一般方针的性质，没有具体化，甚至对被解放区应控制什么也没有具体的计划。他们驻扎在一个偏僻的村子里，与实际相隔离。"从会谈中可以看出，他们对什么应作为国家经济基础（大银行、大工业等）掌握在自己手中，也没有具体的计划。②

---

①　1949 年 4 月 8 日与张治中的谈话记录，见余湛邦《毛泽东与张治中的一次重要谈话》，载《中共党史资料》北京 1993 年第 48 期，第 152—153 页。

②　米高扬电报，俄罗斯总统档案馆，全宗 39，目录 1，案卷 39，第 94—95 页，引自［俄］列多夫斯基《米高扬对中国的秘密访问（1949 年 1—2 月）》，见《远东问题》1995 年第 3 期，第 104 页。另引自［德］迪特·海茵茨希《中苏走向联盟的艰难历程》，新华出版社 2001 年版，第 260 页。

在米高扬看来，中国共产党所需要的不仅仅是飞机、坦克和贷款，而且更重要的是建设社会主义国家的基本经验，是制造飞机、坦克的技术，使用和支配贷款的计划。当 1949 年 4 月毛泽东再次向莫斯科提出贷款请求时，他得到的是一种拖延性的回答。斯大林告诉毛泽东，以货换货是没有问题的，这不需要最高苏维埃的批准，但贷款问题不能由政府自己决定，因为批准贷款是最高苏维埃的责任，在批准前，还必须由申请国提出一个书面文件。①

根据这种情况，米高扬建议中国同志向莫斯科提出一个具体的申请援助物资的清单。中国领导当即表示，将派一个专门代表团赴莫斯科，在那里商谈下一步的经济和军事援助问题以及贷款事宜。1949 年 6 月 21 日，以刘少奇为首的中国共产党代表团秘密地访问了苏联。7 月 31 日《真理报》报道了以"高岗为首的满洲人民行政机关代表团"访问苏联，洽谈贸易的消息。

（四）"一边倒"的外交政策与中国道路的选择

1949 年 6 月 27 日，中国共产党代表团到达莫斯科后的第二天，斯大林就于晚上 23 点在克里姆林宫的办公室会见了代表团，进行了一个小时的谈话，谈话的内容几乎全部是苏联对共产党中国的未来援助，包括商品贷款、派遣苏联专家和军事援助。斯大林称，联共（布）中央决定向中共中央提供 3 亿美元的贷款，在两党之间签订这样一个援助协定是历史上第一次。这笔贷款的年息为 1 厘，将以机器设备、各种原材料和其他商品形式向中国提供，每年平均 6000 万美元，5 年贷完。10 年内偿清。关于贷款协定的签订，斯大林说，可以有两个方案：第一个方案是由联共（布）中央代表和中共中央代表签署，第二个方案是由苏联政府代表和现有东北人民政府代表签署，待全国民主联合政府在中国成立后，再由苏中两国政府间通过条约形成协定，② 中国选择了后者。

刘少奇用了几个最高级形容词感谢了斯大林，感谢苏联"以史无前例的极其优惠的条件，向中国所有的生活与工作领域提供的巨大援助"。毛泽东得知后，给斯大林打电报表示，贷款的利息低了，应当提高。斯大林则回复

---

① ［德］迪特·海茵茨希：《中苏走向联盟的艰难历程》，新华出版社 2001 年版，第 267—268 页。
② 协定后来采取了第二套方案，即"东北方案"。

说，苏联向所谓的"西边的民主国家"贷款，年息仅为2厘。中国同那些国家的情况不同，中国还在打仗，破坏还在继续，因此中国需要更多的援助，给中国的条件也应更加优惠。[①]

在这次会谈4天以后，即7月1日，毛泽东发表了《论人民民主专政》，热情洋溢地论述"一边倒"的外交政策：

> "你们一边倒。"正是这样。一边倒，是孙中山的四十年经验和共产党的二十八年经验教给我们的，深知欲达到胜利和巩固胜利，必须一边倒。积四十年和二十八年的经验，中国人不是倒向帝国主义一边，就是倒向社会主义一边，绝无例外。骑墙是不行的，第三条道路是没有的。我们反对倒向帝国主义一边的蒋介石反动派，我们也反对第三条道路的幻想。……
>
> "不要国际援助也可以胜利。"这是错误的想法。在帝国主义存在的时代，任何国家的真正的人民革命，如果没有国际革命力量在各种不同方式上的援助，要取得自己的胜利是不可能的。胜利了，要巩固，也是不可能的。伟大的十月革命的胜利和巩固，就是这样的，列宁和斯大林早已告诉我们了。第二次世界大战打倒三个帝国主义国家并建立各人民民主国家，也是这样。人民中国的现在和将来，也是这样。请大家想一想，假如没有苏联的存在，假如没有反法西斯的第二次世界大战的胜利，假如没有打倒日本帝国主义，假如没有各人民民主国家的出现，假如没有东方各被压迫民族正在起来斗争，假如没有美国、英国、法国、德国、意大利、日本等等资本主义国家内部的人民大众和统治他们的反动派之间的斗争，假如没有这一切的综合，那末，堆在我们头上的国际反动势力必定比现在不知要大多少倍。[②]
>
> "我们需要英美政府的援助。"在现时，这也是幼稚的想法。现时英美的统治者还是帝国主义者，他们会给人民国家以援助吗？我们同这

---

① ［德］迪特·海茵茨希：《中苏走向联盟的艰难历程》，新华出版社2001年版，第310—311页。
② 毛泽东：《论人民民主专政（1949年6月30日）》，载《毛泽东选集》第4卷，人民出版社1964年版。

些国家做生意以及假设这些国家在将来愿意在互利的条件之下借钱给我们，这是因为什么呢？这是因为这些国家的资本家要赚钱，银行家要赚利息，借以解救他们自己的危机，并不是什么对中国人民的援助。这些国家的共产党和进步党派，正在促使它们的政府和我们做生意以至建立外交关系，这是善意的，这就是援助，这和这些国家的资产阶级的行为，不能相提并论。孙中山的一生中，曾经无数次地向资本主义国家呼吁过援助，结果一切落空，反而遭到了无情的打击。在孙中山一生中，只得过一次国际的援助，这就是苏联的援助。……我们在国际上是属于以苏联为首的反帝国主义战线一方面的，真正的友谊的援助只能向这一方面去找，而不能向帝国主义战线一方面去找。①

"一边倒"的外交政策迅速通过党内系统传达到党的各级领导，在中共党内赢得高度共识。邓小平在1949年7月19日写给中共中央华东局诸同志的信中说，要打破帝国主义的封锁，一方面要从军事上占领两广云贵川康青宁诸省和沿海诸岛及台湾，另一方面采取外交政策的一面倒。他传达毛泽东的指示说："这样是主动的倒，免得将来被动的倒。"在一面倒的同时，"内部政策强调认真地从自力更生打算，不但叫，而且认真着手做"，说毛主席讲"更主要的从长远的新民主主义建设着眼来提出这个问题"。②

《论人民民主专政》的发表和"一边倒"外交政策的确定与苏联承诺对中国革命进行大规模经济援助相关，更与社会主义阵营和帝国主义阵营的直接对立相关。就在苏联酝酿大规模援助中国共产党及其未来政权的同时，1949年4月19日，美国国会紧急通过了《公共法第47条》，在1948年《经济合作法》的基础上附加了"通过经济援助，在中国任何一个不在共产党控制的地区内，以总统认定的任何方式、期限和条件"提供援助的条文，从而开始了美国对台湾国民党政权长达半个多世纪的经济和军事援助。③在世

---

① 毛泽东：《论人民民主专政（1949年6月30日）》，载《毛泽东选集》第4卷，人民出版社1964年版，1474—1475页。

② 邓小平：《打倒帝国主义封锁之道（1949年7月19日）》，《邓小平文选》第一卷，人民出版社1994年版，第134页。

③ *US Code Congressional and Administrational News*，1950，pp. 203 – 204.

界分裂为两个阵营的时代，政治上的同盟关系和经济上的援助关系都来自同一阵营。

1949 年 7 月 4 日，刘少奇通过电报，征得了毛泽东的同意，签署了共分四部分的报告，连同一封信，送交联共（布）中央约·维·斯大林同志。报告讨论了中国革命的形势和前景（新政治协商会议和中央政府）、"对外关系"问题和双边关系问题（苏中关系）。报告充分地反映了中国共产党人对于时局问题、中国特性问题以及未来发展道路问题的深刻思考。

报告的第一部分强调了"世界无产阶级和人民民主力量，尤其是苏联"给予中国人民的帮助，同时突出了"马克思主义中国化"的价值，以及"中国道路"的模式特征："组织反帝民族统一战线的经验"，搞"土地革命"、在农村地区"进行武装斗争"、"农村包围城市"的经验，"在城市进行秘密斗争和公开斗争"，并把它同武装部队的行动结合起来的经验，以及"在中国这样的国家"建设马克思列宁主义共产党的经验。中国共产党人的结论是：这些经验"对于其他殖民地半殖民地国家可能是有益的"。[1]

从"马克思主义中国化的道路"出发去讨论中国发展的前景，必然的结论就是争取苏联的帮助，但是不依赖苏联的帮助，立足于根据中国的国情学习苏联，所以，这种学习，或者"倒"只可能是"主动的"。报告的第二部分提到了需要培养中国自己的干部，希望能派几位有经验的苏联同志来华，帮助开展工作。这个部分没有就中国未来的经济发展模式提出任何具体的想法，这也证明了当时的中国领导人尚且不具备这个方面的知识和经验。这个推测可以在报告的第四部分中找到旁证，在这部分中，刘少奇提出：

> 我们长期在农村地区打游击战，因此对于外部事务很不熟悉。目前，我们行将管理这样一个大国，搞经济建设，又要进行外交活动。还有许多东西都需要我们学习。在这方面，联共（布）给予我们以指教与帮助是非常重要的。我们急需这种指教和帮助。除了派苏联专家来中国帮助我们外，我们还希望派苏联教师来中国帮助我们讲课，而中国则向苏联派来学习考察团。此外，我们还想派大学生来苏联学习（斯大林

---

[1] ［德］迪特·海茵茨希：《中苏走向联盟的艰难历程》，新华出版社 2001 年版，第 326 页。

批注：可以）。①

正像米高扬的判断一样，中国领导人在国际战略问题上显示了洞察力和判断力。报告提出：……在国际政策方面，毫无疑问，我们将同苏联保持一致，就此我们已经向各民主党派做了一些解释（斯大林注：是的）……我们希望，在各种对外政策问题上，都能得到联共（布）和约·维·斯大林同志的指教（斯大林注：是的）。②

有良好的政治气氛为前提，刘少奇的报告进一步介绍了中共关于苏军驻扎旅顺口、外蒙古独立和苏联从东北搬走机器设备等问题上的口径。③当然，报告最终还是要落实到苏联援助和3亿美元贷款上，因为即将取得解放战争全面胜利的中国共产党人所面临的最为急切的任务是经济建设和管理国家。刘少奇重申"完全同意"斯大林提出的贷款条件，并感谢苏联给予中国人民的帮助。两天之后，即7月6日，刘少奇再次致函斯大林，提出了8点具体问题和请求，涉及非常广泛的需要苏联援助的领域，敦请斯大林就贷款和派专家等事宜作出批示，这些等待援助的领域包括：

（1）让中国代表团在苏联了解各级政府结构、中央与地方的关系、党政机关和群众团体之间的关系、武装部队、人民法庭、公安机关、财金机关的组织设置。文化、教育机关以及外交部的结构。在经济政策和管理方面，了解工业、农业和商业的协调发展，国家预算、地方预算、工厂、机关、学校、国营农场和集体农庄的概算，国有企业、地方企业、工厂、机关、学校的副业与合作企业之间的关系，银行、合作社、海关、对外贸易部的组织与作用，税收体系的职能和交通运输的结构等，了解文化组织，党、群众、青

---

① 俄罗斯联邦总统档案馆，全宗45，目录1，案卷328，第49页。另见［德］迪特·海茵茨希《中苏走向联盟的艰难历程》，新华出版社2001年版，第343页。

② 俄罗斯联邦总统档案馆，全宗45，目录1，案卷328，第47页。另见［德］迪特·海茵茨希《中苏走向联盟的艰难历程》，新华出版社2001年版，第337页。

③ 报告解释说，因为中国当时还不能靠自己力量保卫自己的边防，如果不同意在旅顺驻扎苏军，就是帮助了帝国主义；应当尊重蒙古人民自己的选择，如其按民族自决原则要求独立，中国就应予以承认，如其表示愿意同中国合并，中国将对此表示欢迎；东北的机器设备原本是属于日本人的，苏联作为战利品将它们搬走是用于自己的社会主义建设，同时也是出于不让这些机器设备落到中国反对派政党手中用以反对中国人民的考虑。苏联的做法是完全正确的。斯大林表示了赞同。引自［德］迪特·海茵茨希《中苏走向联盟的艰难历程》，新华出版社2001年版，第340—341页。

年和工会的组织结构和运行方式。①

（2）请苏联政府建立一所专门培养中国干部的苏联学校，为新中国培养所需要的建设和管理国家与企业的干部。……设工业系、贸易系、银行业务系、法律系、教育系等。

（3）建立苏联与中国之间的交通联系，包括邮电通信、海陆运输、空中联系，并且帮助中国建立飞机修理厂和培养空军干部等。

（4）帮助中国建设中国海军，培养海军干部。

（5）帮助解放新疆，解决空军支援问题。

（6）帮助中国扫雷、打捞沉船和建立海岸防务。

（7）东北向苏联出口80万—100万吨粮食，换取机器设备，苏联帮助建设鸭绿江水电站。

（8）建立苏中文化联系，翻译政治、科学和文化著作，在中国建立俄文图书馆，开设书店等。②

总而言之，20世纪40年代的中国百业待兴。中国共产党人不仅面临着夺取战争最后胜利的使命，而且肩负着在一个积贫积弱的基础上建设现代化国家的任务，外来援助不仅是重要的，而且是关键的。起先中共提出的要求还都是在军事援助领域，例如朱德建议派300—400人去苏联学习空军，同时购买100架飞机，连同现有的空军组成一个攻击部队，准备于1950年夏，掩护渡海，夺取台湾。毛泽东提出请苏联在半年至一年内培训1000名飞行员和300名机场勤务技术员，另外购买100—200架歼击机、40—80架轰炸机等；③后来就考虑到邮电通信，乃至文化交往方面的建设。

（五）苏联援助与中苏国家关系

如前所述，中国在争取苏联援助的谈判中一直体现着平等的国家关系。中国争取苏联援助是积极主动的，是在特定的历史时期，特定的国情条件下

---

① 俄罗斯联邦总统档案馆，全宗45，目录1，案卷328，第52—53页。

② ［德］迪特·海茵茨希：《中苏走向联盟的艰难历程》，新华出版社2001年版，第347—348页。

③ 1949年7月25日毛泽东给斯大林的电报，俄罗斯联邦总统档案馆，全宗45，目录1，案卷328，第139页。另见［德］迪特·海茵茨希《中苏走向联盟的艰难历程》，新华出版社2001年版，第371、372、373页。

采取的特殊政策。这些政策虽然带有深刻的时代烙印，但是始终没有丧失"中国特色"。在与苏联协商援华事宜时，毛泽东强调中方不向苏联请求"无偿援助"；① 在援助活动之中，中方并不欢迎与苏联共同开办合股公司的提议，实际上，毛泽东极其反感合营这种合作形式，他曾说过："你们就是不相信中国人，只相信俄国人。俄国人是上等人，中国人是下等人，毛手毛脚的，所以才产生了合营的问题。……在斯大林的压力下，搞了东北和新疆两处势力范围、四个合营企业。后来，赫鲁晓夫同志提议取消了，我们感谢他。"②

1949 年 8 月底，中华人民共和国尚未宣告成立，30 名苏联高级别专家就受斯大林派遣从沈阳来到北京，在中南海受到毛泽东的接见。科瓦廖夫说，"由斯大林派来的"专家将做出"无私的援助"，周恩来在致辞的时候则强调中苏之间的对等关系："苏联的援助是无产阶级国际主义相互援助的具体表现，中国强大了，也是对苏联的一种支持和加强。"③

刘少奇对苏联的访问给毛泽东晚些时候出访苏联，处理 1945 年国民党政府同苏联政府签订的《中苏友好同盟条约》，作了很好的铺垫。尽管如此，修订 1945 年那个根据雅尔塔协定签署的，损害中国主权和利益的《条约》仍然是一项艰巨的工作。1949 年 12 月 16 日，毛泽东刚到莫斯科，就向斯大林提出了中苏友好同盟和互助条约的问题。斯大林表示，《雅尔塔协定》规定，千岛群岛交给苏联，南库页岛及其邻近岛屿交还苏联，大连成为自由港，苏联恢复租用旅顺港为其海军基地，中国的长春铁路由中苏共同经营、共同管理。如果将大连、旅顺和中长铁路交还中国，就可能牵动《雅尔塔协定》，从而影响到千岛群岛和库页岛的归属。在谈判陷入僵局的时候，毛泽东把话题转到 3 亿美元的贷款问题，得到了斯大林爽快的肯定。毛泽东又从建立中国海军谈到解放台湾，希望得到苏联的海空军支持，而斯大林则

---

① 王奇：《"156 项工程"与 20 世纪 50 年代中苏关系评析》，《当代中国史研究》2003 年第 2 期。

② 毛泽东：《同苏联驻华大使尤金的谈话》（1958 年 7 月 22 日），选自《毛泽东文集》第 7 卷，第 385—394 页。据说斯大林曾经在公开的场合说，中国共产党人是"人造黄油"、"红皮白心萝卜"等。见 Reardon Anderson, *Yenan and the Great Powers. The Origins of Chinese Communist Foreign Policy*, 1944 – 1946, New York, 1980, p. 71。见［德］迪特·海茵茨希《中苏走向联盟的艰难历程》，新华出版社 2001 年版，第 39—40 页。

③ ［德］迪特·海茵茨希：《中苏走向联盟的艰难历程》，新华出版社 2001 年版，第 400 页。

答复说，提供援助是不成问题的，但援助的形式必须考虑。这里主要的问题是不给美国提供进行干涉的口实。①

中苏这一轮高峰会议并不顺利，因为涉及国家利益的敏感问题，所以斯大林采取了拖延的战术，后来西方国家制造谣言，说斯大林把毛泽东软禁起来，反而促使斯大林下决心签订中苏新约，使中苏谈判进入新的阶段。1950年1月31日，毛泽东致电刘少奇，通报新约谈判情况说："同过去的情况不同的，即是苏方已应我方要求，将中长路、旅顺口在三年内无条件交还给我们，大连则在一年内将产权交还给我们，唯自由港地位待对日和约订立后解决，系为应付美国，实际上亦完全由我处理。"②

除了上述敏感问题，"援助条款"毫无疑问地占据了《中苏友好同盟条约》的核心位置。从中方的角度来看，在遭受帝国主义封锁、战争破坏的情况下，共产党开始以执政党的心态看待建设需求，并想方设法寻求外来援助。在1949年年底1950年年初毛泽东在苏联期间，中共连续向斯大林提出了具体的援助请求。12月底，刘少奇电告斯大林，请求苏按计划培训飞行员，向人民解放军提供93000吨高级汽油和38000吨非高级汽油及10%润滑油等。斯大林部分地满足了这一请求。彭德怀提出，人民解放军进入新疆后，给养不能得到保障，通货膨胀加剧，鉴于自然条件特别困难，很难从中国内地向新疆提供援助。对此要求，斯大林没有反应，毛泽东在谈判的时候不得不重提此事。对于人道主义救援，斯大林反应迅速。毛泽东1月2日告诉斯大林，东北松花江上的水电站正遭受决堤的威胁，倘若大堤决口，东北工业将受到危害，松花江平原数百万居民将遭受穷困，哈尔滨和吉林等城市将被湮没。斯大林在5天之内就派出4名水利专家去中国，继后又派出7名。③在当时，人道主义援助和现在类似，也较少涉及国家利益和主权，因此无论对于给援的一方，还是对于受援的一方，都比较能够达成协议并快速实施。

---

① 中共中央文献研究室编：《毛泽东传》（上卷），中央文献出版社2011年版，第34—35页。
② 同上书，第49页。
③ ［德］迪特·海茵茨希：《中苏走向联盟的艰难历程》，新华出版社2001年版，第531页。

三　体现在苏联对华援助中的国家利益

（一）苏联的国家利益

前面讲到，苏联改变了援助中国国民党的政策，转而援助中国共产党，这里有一个中国国内的原因和一个国际的原因。在中国国内，中国共产党的节节胜利使斯大林认识到中国共产党将取得解放战争的全面胜利，并将取代国民党，建立代表人民利益的合法政府。苏联与国民党之间建立的国家间关系将随着政权的更迭而过时。在国际上，美苏两大集团对峙的冷战格局已经形成，苏联需要进一步巩固社会主义阵营，用以抵抗来自西方各方面的压力。1947 年的《马歇尔计划》和 1949 年的杜鲁门"第四点计划"与苏联对社会主义国家提供援助几乎同步，这不是一个偶然的现象。在 1949 年年底和 1950 年年初，苏联驻华使馆不断报告美国挑拨中苏关系的情况，称"现在美帝国主义在对华政策中非常重视中苏关系问题。美国把希望寄托在当它承认人民政府之后，就可以借助贸易使中国在经济上依附于它，然后再对中国施加政治影响。美国害怕中国参加以苏联为首的社会主义体系"。① 不仅美国害怕中国加入东方阵营，苏联方面也害怕中国成为"第二个南斯拉夫"。中国幅员辽阔、资源丰富，有重要的战略地位。为了壮大社会主义阵营，发展和西方对峙与抗衡的力量，巩固远东防线，苏联方面做出了巨大的让步，放弃了在中国东北的各种利益。基于同样的原因，斯大林决定向中国提供援助，认为"要把苏中两国在世界政治中的战略伙伴关系放在高于一切的位置，认为在国际事务中应保持苏联在世界的领导作用，鼓励中国领导人使中国在亚洲地区国际关系问题上发挥作用，所以为此付出代价是符合目的的"。②

有理由相信，苏联对"社会主义大家庭"的成员们是有所区别的。例如，苏联对华援助条款的草案参照苏联与东欧国家缔结的条约，其中的表述提到"立即"给予"一切所拥有的军事和其他援助"。这一条款在第二稿时

---

① 见"1950 年中苏条约谈判中的利益冲突及其解决"，载沈志华、李丹慧《战后中苏关系若干问题研究——来自中俄双方的档案文献》，人民出版社 2006 年版，第 24—25 页。

② 王奇：《"156 项工程"与 20 世纪 50 年代中苏关系评析》，载《当代中国史研究》2003 年第 2 期。

被苏方改为：提供"一切可能的经济援助"。① 斯大林一直担心毛泽东会成为第二个铁托，后来他还改变了条约签订之前与中方达成的援助协议，在专家待遇问题上提出了更加苛刻的条件。② 在核武器研制这样的敏感领域里，苏联援助始于赫鲁晓夫时代而不是斯大林时代。③

朝鲜战争爆发后，中国出兵朝鲜的举措改变了这种局面。毛泽东说，"苏联什么时候开始相信中国人的呢？从打朝鲜战争开始的。从那个时候起，两国开始合拢了，才有一百五十六项"④。沈志华认为，中国加入了以苏联为首的社会主义阵营，使得苏联在亚洲的安全和战略利益得到了保障，因此，苏联也就向中共提供庇护和经济保障。有关中长铁路、旅顺港和大连的协定最终基本上是按照中方的意愿签订的。⑤ 在这种背景下，中苏两国的经济合作和苏联对华援助活动才开始大范围地展开。

苏联对华援助并不是完全无私的，其中也夹杂着国家和民族的利益。例如，1949年12月31日，周恩来递交了一份协议文本，对少数几个地方做了修改，提出中国不仅以供应原料（以及黄金和美元），而且也以提供制成品来偿还贷款。这一条被苏方拒绝了，除苏方草案规定的偿还方式以外，只允许以茶叶进行偿付。⑥ 再如，据赫鲁晓夫回忆，斯大林有一次，可能是在1949年上半年，在其亲信中问，谁知道中国在什么地方有金矿和钻石矿。贝利亚回答说，中国的宝藏多得很，只是毛泽东瞒着我们不讲。如果苏联给他一笔贷款，他就得给我们一些东西作为偿还。⑦ 这段逸闻的真伪可以通过1950年1月29日苏方向中国代表团提出的一份附加于贷款协定的议定书得到旁证：

议定书
中华人民共和国中央人民政府与苏维埃社会主义共和国联邦政府业

---

① ［德］迪特·海茵茨希：《中苏走向联盟的艰难历程》，新华出版社2001年版，第593、598页。

② 沈志华：《苏联专家在中国（1948—1960）》，中国国际广播出版社2003年版，第79—86页。

③ 同上书，第312页。

④ 毛泽东：《同苏联驻华大使尤金的谈话》（1958年7月22日），选自《毛泽东文集》第7卷，第385页。

⑤ 沈志华：《苏联专家在中国（1948—1960）》，中国国际广播出版社2003年版，第79页。

⑥ ［德］迪特·海茵茨希：《中苏走向联盟的艰难历程》，新华出版社2001年版，第617页。

⑦ 同上书，第618页。

已签订的关于苏联贷款给中国的协定相联系，双方政府达成如下协议：

鉴于苏联缺乏战略原料（钨、锑、铅、锡）而陷于紧迫形势，中华人民共和国中央人民政府满足苏联政府愿望，并宣布同意在近10—12年内以每年商品周转协定的方式，把全部剩余的钨、锑、铅、锡单独卖给苏联。

抄送：斯大林、莫洛托夫、贝里亚、米高扬、卡岗诺维奇、布尔加宁同志

针对这个要求，1月31日周恩来对苏联草案提出了修改意见，要求确定上述金属按照世界市场价格出售，延长供货期为14年。周恩来还提出把部分剩余金属产品卖给其他人民民主国家，如捷克斯洛伐克就希望购买1600吨钨。米高扬回答，苏联准备购买全部剩余产品。周恩来进一步提出，如果苏联提供经济和技术帮助，中国可以迅速提高产量，米高扬答应给予帮助。①

（二）中国的国家利益

争取到苏联对新中国的经济援助既有政治上的意义，也有经济上的意义。毛泽东认为，世界上的许多力量都是可以交错利用的，就像他在《论人民民主专政》中强调的，如果没有苏联的存在，没有社会主义阵营的出现，没有资本主义国家内部人民大众的斗争等综合性因素，堆在新中国头上的反动势力压力将会强大许多倍。争取苏联援助等于争取到了整个社会主义阵营对新生政权的政治支持，但又绝不仅限于此。在经济上，中国希望借助苏联援助尽快地发展自己，只有经济发展起来了，才可能在政治上自立于世界民族之林。

1950年，新的《中苏友好同盟条约》以苏联政府和中国政府间条约方式签字，苏联也完成了从援助国民党政府向援助共产党政府的过渡。此后，中苏友好同盟关系的一个重要标志——苏联对华援助将迅速得到实施，成为中苏两国友好的见证。这种友好关系在中国抗美援朝战争之后和中国的第一个五年计划期间达到了最佳状态。在那个时期，苏联政府动员了巨大的人力、物力，帮助中国编制计划、援建项目、供应设备、传授技术、代培人

---

① 俄罗斯联邦对外政策档案馆，全宗07，目录23A，卷宗18，案卷235，第73、83页。转引自［德］迪特·海茵茨希《中苏走向联盟的艰难历程》，第618—619页。

才、提供低息贷款、帮助中国建设，并且向中国提供研究和平利用原子能的技术和工业方面的帮助。这些都受到中国领导人的高度赞扬。

1955年，以毛泽东主席、刘少奇委员长、周恩来总理兼外交部部长的名义致电苏联领导集体，庆祝《中苏友好互助条约》签订五周年。电文说，苏联对新中国的帮助是"全面的、系统的和无微不至的"：

> 苏联政府先后帮助中国新建和扩建共达156项的巨大工业企业，派遣大批优秀专家帮助中国建设，几次给予中国优惠贷款，将中苏共同管理的中国长春铁路和苏联机关于1945年在中国东北境内由日本所有者手中获得的财产无偿地移交中国，将中苏合营企业的苏联股份出售给中国，并决定把中苏共同使用的旅顺口海军根据地和该地区的设备交由中国完全支配，最近又建议在促进原子能和平用途的研究方面给予中国以科学、技术和工业上的帮助。

中国政府和中国人民感到"这种兄弟友谊无上珍贵"。①

（三）社会主义阵营内部的国际主义成分

当然，在20世纪50年代的时候，中苏之间这种"兄弟友谊"体现的是一种东西对峙和两极格局下的国际主义。斯大林说：

> 中国和欧洲各人民民主国家〔却〕脱离了资本主义体系，和苏联一起形成了统一的和强大的社会主义阵营，而与资本主义阵营相对立。……这些国家在经济上结合起来了，并且建立好了经济上的合作和互助。这个合作的经验表明，没有一个资本主义国家能像苏联那样给予人民民主国家以真正的帮助和技术精湛的帮助。②

---

① "毛泽东主席、刘少奇委员长、周恩来总理兼外交部部长1955年2月12日给苏联伏罗希洛夫主席、布尔加宁主席、莫洛托夫外交部部长庆祝'中苏友好互助条约'签订5周年贺电"，转引自杨英杰《苏联对于我国第一个五年计划的伟大援助》，中国财政经济出版社1956年版，第5页。

② 斯大林：《苏联社会主义经济问题》，人民出版社1953年版，第27页；转引自杨英杰《苏联对于我国第一个五年计划的伟大援助》，中国财政经济出版社1956年版，第34页。

薄一波认为，苏联对华援助同斯大林本人的支持分不开，而斯大林是一位"有无产阶级国际主义思想的领导人"。他进一步回忆说，主管经济工作的陈云也曾经说过："苏联是社会主义国家，那时他们对我们的援助是真心诚意的。比方说，苏联造了两台机器，他们一台，我们一台。能做到这样，确实是尽到了他们国际主义义务。"① 到了1981年3月中共中央起草《关于建国以来若干历史问题的决议》时，陈云还提到，第一个五年计划中的"156项"确实是援助，应当按照事情本来的面貌去撰写苏联工人阶级和苏联人民对中国的情谊，表现中国共产党人是公正的。②

不仅苏联援助体现了国际主义，在中方的思维方式中也有国际主义的成分。在中苏两国签订的协定中规定，中方在1954年至1959年间向苏方提供钨砂16万吨、铜11万吨、锑3万吨、橡胶9万吨等战略物资，作为苏联援建项目的部分补偿。薄一波认为，"向苏联提供战略物资，不仅是偿还，也是我们的国际主义义务"。③

第二节　苏联对华援助的概况

一　苏联对新中国的援助规模及领域

从1949年直至1960年的10多年间，苏联向中国提供了11笔数额比较大的贷款，主要用于援建改建一批特大型工业企业。所谓苏联援华的"156项工程"其实只是一个标志性的用语。薄一波后来回忆说，这些项目有的是我方提出的，有的是苏方提出的，经过多次商谈才确定下来。经过商谈确定的项目有174项。经过反复核查调整后，最后确定为154项。实际施工的为150项，其中在"一五"期间施工的有146项（又一说为141项）。④加上"二五"期间新签订的中苏协议项目，苏联援华建设项目协议超过了300

---

① 薄一波：《若干重大决策与事件的回顾》（上卷），中共中央党校出版社1991年版，第300页。
② 《陈云文选（1956—1985）》，人民出版社1986年版，第258页。
③ 薄一波：《若干重大决策与事件的回顾》（上卷），中共中央党校出版社1991年版，第301页。
④ 同上书，第297页。

项，①1960 年苏联撤援时建成 133 项，其他在建项目继续建设，到 1969 年
"156 项"实际完成。②因为此前统计苏联援华工程为"156 项"，所以后来一
直沿用"156 项工程"来统称苏联援华项目。

　　苏联援助以资金转移为计量单位，带动了大量的设备和物资转移，数以
万计的顾问专家来华帮助工作，并且通过这些设备和人员的交流，转移了技
术、培训了中国的专业技术人才，还通过技术合作、优惠贸易、合股公司等
形式向中国转移了物资、技术和管理经验。这些援助对于新成立的中国来
说，不是用"及时"和"必需"就可以概括的。中国社会科学院经济研究
所的董志凯在经过了十数年的研究和调查追踪的基础上做出了"156 项"是
"中国工业化的奠基石与里程碑"的高度评价，以"156 项"为核心，中国
建设了近千个工业项目。③ 正是有了苏联的援助，新中国在短短几年的时间
里恢复了生产，在工业现代化的道路上迈进了一大步，建立了管理现代化
工业的规章制度，还在一些尖端国防科技领域里，例如在原子能研究和原
子能和平利用方面，奠定了"前进的基础"。④ 苏联援助不仅推动了中国
现代化工业的起步，而且产生了长久的制度影响，同时具有突出的战略意
义。这一时期苏联援助的"附加价值"是数字所无法概括的，将 20 世纪
50 年代的苏联援助和 80 年代以后的西方对华援助作简单的数量对比并没
有太多的意义。

　　从数额上来看，从 1950 年到 1959 年，中国引进苏联技术设备投资共计
76.9 亿旧卢布（折合人民币 73 亿元），其中 1950 年至 1952 年完成 2.4 亿旧
卢布，占 3.2%，1953 年至 1957 年完成 44 亿旧卢布，占 57.1%，1958 年至
1959 年完成 30.5 亿旧卢布，占 39.6%。同期，引进东欧各国技术设备投资
共计 30.8 亿旧卢布（折合人民币 29.3 亿元）。这些投资中有很大一部分用
于军事和国防建设，这方面的投资占到贷款总额的 73%，只有约 27% 用在

① 《当代中国的基本建设》（上），中国社会科学出版社 1989 年版，第 52—53 页。
② 董志凯、吴江：《新中国工业的奠基石——156 项建设研究》，广东经济出版社 2004 年版，第
4 页。
③ 同上书，第 1 页。
④ 杨英杰：《苏联对于我国第一个五年计划的伟大援助》，中国财政经济出版社 1956 年版，第
12 页。

了经济建设上。这同当时中国的国际和国内条件直接相关，也反映了中苏战略同盟关系对援助活动的影响。从总量上看，苏联对华援助与其对其他社会主义国家或新独立国家的援助相比并不算多。根据苏联方面公布的材料，截至 1957 年 7 月，苏联向社会主义阵营各国的贷款数目达到了 280 亿卢布。苏联还向其他发展中国家提供援助，例如 1954 年至 1957 年苏联给印度的贷款有 10 亿多卢布，偿还期 12 年。从总额上看，苏联给中国的贷款为数不算少，约占给社会主义国家贷款总额的 1/5，但是其中用于经济用途的贷款却少得可怜。主要原因并不是因为苏联不愿意提供经济援助，而是中国领导人不愿意大规模地向外举债。[①]

　　如果按照项目来统计，那么中国从 1950 年开始同苏联签订了第一份《中苏协议书》，委托苏联就一批建设项目进行设计并提供成套设备。根据国民经济恢复和建设的需要，这第一批建设项目主要集中在煤炭、电力等能源工业，钢铁、有色、化工等基础工业，以及国防工业等方面，共计 50 项。抗美援朝战争爆发以后，为了巩固国防，取得战争的胜利，中国在 1953 年以国防军事工业，以及相关的配套项目为重点，与苏联签订了第二份《中苏协议书》。根据这个协议，苏联向中国供应成套设备的建设项目共计 91 个。1954 年 10 月中国又与苏联签订了第三批苏联供应成套设备的建设项目《中苏协议书》，引进能源工业和原材料工业等项目共 15 项，并决定扩大原定 141 项成套设备项目的供应范围。至此，中国与苏联签订的援建项目共计达到 156 项，即"156 项工程"。1955 年 3 月中国又与苏联签订了新的《中苏协议书》，协定包括军事工程、造船工业和原材料工业等建设项目，共 16 项；随后通过口头协议又增加 2 个项目。此后，中国对项目进行增减和拆、并等调整。1958 年和 1959 年中国再与苏联先后签订了几个由苏联供应成套设备的项目建设《中苏协议书》，共涉及 100 多个建设项目。整个 50 年代，中国通过《中苏协议书》获得苏联帮助的成套设备建设项目共计 304 项，单独车间和装置 64 项。[②]

---

① 沈志华、李丹慧：《战后中苏关系若干问题研究——来自中俄双方的档案文献》，人民出版社 2006 年版，第 198 页。

② 《当代中国的基本建设》（上），中国社会科学出版社 1989 年版，第 52—53 页。

　　20 世纪 50 年代的苏联对华援助不仅限于经济和国防领域，而是涉及了中国国防安全、国民经济和社会文化等各个领域，援助范围远比 1978 年之后的西方对华援助更为全面。1978 年以后的西方对华援助基本上没有涉及军事、文化（文艺演出）和体育这三个领域，而苏联对华援助却包括了这些领域。例如，歌剧《茶花女》就是中国的艺术家在苏联专家的指导下排练出来的，而组织这样的文艺演出在当时不是市场行为，而是国家行为。

　　苏联对华援助主要集中在工业部门里，在苏联实际援建的 150 多个工业项目中，有 44 个军工企业，20 个冶金工业企业，24 个机械加工企业，52 个能源企业，以及 3 个轻工和医药工业企业。[①] 其中，军事领域的合作是苏联对华援助的一项主要内容，从苏联援华贷款的基本用途就可以清楚地看到这一点（见表 2—1）。

表 2—1　　　　　　　　20 世纪 50 年代中国接受苏联贷款一览[②]

序号	时间	金额（旧卢布）	用途
1	1950 年 2 月 14 日	12 亿	经济建设
2	1951 年 2 月 1 日	9.86 亿	购买军用物资
3	1952 年 9 月 15 日	0.38 亿	种植橡胶
4	1952 年 11 月 9 日	10.36 亿	购买 60 个步兵师装备
5	1953 年 6 月 4 日	6.1 亿	购买海军装备

---

　　① 见王奇《"156 项工程"与 20 世纪 50 年代中苏关系评析》，载《当代中国史研究》2003 年第 2 期。

　　② 资料原出处为王泰平主编《中华人民共和国外交史（1957—1969）》第二卷，世界知识出版社 1998 年版，第 257—258 页，转引自沈志华、李丹慧《关于 1950 年代苏联援华贷款的历史考察》，载沈志华、李丹慧《战后中苏关系若干问题研究——来自中俄双方的档案文献》，人民出版社 2006 年版，第 188 页。如果按照当时的汇率（1 美元折合 4 旧卢布）计算，这些贷款约合 14 亿美元（56.76 亿旧卢布）。参照苏联方面的信息，沈志华、李丹慧倾向于认为苏联对华贷款总额为 66.117 亿旧卢布，主要是因为 1951 年朝鲜战争期间苏联向中国提供的军事贷款没有包括在中方的统计之中。

续表

序号	时间	金额（旧卢布）	用途
6	1954 年 1 月 23 日	0.035 亿	有色金属公司
7	1954 年 6 月 19 日	0.088 亿	有色金属和石油
8	1954 年 10 月 12 日	5.46 亿	特种军事用途
9	1954 年 10 月 12 日	2.78 亿	转让中苏合营公司苏联股份
10	1955 年 2 月 28 日	2.47 亿	转售安东苏军物资
11	1955 年 10 月 31 日	7.23 亿	转售旅大军事基地苏军物资
总计		56.76 亿	

苏联援助以军事工业和重工业为主，这个布局是根据中国方面的要求而确定的。新中国成立之初，中国军队的兵种单一，主要以步兵为主，武器装备落后，国防工业极不发达。蒋介石虽然退守台湾，但是国民党军队仍然占有海空优势，加上台湾岛上建有美军基地，对刚刚成立的新中国政权构成现实的威胁。由于缺乏现代化的海军装备，在 1949 年 10 月 25—27 日的金门古宁头战役中，中共后援部队的木船不及国民党军队的铁甲舰，致使登陆部队全军覆没，损失达 9000 余人。由于缺乏有效的空军阻击能力，中共中央首脑机关刚刚进入北平，北平就于 1949 年 5 月 4 日遭到国民党空军的轰炸。从 1949 年 10 月至 1950 年 2 月，国民党空军对大陆地区进行了 26 次空袭，其中 1950 年 2 月 6 日对上海的空袭造成的危害最大，致使当时上海功率最大的杨浦发电厂受到重创，上海生产停顿，全国本来就上涨的物价和处于瘫痪状态的经济形势更加难以控制。威胁还来自资本主义阵营的经济封锁和禁运。美国将中国列入"巴统"管制国家之列，禁运货单达 400 多种。[①] 因此，恢复经济与保障安全是新中国面临的两大任务，而没有安全保障就没有经济的恢复与发展。在这种情况下，中共领导人向苏联提出帮助建设海军和

---

① 董志凯、吴江：《新中国工业的奠基石——156 项建设研究》，广东经济出版社 2004 年版，第 30 页。

空军的请求，苏联方面做出了积极的响应。1950 年 1 月以前，苏联至少有711 名海军专家和 878 名空军专家已经开始在中国工作。新中国的海军和空军就是这样在苏联的帮助下建立起来。[①]

苏联对华援助还涉及尖端的国防科技领域，例如苏联为中国的原子能工业发展提供了技术和工业方面的支持。1955 年 4 月 27 日，以刘杰、钱三强为首的中国政府代表团在莫斯科与苏联政府签订了《关于为国民经济发展需要利用原子能的协定》，确定由苏联帮助中国进行核物理研究，并且进行以和平利用原子能为目的的核试验。按照协议的规定，苏联派遣专家为中国设计并建造一座试验性的原子反应堆和回旋加速器，苏联还无偿提供有关原子反应堆和加速器的科学技术资料，提供能够维持原子反应堆运转的数量充足的核燃料和放射性同位素，培训中国的核物理专家和技术人员。苏联派到中国的核物理专家是一流的，包括了苏联原子弹之父库尔恰托夫最亲密的助手之一沃尔比约夫。

与原子能项目相比，导弹研究是属于纯军事目的的，又与原子弹密切相关，苏联在这方面的援助相对要谨慎一些，但是在 1956 年后，苏联也打开了在这一领域与中国进行合作的大门。1956 年 9 月，中国方面由 40 多人组成的庞大的代表团到莫斯科与苏联进行协商。苏联方面尽管有一些保留，但仍然十分友好和热情。苏方代表团团长、国家对外经济联络委员会主席别尔乌辛在谈判中认为，中方提出的有些产品信号性能已经落后，主动建议提出更新的产品型号。9 月 14 日，苏方提交了协定草案，别尔乌辛对中方代表团的领军人物之一聂荣臻说，这种协定在苏联外交史上还是第一次，因为中国是最可靠、最可信托的朋友。此后，在 1957 年到 1958 年，苏联向中国提供了几种导弹、飞机和其他军事装备的实物样品，交付了导弹、原子能等绝密技术资料，派遣了有关的技术专家来华，为中国的原子弹事业的发展作出了不可磨灭的贡献。[②]

综上所述，苏联对华援助的范畴远远超出了 1978 年以后中国接受西方发达国家的"官方发展援助"，只有把苏联对华援助与冷战条件下中苏同盟

[①] 沈志华：《苏联专家在中国（1948—1960）》，中国国际广播出版社 2003 年版，第 92—101 页。

[②] 同上书，第 311—333 页。

关系的发展联系在一起，才能够解释。苏联援助对新中国政权的巩固、中国现代工业体系的建立以及计划经济体制的形成都是分不开的，因此其作用和意义极其深远，不能简单地用苏联对华援助的规模来衡量。

二　苏联援助的主要形式

苏联对华援助可以大致分为：提供低息贷款、援建重点项目、进行技术合作和在中苏贸易中实施价格补贴等四种方式。除了这四种方式以外，这里还将重点讨论一下尚未引起足够重视的"软"方式：共享管理经验。还有就是要专门讨论苏联援华专家的作用，用时下流行的术语就是"人力资源"或"智力技术"方面的援助。

（一）提供低息贷款

1949 年 7 月 30 日，刘少奇以东北地方政府的名义与马林科夫初步签订了中苏之间的贷款协定，数额 3 亿美元，利息 1%，为期 5 年。毛泽东在 1949 年年底到 1950 年年初访苏时，双方以中央政府的名义再次签订贷款协议，金额为 12 亿旧卢布（折 3 亿美元），年利率仍为 1%，10 年内偿还，作为《中苏友好同盟条约》的重要组成部分。[1]随后在 1951 年至 1955 年，中国又先后 10 次与苏联签订贷款协定，年利率为 2%，偿还期 2 年至 10 年。中国从 1950 年至 1955 年向苏联贷款总额为 56.6 亿旧卢布（折合人民币 53.7 亿元）。到 1964 年，中国比《协定》规定提前一年偿清全部贷款本息，共付利息 5.8 亿多旧卢布（折合人民币 55.5 亿元）。[2]苏联的低息贷款主要用于购买苏联生产的设备、机器和各种材料，以及偿付苏联移交物资的费用，货单由中方提供。因此苏联援华贷款主要是以实物而非资金的形式提供的。

（二）援建重点项目

苏联对华援助的一个重要内容就是帮助中国进行一批重点项目的建设，也就是"156 项工程"。项目实施的目的是帮助中国迅速建立起布局相对合理、技术比较先进、门类基本齐全的工业体系，为中国工业化的进

---

① 沈志华：《建国初期苏联对华援助的基本情况》，http：//www. shenzhihua. net/zsgx/000140. htm。

② 《当代中国的基本建设》（上），中国社会科学出版社 1989 年版，第 57 页。

一步发展奠定基础。与重点项目建设相配套，苏联为中国提供了极其全面的技术支持，包括：派遣大批苏联专家来华工作，向中国提供完整的技术资料，以接受留学生和技术干部实习等方式帮助中国培养自己的技术队伍，等等。

苏联和东欧社会主义民主国家援建中国的项目规模都是比较大的。苏联帮助新建和扩建的有：鞍山、武汉、包头三大钢铁联合企业、长春第一汽车制造厂、武汉重型机床厂、哈尔滨汽轮厂、兰州炼油化工设备厂、洛阳第一拖拉机制造厂等；德意志民主共和国帮助建设的有西安仪表厂、郑州砂轮厂；捷克斯洛伐克帮助建设的有辽宁电站、影片洗印厂；波兰帮助建设的有新中国糖厂和佳木斯糖厂等。毫不夸张地说，是这些外来的企业奠定了中国现代工业的基础。

苏联和东欧各国不仅提供了援建企业所需的机器设备，而且从地质勘查、厂址选定、设计资料收集、技术设计、建筑、安装和开工运转的指导以及新产品技术资料的提供，一直到新产品的制造，都给予了全面系统的"一条龙"帮助。以苏联援建的哈尔滨量具刃具厂为例，从工厂的整体布置到设备制造、产品图纸、各种产品的技术操作规程和生产管理设计，都由苏联方面协助完成。在项目建设的过程中，凡是中国能够生产的设备，能够进行的设计，援助方都主动提出由中国自行解决，以促进中国设计能力的提高和生产的进一步发展，[1]因而不仅在项目的提出和设计方面，而且在项目的实施方面都体现了受援国的主导权和国家平等的原则。

（三）进行技术转让

在1953年5月15日签订的《中苏经济合作议定书》中，有一项无偿向中国提供技术文件的独立条款，根据这项条款，苏联几乎是无保留地向中国提供了苏联国内相关援助领域里的最新技术。[2]

从苏联和东欧国家引进的成套设备在当时都是比较先进的。例如，苏联在帮助建设长春第一汽车厂的过程中，曾动员了好几个设计部门的专家，综

---

① 《当代中国的基本建设》（上），中国社会科学出版社1989年版，第54页。

② 沈志华：《建国初期苏联对华援助的基本情况》，http://www.shenzhihua.net/zsgx/000140.htm。

合了苏联国内各厂的建设经验，并结合中国的具体情况，设计出了最新的汽车制造厂。该厂的许多设备当时在苏联也是最先进的。①在援建鞍山钢铁公司的过程中，苏联设备本已到位，因为苏联国内用最新的工艺生产出更先进的设备，苏方又及时地将最新设备运到鞍山，替换此前已经到位的"过时"设备。②就连西方学者麦克法夸尔和费正清也承认："苏联技术援助和资本货物的重要性不论如何估计也不为过。它转让设计能力的成果被描述成技术转让史上前所未有的。此外，中国看来已接受了苏联国内最先进的技术。在有些情况下，转让的技术是世界上最佳的。"③

在科学技术领域里，1954 年 10 月中国同苏联签订了科学技术合作协定。以后中国又同东欧各国分别签订了科学技术合作协定。到 1959 年，中国从苏联和东欧各国获得了 4000 多项技术资料。苏联提供的主要是冶炼、选矿、石油、机车制造和发电站等建设工程的设计资料，制造水轮机、金属切削机床等的工艺图纸，生产优质钢材、真空仪器等工业产品的工艺资料。东欧各国提供的主要是工业各部门和卫生、林业、农业等方面的技术资料。这些先进的技术资料，对于提高中国工农业的技术水平和新产品的生产具有重大的意义。而且在提供技术资料时采取的是互相支援的优惠办法，不按专利对待，仅收取复制资料的成本费用。④

由于赫鲁晓夫需要中共领导人在政治上支持他在社会主义阵营中的领导地位，所以决定将中苏技术合作扩大到尖端军事科技领域。1957 年 10 月 15 日，毛泽东第二次访苏的前夕，中苏双方在莫斯科签订了国防新技术协定。协定规定苏联将援助中国发展核能力，向中国提供有关的技术资料和原子弹样品。12 月 11 日，中苏两国科学院院长在莫斯科签订了两国科学院合作协定。为了有利于中国实现科技发展远景规划，1958 年 1 月 18 日，中苏两国政府又在莫斯科签订了《关于共同进行和苏联帮助中国进行重大科学技术研

---

① 《当代中国的基本建设》（上），中国社会科学出版社 1989 年版，第 54 页。

② 杨英杰：《苏联对于我国第一个五年计划的伟大援助》，中国财政经济出版社 1956 年版，第 12—13 页。

③ ［美］麦克法夸尔、费正清：《剑桥中华人民共和国史（1949—1965）》，中国社会科学出版社 1990 年版，第 185—186 页。

④ 《当代中国的基本建设》（上），中国社会科学出版社 1989 年版，第 54—57 页。

究的协定》。协定规定：在中国执行第二个五年计划期间，即从 1958 年到 1962 年，中苏共同进行和苏联帮助中国进行 122 项重大科学技术研究，其中包括一些高、新技术的研究。

正是因为苏联几乎无保留地向中国提供技术援助，才在中国出现了提倡全面学习苏联的潮流。1953 年 2 月 7 日毛泽东在中国人民政治协商会议第一届全国委员会第四次会议上公开发表指示，要求全国学习苏联："要学习苏联。……要认真学习苏联的先进经验。……我们不仅要学习马克思、恩格斯、列宁、斯大林的理论，而且要学习苏联先进的科学技术。我们要在全国范围内掀起学习苏联的高潮，来建设我们的国家。"[①]周恩来也指示："有计划地组织大批科学工作人员和技术人员向现在在中国的苏联专家学习，把他们当导师来利用，而不要当作普通工作人员来利用。"[②]

（四）促进中苏贸易

还有一部分苏联援助是通过中苏贸易的形式实现的。通过中苏贸易，苏联向中国提供了大批中国生产建设急需而又无法从国际市场上买到的商品，其中一些商品的作价还低于国际市场价格。以矽钢片为例，苏联卖给中国的矽钢片的价格仅为香港市场价格的一半，而且按照合同价格固定不变，不受国际市场价格上涨的影响。[③]

（五）管理技术援助

在苏联援华项目中找不到"管理技术援助"这个名词，但这个方面的活动是实实在在地发生了，而且其作用丝毫也不亚于任何机械设备方面的援助。在 1978 年以后的西方援助中，有"技术援助"（Technical Assistance）的专栏，多用于专业和管理技术领域，与苏联对新中国在各个层面上的管理技术方面的帮助比较类似，但是苏联对中国在各层管理技术领域里的帮助，无论从深度还是从广度来看，都超过了西方对华援助，其影响力之深远，至

---

① 转引自杨英杰《苏联对于我国第一个五年计划的伟大援助》，中国财政经济出版社 1956 年版，第 35 页。

② 周恩来：《关于知识分子问题的报告》（1956 年 1 月 14 日），《周恩来选集》下卷，第 184—185 页。

③ 沈志华：《建国初期苏联对华援助的基本情况》，http：//www. shenzhihua. net/zsgx/000140. htm。

今还很难做出最终的评价。但恰恰是在这个领域里，目前还很少有充分的认识或论述。

具体地讲，在这个领域里的苏联援助主要体现在两个主要的方面，但绝不仅限于这两个方面：一是苏联对中国编制第一个国民经济发展五年计划所提供的帮助，二是苏联专家对各个援建企业的现代化工业管理体制和规程所作出的贡献。当然，苏式管理的引进还对新中国的高等教育体制、文艺体育团体以及军事院校建制等发挥着难以估量的作用。

1. 编制"一五"计划

1952 年年初，根据周总理的提议，中央决定成立由周恩来、陈云、薄一波、李富春、聂荣臻、宋邵文等 6 同志组成的领导小组，组织领导"一五"计划的编制工作。薄一波后来详细地叙述了中国在编制第一个五年计划的过程中接受苏联同志指点的过程：1952 年 8 月，以周恩来为团长、陈云和李富春同志为副团长的政府代表团赴苏联，征询苏联政府对《五年计划轮廓草案》的意见，商谈苏联援助中国进行经济建设的具体方案。苏联政府领导人看了《草案》后，"以为还不能算是五年计划，不仅不是计划，即使作为指令也不够"。周恩来和陈云在苏逗留了一个多月的时间，两次会见了斯大林。斯大林对中国的"一五"计划提出了一些原则性的建议。他认为，《草案》里考虑的 5 年中工业年平均增长 20% 的速度是勉强的，建议降到 15% 或 14%。他强调，计划不能打得太满，必须留有后备力量，以应付意外的困难。他同意帮助中国设计一批企业，并提供设备。薄一波认为，斯大林的意见有很深刻的启发意义。[①]

薄一波后来回忆说："在国民经济恢复时期，中财委和后来成立的国家计划委员会，曾经编制过几个粗线条的年度计划纲要，也曾试行编制 10 年或 15 年的远景发展规划。但都因没有经验，地质资源情况不清、可供使用的统计资料极少、人才不足、知识不足等因素，没有搞出成型的东西来。后来向苏联学习，并得到苏联政府的具体援助，计划的编制工作就比较顺利了。"[②]

---

① 薄一波：《若干重大决策与事件的回顾》（上卷），中共中央党校出版社 1991 年版，第 286 页。
② 同上书，第 285—286 页。

周总理和陈云同志回国后，李富春率领代表团继续同苏联有关部门广泛接触，征询意见，商谈苏联援助的具体项目，时间长达9个月之久。1953年4月4日，米高扬向李富春通报了苏共中央、苏联国家计划委员会和经济专家对中国"一五"计划的意见。要点如下：

（1）从中国的利益和整个社会主义阵营的利益考虑，"一五"计划的基础是工业化，首先建设重工业，这个方针任务是正确的。

（2）从政治上、舆论上、人民情绪上考虑，五年计划不仅要保证完成，而且一定要超额完成。因此，工业的年平均增长速度调低到14%—15%为宜。

（3）要注意培养自己的专家。

（4）加强地质勘探等发展经济的基础工作。

（5）大力发展手工业和小工业，以补充大工业之不足。

（6）要十分注意农业的发展，不仅要大量生产质量好、价格低的农机具和肥料，还要保证工业品对农村的供应，发展城乡物资交流。

（7）巩固人民币，扩大购买力，发展商品流通。

（8）工业总产值的增长速度要大于职工人数的增长速度，以保证劳动生产率的提高。劳动生产率的提高要大于工资的增长速度，以保证国家的积累。技术人员的增长速度要大于工人的增长速度，以保证技术水平的提高。

薄一波认为，这些意见虽然主要是立足于苏联的经验而谈的，但基本上符合当时中国的实际。薄老承认："老实说，在编制'一五'计划之初，我们对工业建设应当先搞什么，后搞什么，怎样做到各部门之间的相互配合，还不大明白。""我们参考这些（苏联的）意见对计划草案作了较大的调整。"[①] 最后确定的"一五"计划工业发展构成是：军事工业企业占44%（其中航空工业12%，电子工业10%，兵器工业16%，航天工业2%，船舶工业4%），冶金工业占20%（其中钢铁工业7%，有色金属工业13%），化学工业占7%，机械加工企业占24%，能源工业企业占52%（其中煤炭占25%，电力25%，石油2%），轻工业和医药工业仅占3%。这些工业构成中国比较完整的基础工业体系和国防工业体系，而苏联援建

---

① 薄一波：《若干重大决策与事件的回顾》（上卷），中共中央党校出版社1991年版，第287—288页。

的项目正是这些体系的骨架，"起到了奠定"中国"工业化初步基础的重大作用"①。

2. 制定企业管理规章制度

苏联对于中国现代化企业管理的帮助与"一五"计划的编制相关联，相配套。为了完成"一五"计划，还需要制定工业产品标准、技术操作规程和技术经济定额。② 不仅如此，还需要各行各业通过完整的现代的管理体制，保证这些标准、规程和定额能够贯彻实施。

在企业管理方面，苏联专家发挥的作用最为显著。新中国成立初期，中国还停留在手工业生产阶段，对于管理大工业几乎完全没有经验和知识。1947 年陈云主管东北经济工作时，曾对大连造船厂实行的苏联八级工资制拍手叫好。1949 年，石景山发电厂发生重大事故后，苏联专家发现这是由于操作失当引起的，于是帮助编制了一套工厂运行规程，要求工人按规程操作。由于中国处于工业化的初期阶段，所以这样的现象并不是孤立的。1951 年 8 月 14 日，苏联专家莫谢耶夫在对《中国西北天然石油产地开采草案》提出书面意见时，尖锐地批评说，"草案中根本没有谈到石油工业的管理问题。发展石油开采和人造石油的全部计划，只有在解决全国所有石油工业的管理组织问题的条件下，才能制定和执行"③。同年 12 月 27 日，苏联专家向中国政府递交了《关于制定 1951—1955 年恢复和发展中华人民共和国经济国家计划方针的意见书》，提出有关工业发展方针及管理建议，要求把提高劳动生产率作为工业的中心任务之一，具体办法包括生产设备的现代化和合理使用，改善生产技术程序，采用先进作业法，提高工人技能，开展劳动竞赛，实施计件工资制，适当的劳动分工和企业专业化，降低生产成本，实行经济核算制，统一度量衡等一系列措施。④

---

① 薄一波：《若干重大决策与事件的回顾》（上卷），中共中央党校出版社 1991 年版，第 297—299 页。

② 沈志华：《建国初期苏联对华援助的基本情况》，http：//www. shenzhihua. net/zsgx/000140. htm。

③ 《1949—1952 年中华人民共和国经济档案资料选编》工业卷，第 768 页。转引自沈志华《苏联专家在中国（1948—1960）》，中国国际广播出版社 2003 年版，第 123 页。

④ 《1949—1952 年中华人民共和国经济档案资料选编》工业卷，第 768 页。转引自沈志华《苏联专家在中国（1948—1960）》，中国国际广播出版社 2003 年版。

在这种情况下，各行各业、各层各级建立了计划机构，各个企业开始使用计划表格、确定生产责任制，实施"流水作业法"，在工矿企业里掀起了完整地学习苏联管理工业生产的规章制度，加强生产的科学管理，提高劳动生产率的风潮。从1000多名苏联专家直接参与，利用苏联管理铁路的经验，帮助中长铁路制定的12条工业化管理制度可以看出，除了市场机制以外，苏联向中国传授了计划经济条件下管理现代化工业所必需的所有技术和经验：

（1）列宁—斯大林工作作风；

（2）建立新的工业组织机构和新定员表，确定工作人员职责；

（3）编制综合性的生产财务计划；

（4）制定技术组织措施，为提高劳动生产率和降低成本开展"满载超轴500公里运动"；

（5）开展爱国主义劳动竞赛；

（6）签订集体合同；

（7）确定自有流动资金、实施材料清查，加速流动资金流转；

（8）实施经济核算制；

（9）改善机车车辆的运用情况；

（10）根本地改善固定资产的日常维修；

（11）组织技术学习；

（12）改善工人与职员物质生活条件；等等。[1]

除了工矿企业以外，苏联还派遣农场经理、总会计师等苏联专家，向中国人传授管理国营农场的经验，同时提供农业机械设备，使中国人"在最短期间内学会……经营大型农场的先进经验"。[2]

到了1952年年底，现代化管理制度已经基本上在新中国的公共部门得到了确立。财政部在这一年年终的工作报告称，三年来建立起一套基本的财政法规，如预算暂行条例、预算科目、会计报表制度、银行执行预算出纳业

---

① 杨英杰：《苏联对于我国第一个五年计划的伟大援助》，中国财政经济出版社1956年版，第24页。

② 同上书，第25页。

务条例、企业财务管理制度、基本建设投资监督拨款办法、财政监督制度以及各种税收制度等，共20多种法规。这些都是在苏联专家帮助下，吸收苏联经验并根据中国工作情况拟定的。[1] 而新管理制度的确立使得中央的管理更加有效，重工业部能够在24小时内掌握全国各钢铁厂的生产情况。[2] 这对于社会主义计划经济体制在中国的确立至关重要。

三　苏联专家的作用

外援资金的流动往往离不开人才的流动，对于外援项目的实施来说，专家指导和人员培训是关键的环节。在这方面，苏联对华援助与后来的西方援助有类似之处。苏联专家涉猎的领域与苏联援助的领域相匹配，来华的重工业方面的专家顾问占了很大比重。

沈志华在收集和挖掘了大量史料的基础上，梳理、对比、考证并分析了苏联专家援华情况的历史现象，认为苏联专家在中国的情况不同于他们在东欧各国的情况。首先，他们是应中国方面的要求到中国来的，他们在各个方面，特别是在科学技术领域里向新中国提供了支持，在中国加强军事力量和恢复国民经济中发挥了重要的作用。在中苏之间出现争议的时候，中国不像东欧那样抵制苏联专家，而是提出了"少而精"的原则，尽量使苏联专家在科学技术领域继续发挥作用。毛泽东说过："即使有10个波兰赶（苏联专家），我们也不赶。我们需要苏联的帮助。"[3]

沈志华认为，苏联派往中国的顾问和专家不仅人数非常多，而且延续的时间相当长，涉及面也极广。1947—1956年，苏联向各人民民主国家总计派出14000多人，而1950—1956年派往中国的苏联顾问和专家就有5092人。1956年以后，苏联撤回了在东欧各国的大部分专家顾问，但在华专家不仅留下，而且人数还有增加，到过中国的苏联顾问专家总计超过了18000

---

[1]　《1949—1952年中华人民共和国经济档案资料选编》工业卷，第755页。转引自沈志华《苏联专家在中国（1948—1960）》，中国国际广播出版社2003年版，第126页。

[2]　《人民日报》1951年2月15日。

[3]　毛泽东：《同苏联驻华大使尤金的谈话》（1958年7月22日），选自《毛泽东文集》第7卷，第385—394页。

人次。[①]

苏联援华的顾问一般是苏联的高级干部如副部长、总局副局长或司局长的级别。来华后在各政府主管部门负责机构设置、规章制度建设和管理体制设计等方面的工作。军事专家通常也归入顾问范畴。专家是专业技术人员，是根据苏联援助项目的合同聘请的，一般在企业或经济主管部门工作，解决具体的技术问题。

在 20 世纪 50 年代，苏联顾问和专家遍及中央政府和军队各个系统的领导和管理机构，从所有大型企业、重点院校到技术兵种的基层部队，从安全、军事、经济、情报，到教育、文化、体育、卫生等各领域和部门，都有苏联顾问和专家。

表 2—2 　　　　　　　　苏联技术专家历年来华人数[②]

年份	1952	1953	1954	1955	1956	1957	1958	1959	1960
专家数	294	428	541	790	1422	2298	1231	1153	1156

苏联专家像苏联其他援华项目一样，也是在中国的一再要求下，才向中国派遣的。因此，在这个方面，主导权也在中方。早在 1948 年，时任中共东北局书记、东北军区司令员的林彪就曾经给斯大林写长信，要求苏联向东北派出包括技术专家、财政专家、计划专家和国民经济专家，以及教师和校长在内的 100 多名苏联专家。后来，毛泽东又提出了要求苏联派遣包括各行各业专家在内的至少 500 人的需求。[③] 1949 年 1 月，当米高扬和科瓦廖夫到西柏坡的时候，中共的几大书记都在谈话中提出了请苏联派遣顾问和专家来华帮助工作的要求。这些要求是十分急切的。

1949 年 6 月 16 日，刘少奇为中共中央起草了一个指示，讲道"我们将要聘请大批苏联专家，来帮助我们的经济工作，……不久的将来，苏联专家

---

① 沈志华：《苏联专家在中国（1948—1960）》，中国国际广播出版社 2003 年版，第 4 页。对于具体人数的统计，历史学家有较大的差别，这里选用了沈志华的结论。

② 沈志华：《苏联专家在中国（1948—1960）》，中国国际广播出版社 2003 年版，第 197 页。

③ 同上书，第 44—47 页。

会来到中国，他们将分配到财政、金融、贸易、合作、工业、农业、铁路、交通、工厂、矿山等经济机关中去工作。这是一件大事，这是一件对中国人民空前有利的好事"。①

　　解放初期，新中国面临的严重问题之一就是缺乏科学技术人才。旧中国培养出来的工程技术和科学人员本来就很少，经过长年的战争，留在各个领域的技术人才可以说是屈指可数。中国共产党长期从事武装斗争和农村工作，严重缺乏城市管理和经济建设的经验和人才。这个问题，中共中央在西柏坡的时候已经有了充分的认识。新中国成立以后，这种人才和经验短缺的现象就更加突出了。1949 年 10 月，中央财政经济委员会主任陈云告诉苏联大使罗申，新中国从国民政府那里接受下来的工程师和专家总共只有 2 万人，他们大多数人的政治观念是反动和亲美的。鞍山钢铁企业 70 名工程师中有 62 名是日本人。日本人被遣送回国后，东北的技术人员占钢铁行业的比例降至 0.24%。其他地区的情况也不乐观，华北 150 万名党员中有 130 万人是文盲或半文盲，区委以上的领导干部中，近 50% 没有文化或文化不高。由于缺乏经验和相关的专业知识，中方甚至无法提出要求苏联提供经济援助的货物清单。②

　　在这种条件下，苏联顾问和专家来华帮助工作，对于中国经济的恢复和发展就不仅是必要的，而且是急切和必需的了。对于知识、技术和经验的渴求被毛泽东用非常简单明了的语言表达了出来："我们必须学会自己不懂的东西。我们必须向一切内行的人们（不管什么人）学经济工作。拜他们做老师，恭恭敬敬地学，老老实实地学。"③

　　前面讲到，对于派遣顾问和专家到中国帮助工作，苏联和斯大林给予了支持。第一批专家来华前，斯大林曾指示，苏联专家的任务就是把所有的知识和技能告诉中国人，直到他们学会为止。④ 在这种原则的支持下，苏联专

　　① 《刘少奇传》下卷，第 646 页。转引自沈志华《苏联专家在中国（1948—1960）》，中国国际广播出版社 2003 年版，第 62 页。

　　② 沈志华：《苏联专家在中国（1948—1960）》，中国国际广播出版社 2003 年版，第 105、108 页。

　　③ 《毛泽东选集》第 4 卷，人民出版社 1991 年版，第 1481 页。

　　④ 中共中央文献研究室编：《建国以来刘少奇文稿》第 1 卷，中央文献出版社 1998 年版，第 73 页。转引自王奇《"156 项工程"与 20 世纪 50 年代中苏关系评析》，载《当代中国史研究》2003 年第 2 期。

家在中国发挥了他们的历史性作用，同时给经济恢复和建设中的新中国创造了巨大的价值。例如，过去中国一直被认为是贫油国家，而苏联专家根据石油生成的原理，认为中国的地下应当有石油资源，并向中国技术人员传授了先进的油田勘探方法，解决了低压油田的产油问题。苏联专家推广了16种先进施工方法，每安装一部锅炉节省人工25000个。太原马丁炉接受苏联专家建议，每炉冶炼时间从过去的10小时42分缩短到4小时54分。整修北京下水道工程中，为了考察下水道是否需要重修，苏联专家亲自钻进污臭的暗沟，察看沟砖被侵蚀的程度，提出合理的意见，节省了开支。苏联专家还介绍了深耕、密植、轮作、合理灌溉和施肥等经验，提高了农作技术。[1] 即使是在中苏关系发生矛盾，毛泽东批评赫鲁晓夫的援助政策时，也还特别提到帮助援建武汉长江大桥的苏联专家西宁，称赞他和中国同行同甘共苦，努力工作，创造了世界一流的架桥水平。[2]翻开那个时期的《人民日报》，类似这样的报道频繁出现。苏联在华专家往往亲自参加从选址、设计、安装、开工到产品制造和检验的所有环节，为各行各业改进工艺、提高效率、节约成本、增加产量作出的贡献不胜枚举。同时，苏联专家还用他们的知识、经验和责任心感动着与他们共同工作的中方人员。当时的出版物是这样描写的："我国人民永远忘不了苏联专家他们那种崇高的国际主义精神，高度的责任心，科学的工作方法和实事求是的工作作风，他们对于我国人民的深情厚谊，将写成诗篇和传说，流传和生长在中国人民的子孙后代中。"[3]薄一波至今还深情地回忆说："每当回顾'156'工程的建设，总是想到不要忘记斯大林，不要忘记苏联人民，不要忘记那些来华帮助过我们的苏联专家。"[4]

　　苏联对华援助活动在各个领域和各个层次上都是由中方主导的。援华贷

---

① 沈志华、李丹慧：《战后中苏关系若干问题研究——来自中俄双方的档案文献》，人民出版社2006年版，第153—154页。

② 毛泽东：《同苏联驻华大使尤金的谈话》（1958年7月22日），选自《毛泽东文集》第7卷，人民出版社1999年版，第385—394页。

③ 杨英杰：《苏联对于我国第一个五年计划的伟大援助》，中国财政经济出版社1956年版，第35页。

④ 薄一波：《若干重大决策与事件的回顾》（上卷），中共中央党校出版社1991年版，第297—299页。

款的购货清单是由中方提供的，援建的重点项目是在中方提出的要求的基础上双方共同商定的，苏联提出的修改意见也基本是根据中国的实际情况做出的。① 在具体的项目实施过程中，根据中方的要求而改变原计划的情况也时有发生。②

尤其重要的是，苏联派遣到中国工作的专家到中国后由中方分配工作，受中方各级负责人的领导，不像后来西方援助那样，要成立独立的"项目办公室"，援助方的主任往往想方设法争取主导权的做法。1950 年 3 月 21 日，苏联外交部为在中国的企业和机构工作的苏联专家制定的工作细则指出，苏联专家的任务是在中国的经济建设和文化建设事业中，向中国的企业、机构和组织提供全面的组织准备上和技术上的帮助。因此，苏联专家是应中国的邀请来华，帮助中国人进行社会主义建设的，指挥棒在中国人手中，而不是在苏联专家的手上。

在苏联对华援助的活动中，不排除苏联方面"大国主义"、"形式主义"和作风武断的倾向。这在军队系统内表现得尤为突出。例如福建多山，而苏军的平原练兵条例并不完全适用，但中方提出这个问题的时候，苏军顾问却说，这是"侮辱了伟大斯大林所创造的伟大的军事科学"，③给中方施加压力。其实，中国军队有多年的作战经验，而且中国的国情与苏联也相去甚远，不像在经济领域里，中国的经济和科学建设基本上是从头做起。所以，苏联专家在经济和经济管理领域里的作用要大于在军事领域。

在经济领域里出现了另外一种盲目模仿苏联和盲从苏联专家的现象。当时在全国上上下下出现了一种事事听从苏联专家，全面照搬苏联经验的依赖

---

① 沈志华：《建国初期苏联对华援助的基本情况》，http：//www. shenzhihua. net/zsgx/000140. htm。

② 详细情况参见杨英杰《苏联对于我国第一个五年计划的伟大援助》，中国财政经济出版社 1956 年版。

③ 毛泽东接见苏联大使尤金时彭德怀的插话，见《毛泽东文集》第 7 卷，人民出版社 1999 年版，第 385—394 页。

思想，说是"孩子哭了抱给娘"。[①] 有个典型的例子：中国通过苏联援助建立了自己的飞机制造业。有一种机型引进的时候机翼下面有一块突出的东西，此后，中国制造的这个机型的机翼下面都多出这块东西。长期以来，没有人知道这块东西的用途。后来，苏联专家看到好奇，告诉中方，那架引进的飞机机翼下面有破损，突出的东西是"补丁"。[②] 周恩来就批评过这类现象："没有全面规划，头痛医头，脚痛医脚，碰到什么问题就去请教苏联"，[③] 还说，"那种以为不必建立我国自己的完整的工业体系而专门靠国际援助的依赖思想，是错误的"。[④]

就援助活动的总体进程来看，中国的主导地位是毫无疑义的，苏联的援助主要是为中国提供其所要求的物资、设备、技术和管理经验。尽管苏联援助事实上促成了苏联模式的计划经济体制和政治制度在中国生根发芽，但这是中国的自主选择，也就是说，中国的需求在先，苏联的援助在后，不是苏联以援助为诱饵或媒介，推动中国的体制改革。

四　苏联终止对华援助

苏联对华援助是以中苏同盟关系为基础的，中苏同盟关系的破裂直接导致了苏联对华援助的终止。

在 1956 年的波兰事件中，中国共产党明确地表示承认波兰的"自主性"，反对"大俄罗斯沙文主义"，敦促苏联改变处理社会主义阵营各国关系的方式和方法。随着社会主义阵营中国家关系的日趋紧张，中苏之间出现了一系列的分歧。这些分歧在 1958 年开始表面化并突出地表现在"长波电台"、"联合舰队"等议题上。苏方提议出资七成，中方三成，共同在中国南方建设一座大功率长波电台，使用时间双方各半。毛泽东则认为这个问题

---

① 沈志华：《苏联专家在中国（1948—1960）》，中国国际广播出版社 2003 年版，第 254—255 页。

② 2006 年 11 月 10 日对前财经委工作人员访谈记录。

③ 周恩来：《关于知识分子问题的报告》（1956 年 1 月 14 日），载《周恩来选集》下卷，人民出版社 1984 年版，第 182—183 页。

④ 周恩来：《第一个五年计划的执行情况和第二个五年计划的基本任务》（1956 年 9 月 16 日），载《周恩来选集》下卷，人民出版社 1984 年版，第 225—226 页。

事关国家主权，坚持中方承担建立电台的全部费用，建成后共同使用。[①] 至于苏方建议与中国建立"共同舰队"，弥补苏联自然条件差的议题，也遭到了毛泽东的激烈反对。[②] 毛泽东还曾主动约见苏联大使尤金，公开批评苏联的大国主义，说苏联把中国看作第二个铁托，是个落后民族，把"共同舰队"称为"海军合作社"，表示如果涉及政治（指主权）问题，中国连半个指头也不让。[③]

从 1958 年下半年起，由于中苏之间分歧的发展，苏联开始收缩对中国的技术转让，只给中国一般技术，对高、新技术则能拖就拖，能推则推。1958 年下半年，毛泽东在一次内部讲话中评论苏联援助时说："'无私援助'，基本对，但也有些保留。这也是人之常情，不见怪，大界限里还有小界限。"[④] 从 1959 年开始，苏联对中国的技术转让限制更严。涉及高、新技术的转让几乎停止，双方签订的各项有关科技合作的协定和议定书的实行情况更差。6 月 20 日，苏共中央致函中共中央说：苏联将不向中国提供原子弹样品，实际上单方面退出了国防新技术协定。

此后，中苏两党龃龉不断，在经济政策、中印边界等问题上反目。在 1959 年中印边境战争期间，苏联甚至同印度签订协议，向印度提供 15 亿卢布的巨额贷款。两党之间的意识形态分歧扩大到了国家关系。1960 年 7 月 16 日，苏联政府照会中国政府，借口中国不信任苏联专家，不尊重苏联专家的建议，以及向苏联专家散发三篇纪念列宁的文章，单方面决定召回全部

---

① 《毛泽东外交文选》，中央文献出版社、世界知识出版社 1994 年版，第 316 页。赫鲁晓夫 7 月底访华，同意了中方的意见。后来中苏关系恶化，苏联没有援助中国建设这座拟议中的长波电台。转引自王泰平主编《中华人民共和国外交史（1957—1969）》（第二卷），世界知识出版社 1998 年版，第 224 页。

② 1958 年 7 月 21 日，苏联驻华大使尤金向毛泽东口头转达了苏共中央主席团的建议，……建立一支"共同舰队"。……苏联的自然条件使它不可能充分发挥核潜艇的作用。苏联的黑海，战争中容易被敌人封锁，波罗的海也是这样。在北面有摩尔曼斯克港可以通往北冰洋，但那里并不宽阔，不能广泛活动。苏联东面的海面又临近南朝鲜和日本，不能算安全。中国海岸线很长，条件很好。苏共中央主席团希望同中国商量建立一支共同舰队，越南也可以参加。后来，赫鲁晓夫否认此传话，称尤金理解有误。参见王泰平主编《中华人民共和国外交史（1957—1969）》（第二卷），世界知识出版社 1998 年版，第 225 页。

③ 《毛泽东外交文选》，中央文献出版社、世界知识出版社 1994 年版，第 322—333 页。

④ 王泰平主编：《中华人民共和国外交史（1957—1969）》（第二卷），世界知识出版社 1998 年版，第 221—222 页。

在中国工作的专家，并撕毁经济援助合同，停止供应中国建设需要的重要设备。7月25日，苏联政府又通知中国政府，苏联专家将从7月28日开始撤离，9月1日撤完。① 苏方甚至要求苏联专家将施工未完的工程图纸带走，希望通过施加经济压力来达到政治目的。苏联对华援助就此告终。

赫鲁晓夫突然撤离苏联在华专家的做法严重影响了中国的社会主义建设，使一些正在施工的建设项目被迫停工，一些正在试验生产的厂矿不能按期投入生产。薄一波后来评估说，这种国际关系领域里的反常做法"严重地打乱了我国的经济建设，使我国的经济生活'雪上加霜'"。②苏联政府的这种背信弃义行为，理所当然地引起中国人民的愤慨，甚至连一些苏联专家也并不认同这种非理性的做法，他们有些人在依依惜别之际主动留下了一部分图纸，与苏联援助的其他影响一道，继续对中国的发展和建设产生着影响。

第三节　苏联援助对中国建设社会主义
计划经济体制构成的影响

苏联对新中国的援助时间虽然不长，数额也并不算大，但是对中国经济的恢复，工业体系的建立以及中国发展道路的选择却发挥着难以估量的作用。苏联政府的突然撤援，虽然给中国的经济生活造成了巨大的困难，包括"156项工程"在内的许多限额以上建设项目一直拖到60年代后期才完工投产，但是由于通过苏联援助进入中国的并不仅仅是资金和设备，更包含了观念、方式和体制，这些方面的影响不可能随着资金和设备的停止供应而消失。时至今日，在中国的各行各业，特别是党政机关、国营企业、大都市建筑、人民习尚，高校建制，甚至宪法条文中，都还可以看到苏联影响的痕迹。沈志华认为，这是由一种自上而下的过程引起的变化。③ 但是，许多国家接受外援都是一个自上而下的过程，却产生了截然不同的结果，所以，原

---

① 王泰平主编：《中华人民共和国外交史（1957—1969）》（第二卷），世界知识出版社1998年版，第235页。

② 薄一波：《若干重大决策与事件的回顾》（下卷），中共中央党校出版社1991年版，第891—892页。

③ 沈志华、李丹慧：《战后中苏关系若干问题研究——来自中俄双方的档案文献》，人民出版社2006年版，第99页。

因要从援助方和受援方两个方面去寻找，从观念、方式和体制的输出和引进中去寻找。简言之，要从方式与方向的互动中去寻找。当接受苏联援助的大方向选定了之后，苏联援助的方式就在很大程度上将中国引上了计划经济的方向。这一节里主要讨论新中国工业体系的形成及其对于中国工业化道路的选择这样两个相关的问题。

一　苏联援助与新中国的工业体系的形成

中华人民共和国成立之初，国家积贫积弱，经济极端落后，加上多年战争的破坏和战后帝国主义的军事包围、经济封锁和物资禁运，中国经济处于瘫痪的境地，直到1951年，"还无法做到真正独立"。[①]

在两极国际格局已经形成的历史背景和国际条件下，新生的社会主义政权通过积极争取，从社会主义阵营得到了真诚和切实的援助。苏联援华的许多项目都是旧中国没有的。更重要的是，在旧中国，由于半殖民地经济的需要，为数不多的工业设施有70%左右集中在东南沿海一带，而苏联援建项目大都配置在东北地区、中部地区和西部地区，使中国的工业布局迅速展开，"大大促进了内地经济的发展"，[②] 改变了旧中国工业布局不合理的状况，也改善了国家经济安全状况。

苏联援建的大型企业分布在各个工业领域里，按照中苏两国的共同计划，在"一五"期间，中国在黑色冶金、有色金属、煤炭、电力、石油、机器制造、动力机械制造和化工方面，要超过"一五"前生产能力1倍以上，建立起中国自己的汽车工业和拖拉机工业，钢铁、煤炭、电力和石油等主要工业产品达到苏联"一五"技术时的水平，接近或超过日本1937年的水平。[③] 这样快速的工业化速度是世所罕见的，当然也是和苏联援助分不开的。

---

① 据说这是刘少奇的原话。见中央财经领导小组办公室编《中国经济发展50年大事记》，人民出版社、中共中央党校出版社1999年版，第35页。

② 薄一波：《若干重大决策与事件的回顾》（上卷），中共中央党校出版社1991年版，第297—299页。

③ 沈志华：《建国初期苏联对华援助的基本情况》，http：//www. shenzhihua. net/zsgx/000140. htm。

随着一部分苏联援建项目的建成投产，在中国出现了第一批大型现代化企业，大大增强了中国重工业和国防军事工业的能力，填补了一批生产技术领域的空白，取得了建设大型现代化项目的初步经验。"一五"计划期间各基础工业部门和国防军事工业新增的生产能力中，有 70%—80% 是苏联援建的"156 项"提供的，如炼铁、炼钢、轧钢能力等；有的行业，如炼铝和汽车制造等，苏联援助甚至达到了 100%。苏联援助使中国基础工业和国防工业生产能力大幅度提高，改变了中国钢铁工业生产品种单一，有色金属工业只采不炼，机械工业和国防工业制造能力极低的局面。中国过去不能生产和制造的许多工业产品和机床设备，这时都能够自行生产了。①

中国要在基础相当落后的情况下，快速建设现代化工业国家，不仅缺乏资金、设备和技术，更缺乏经验和人才。在所有这些方面，苏联援助都发挥了不可替代的作用。苏联援助替代了工业发展过程中需要耗费许多年才能积累起来的资金投入，带来了需要几代人的学习和实践才能获得的知识和技能。苏联援助是"一条龙"式的援助：从勘察设计、自动化机械设备的供应，到建筑、安装，开工生产的技术指导和人才培养等，"从头到尾"都有苏联专家的参与和指导，在有些工厂，自动化和半自动化设备 95% 以上是苏联供应的。②董志凯在对"156 项"进行了十多年的研究之后说，"156 项"重点建设项目的完成，"形成了巨大的社会生产力，与其他千余工业建设项目相配套，在中国初步建立了相对独立的自主的完整的国民经济体系，为我国工业化奠定了基础"，"代表了新中国建设的一个时代"。③

二 苏联援助与新中国发展道路的选择

这是一个显而易见，同时又是有争议的问题。显而易见的是，在苏联和东欧社会主义国家的援助下，中国的现代化经济体系几乎是从无到有地建立起来了。过去中国人总是在说"以俄为师"，在苏联援华的 10 年中，"走俄

---

① 《当代中国的基本建设》（上），中国社会科学出版社 1989 年版，第 56 页。

② 杨英杰：《苏联对于我国第一个五年计划的伟大援助》，中国财政经济出版社 1956 年版，第 17—18 页。

③ 董志凯、吴江：《新中国工业的奠基石——156 项建设研究》，广东经济出版社 2004 年版，第 666、679 页。

国人的路"这句话才是真正地落到了实处。刘少奇 1954 年 8 月 24 日在全国人大一届一次会议上说:

> 是的,我们所走的道路就是苏联走过的道路,这在我们是一点疑问也没有的。苏联的道路是按照历史发展规律为人类社会必然要走的道路。要想避开这条路不走,是不可能的。①

的确,中国是从苏联人那里学会怎样建设社会主义的,而且学习的不仅是怎样建设社会主义的工业、农业和科教等,而且是根本制度,是一整套的方法和理念。这套制度一旦确立,就有了自身的运行规律和特殊动力,有了一种刚性。

理解这个问题的一个关键是看苏联援建项目在中国国民经济中的分量。事实上,这些项目形成了中国 20 世纪 50 年代工业建设的核心。"一五"计划中明确规定五年计划的基本任务之一是:"几种主要力量进行以苏联帮助我国设计的 156 个建设单位为中心的,由限额以上的 694 个建设单位组成的工业建设,建立我国的社会主义工业化的初步基础。"②

苏联援建项目不仅主导着新中国现代化工业的发展方向,而且创造了一整套与之相关的计划管理体制。举例来说,苏联援建的大型工业建设项目,结构复杂,技术要求高。为了确保这些项目的胜利完工和投产,必须在全国范围内调配资源。为此,1959 年成立了全国设备成套工作机构,在生产、基建、科研、设计部门之间进行协调和指导,形成全国"一盘棋"的格局。一个建设项目包括基本生产车间、辅助车间、厂内运输、公用系统、需要的设备数量大、台件多、规格杂。例如安装一套 2.5 万千瓦火力发电机组就要设备 5000 余种,12000 多台件,需要组织全国 50 多个工厂为其进行配套生产。③ 在经济社会还不够发达的中国,组织这样大规模的

---

① 《刘少奇选集》下卷,人民出版社 1985 年版,第 154—155 页。转引自沈志华《苏联专家在中国(1948—1960)》,中国国际广播出版社 2003 年版,第 200 页。

② 《中华人民共和国发展国民经济的第一个五年计划(1953—1957 年)》,人民出版社 1955 年版,第 16 页。

③ 《当代中国的基本建设》(下),中国社会科学出版社 1989 年版,第 575 页。

生产需要强大的规划和组织，而由于中国最悠久的制度遗产之一是从中央到地方的行政网络，这种行政力量就很快地被调动起来，进行世界上出奇有效的工业规划和组织工作，使中国以接受苏联援助为契机，走出了建设社会主义计划经济体制的第一步，以后的路就根据这第一步的方向自动延伸了。

中国社会科学院编写的《当代中国的基本建设》一书中有这样一段精彩的描述：

> 为了更好地调配资源，确保"156工程"的实施，中国在1959年成立了成套机构（注意这是一级行政管理机构），物资分配时采取划指标的办法，即：根据国家的生产和分配计划，把设备资源切块分配给各部，由各部自己具体装配到各个建设项目，然后集中到成套部门按分配的指标组织订货和供应。这是一种过渡的办法，缺点是资源不能集中使用。一方面重点项目的设备有缺口，另一方面有些设备又有多余，分散在各部。1960年9月，全国成套经理会议总结了实践经验，决定改进组织设备成套供应办法。1961年，由国家确定一批重点骨干项目作为成套公司组织设备成套的对象。成套项目需要的设备，凡属国家统一分配的，由国家计委或物资局直接划给成套总局，并由机械制造部门提早安排生产、组织订货，保证供应。不属国家分配的，经过分交，明确供应单位，由有关部门纳入生产供应计划，优先保证。①

围绕着苏联援建的"156工程"而建立起的一整套计划管理体制就是这样根据"156工程"的需要而滚雪球似的发展起来了。据当年在财经委工作的同志回忆，不只是成套设备机构，就连计委和经委也是根据苏联的模式建立起来的。② 要调动那么多的资源，规划和管理大型工业企业，中国既没有经验，也没有相应的机制；要保证特大型企业的供应，就要去逐层地组织生产和安排生活。于是，一种层级式的行政管理体制就逐步地完善起来了。这

---

① 《当代中国的基本建设》（下），中国社会科学出版社1989年版，第581—582页。
② 2006年11月10日对前财经委工作人员访谈记录。

种体制在调动资源方面十分有效，但是由于中国的基础差，根底薄，所以这种调动也难免不出现脱节的现象，甚至会出现工业领域里的"消化不良"和对其他资源的"竭泽而渔"。

对于庞大的苏式体系可能在中国产生"消化不良"的问题，陈云早有察觉。他在进行了一系列的实地调研以后说，苏联援建的项目在"一五"期间投产的为数很少，仅占4%—6%，主要的是在"二五"期间投入生产，有些要到第三个五年才能起作用……有些项目可能要推迟。他认为，主要的原因是："我国技术力量弱，提供的资料不准确，又常改变，翻译资料也需要耗费时间，加上我国与苏联在交接中有许多不便，苏方提供的许多成套设备可能不及时，常常会发生停工现象。同时，如鞍钢和长春汽车厂等大项目的建设，现在是以全国力量来支持的。"[①] 陈云还认为，将来如何发展，也是问题。按照五年计划，国防工业是很突出的。为了实现发展国防工业的计划，很多民用工业就必须跟上，而且跟得很吃力。有些民用工业，实际上也是为了配合国防工业而建立的，比如有些特殊钢厂、化工厂等。同时，由于高等学校和中等技术学校的毕业生距离具体需求太远，技术力量不足，也会影响建设的速度和质量。这个问题在10年内很难完全解决。所以，五年计划各部门的比例是有缺点的，要想真正实现这个计划，必须充分发挥地方的积极性。[②]

根据薄一波的回忆，陈云在1954年6月30日在向党中央汇报"一五"计划编制情况时，提到了四大比例、三大平衡：农业与工业的比例、轻重工业之间的比例、重工业各部门之间的比例、工业发展与铁路运输之间的比例，财政收支平衡、购买力与商品供应之间的平衡、主要物资的供需平衡，此外，还强调了技术力量的供需平衡。[③] 最敏锐的发现应当是广泛调动积极性的问题。因为如果按照中央最初的设想，全国都要"集中主要力量进行以苏联帮助我国设计的156项建设单位为中心的、由限额以上的694个单位组

---

① 陈云：《关于第一个五年计划的几点说明》（1954年6月30日），载《陈云文选（1949—1956）》，人民出版社1984年版，第235、239—240页。

② 参见陈云《关于第一个五年计划的几点说明》（1954年6月30日），载《陈云文选（1949—1956）》，人民出版社1984年版，第234—244页。

③ 薄一波：《若干重大决策与事件的回顾》（上卷），中共中央党校出版社1991年版，第303页。

成的工业建设，建立我国的社会主义工业化的初步基础"，为此要"发展部分集体所有制的农业生产合作社"，"发展手工业生产合作社"，"建立对于农业和手工业的社会主义改造的初步基础"，还要"建立对于私营工商业的社会主义改造的基础"。①

这是一项庞大的社会主义改造工程，它调动资源，进行社会主义现代化建设的作用是显而易见的。但是，正像薄一波在回顾中所说，"我们自己在经济建设的各个方面都缺乏经验，很自然要搬用苏联管理经济的一些办法，这就更进一步强化了中央权力过分集中的体制"。② 王奇说，苏联援助是给中国的社会主义计划经济模式"注入了苏式基因"。"和苏联一样，中国选择了优先发展重工业的工业化战略，具有资本密度大、技术含量高、建设周期长的特点，需要巨额投资和大规模的资本积累，除了国家几乎没有任何力量能够启动、组织整个工业化的进程。"③

这种体制的优点是明显的：它使中国在几年的时间里"超过了旧中国100年的发展水平……使得中国的工业技术水平从建国前落后于工业发达国家半个世纪，迅速提高到20世纪40年代的水平"④。这种体制的缺陷也是突出的：它使一切资源都集中在国家手里。过于强大的行政力量往往忽略市场信号，也不善于利用"看不见的手"去配置资源，因此难免产生调配不周、动力不足等一系列需要进行调整与改革的问题。

严格地讲，调整与改革始于1955年。毛泽东在外出巡视工作期间，听到了一些地方负责人关于中央对经济统得过死，要求向下放权的反应。当时，中国统一管理的程度已经达到了极致：淮南两万多人的大煤矿，矿领导在财政支出上仅有200元以下的批准权，无增加一名工人的权力。⑤ 回到北京后，毛泽东多次讲话，要求改革经济管理体制，发挥中央和地方两个积极

---

① 李富春副总理1955年7月5日代表国务院向第一届全国人大第二次会议所作的《关于发展国民经济的第一个五年计划的报告》，引自薄一波《若干重大决策与事件的回顾》（上卷），中共中央党校出版社1991年版，第285页。

② 薄一波：《若干重大决策与事件的回顾》（下卷），中共中央党校出版社1991年版，第781页。

③ 王奇：《"156项工程"与20世纪50年代中苏关系评析》，载《当代中国史研究》2003年第2期。

④ 同上。

⑤ 薄一波：《若干重大决策与事件的回顾》（下卷），中共中央党校出版社1991年版，第782页。

性。1956 年 4 月 25 日，毛泽东在经过大量的系统调研之后，发表了《论十大关系》的讲话，要求调动国内外一切积极因素，妥善处理各方面的矛盾关系，兼顾国家、集体和个人的利益，争取一切可以争取的力量，为社会主义建设事业服务。并且明确地提出：

> 特别值得注意的是，最近苏联方面暴露了他们在建设社会主义过程中的一些缺点和错误，他们走过的弯路，你还想走？过去我们就是鉴于他们的经验教训，少走了一些弯路，现在当然要引以为戒。①

1957 年，中共中央成立了经济工作五人小组，8 月，这个小组就提出了包括实行"大计划、小自由"的计划制度，实行分级管理、层层负责，以及简化计划程序和不必要的表格等在内的三点意见书。五人小组代国务院起草的关于改进工业管理体制、商业管理体制和财政管理体制的三个规定在1957 年 11 月 14 日经第一届全国人民代表大会常务委员会第 84 次会议批准，自 1958 年起施行。也就是说，早在 20 世纪 50 年代中期，中国就已经开始从国情出发，探索经济体制改革的方式了。只是改革的思路一直围绕着如何完善计划经济，而没有考虑到利用市场机制调节经济，不知道计划与市场是可以相结合的，社会主义和市场经济不是相互排斥的，以为一搞市场机制就走资本主义道路了。②

在苏联终止了对华援助以后，从苏联引进的计划经济体制继续运行了20 多年。其间经过多次改进和调整，都是围绕着"放权"和"收权"打圈子，出现了"一统就死，一放就乱"的怪圈。直到中共十一届三中全会以后，邓小平才提出了中国的社会主义还处于初级阶段，确立了改革开放、利用计划和市场这两种调节手段的方针。③ 中国的发展开始进入一个崭新的阶段。

随着国家经济体制改革的深入和社会主义商品经济的发展，以苏联援建

---

① 毛泽东：《论十大关系》（1956 年 4 月 25 日），载《人民日报》1976 年 12 月 26 日。
② 薄一波：《若干重大决策与事件的回顾》（下卷），中共中央党校出版社 1991 年版，第 794—795 页。
③ 同上书，第 804 页。

的"156 项工程"为核心的设备成套工作开始进行了相应的改革。改革的重点是由计划分配、供应成套设备，转向用合同、承包等市场经济方法组织工程技术设备成套供应。1984 年以后，指令性计划产品逐步缩小，市场成分逐步增加。[1] 在这个市场化的过程中，中国又接受了来自西方的援助，并通过吸纳西方援助，学习市场经济的经验、方式和体制。

---

[1]　《当代中国的基本建设》（下），中国社会科学出版社 1989 年版，第 588、590—592 页。

第三章

美国的对外援助政策[①]

一　美国对外援助的特点与工具

（一）美国对外援助的特点

美国的对外援助可以用三个"最"字来代表：最早、最低和最多。美国是近现代西方对外援助的发起国，故而称为最早。1947 年，第二次世界大战刚刚结束，美国就开始通过《马歇尔计划》，对欧洲进行大规模的经济援助。到了 60 年代初期，美国又领头通过了《对外援助法案（*The Foreign Assistance Act*）》，率先将对外援助政策制度化。美国曾经在西方世界对外援助政策中占据过领先的地位，但是和其他援助国相比，美国用于对外援助的拨款占国内生产总值的比例却是最低的。它只把国内生产总值的 0.1% 左右用于对外援助，远远低于联合国号召的 0.7% 的指标，不仅低于北欧国家的大约 1% 的普遍水平，甚至还低于葡萄牙和西班牙的水平。美国用于外援的绝对数量最多。20 世纪 50 年代以来，美国已经将 2 兆多美元的资源用经济援助的形式转移给欠发达的国家和地区，但是这个记录近年来却受到了日本的挑战。根据经合组织的统计，日本外援的年度总量在 1992 年就已经超过了美国（见表 3—1）。美国曾经提供大约占世界总额 20% 的援助款，这个比例已经下降到了 15%。[②]

---

① 本章曾作为《对外援助与国际关系》（周弘主编）中的一章发表于 2002 年。

② DAC, *Development Cooperation* 1997, Paris, OECD：1998, pp. 7 – 8.

表3—1　　　　美国外援拨款与日本外援拨款的比较（承诺额）　　单位：百万美元

年度国家	1991	1992	1993	1994	1995	1996	1997
日本	8860.3	8388.5	8043.7	9557.8	10418.5	8207.2	6552.2
美国	9396.0	7875.0	7316.0	7284.0	5613.0	6917.0	4940.0

资料来源：*Geographical Distribution of Financial Flows to Aid Recipients*，1993 – 97，OECD/DAC，Paris：1999。

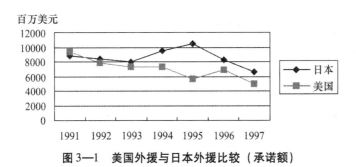

图3—1　美国外援与日本外援比较（承诺额）

以上数据仅仅是经合组织发展援助委员会（OECD/DAC）的统计，如果根据美国国际开发署和美国预算与管理办公室的统计，美国外援的总额远远超过表3—1中的数字（见表3—2）。

表3—2　　　　美国统计的外援总数与经合组织统计的比较　　单位：百万美元

数字年度	1994	1995	1996	1997
经合组织统计	7284.0	5613.0	6917.0	4940.0
美国统计	18927.0	16663.0	14812.0	14603.0

数据来源：*Geographical Distribution of Financial Flows to Aid Recipients*，1993 – 1997，OECD/DAC，Paris：1999，*U. S. Overseas Loans and Grants*，1945 – 1997。

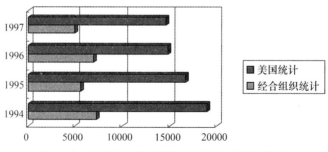

图 3—2　美国统计外援总数与经合组织统计比较

　　在经合组织发展援助委员会和美国国际开发署之间为什么会有数倍的出入呢？原因很简单，那就是前者没有计算所有的美国外援拨款。举例来说，自 1991 年以来，美国大幅度地增加了对转型国家的外援，而日本在这方面的拨款则微乎其微。经合组织发展援助委员会的统计把美国对转型国家的外援拨款另账处理，这样一来，日本外援就显得突出了。再如，美国有大量的对外军事援助拨款，经合组织的发展援助委员会当然不会计算这些拨款（见表 3—3）。此外，美国的对外援助项目中有些经济援助项目也带有战略、政治和贸易利益的考虑，这些拨款同样不为经合组织发展援助委员会认可。

表 3—3　　　　　　　　　　**美国对转型国家援助和对外军事援助**　　　　　　单位：百万美元

年度 金额	1991	1992	1993	1994	1995	1996	1997
对转型国	1762. 0	554. 0	1646. 0	2353. 0	1280. 0	1613. 0	2516. 0
对外军援				3931. 0	3813. 0	3970. 0	3866. 0

　　数据来源：*Geographical Distribution of Financial Flows to Aid Recipients，1993 – 97*，OECD/DAC，Paris：1999，*U. S. Overseas Loans and Grants，1945 – 1997*。

　　很显然，美国和经合组织发展委员会对于外援有不同的定义。经合组织发展援助委员会给外援起的学名是"官方发展援助"，并且只统计那些以"减让的"条件（其中至少有 25% 是赠款）向国外转移的公共资源，转移的主要目的应当是改善发展中国家的经济、政治或社会条件。转型国家大多不属于发展中国家，所以对这些国家的援助不纳入"官方发展援助"的范畴。

"官方发展援助"不包括向私人提供的救济或发展资助，不包括用于文化交流的公共资金，不包括向外国政府提供的贸易财政、以市场利率为条件提供的政府信贷，也不包括军事援助，更不包括在国外进行情报收集工作的公共财政开支。对国外的反毒品、反恐怖活动的资助，国际维和行动和防止大规模杀伤性武器扩散方面的支出，通常也不是官方发展援助的范畴。

但是，美国却将对上述这些项目的财政支出计算为对外援助。在美国的外援拨款文件中，总是包括着三大主要部分，即经济援助、军事援助和"其他贷款"。

美国的经济援助包括：

（1）由美国国际开发署实施的项目；

（2）"食品换和平"计划；

（3）其他经济援助。

美国军事援助包括：

（1）军事援助赠款；

（2）对外军事贷款资助；

（3）国际军事教育与培训；

（4）集体防务的转移支付；

（5）其他控制武器出口的赠款。

美国的"其他贷款"包括：

（1）给多边援助银行的拨款；

（2）通过非政府组织或基金会实施的援助项目等（见表3—4）。

表3—4　　2000 年美国外援，不含美国对外军事援助、美国国际开发署的
　　　　　行政开支、各种管理费开支，以及防止核扩散开支　　单位：百万美元

双边援助		7979
	发展援助（促进受援国的经济和社会进步）	2008
	经济支持基金（ESF）（用于外交目的：在中东维持和平）	2792
	食品援助（"PL 480"）（用于减灾和营养干预）	800
	东欧和苏联（支持经济和政治转型）	1369

续表

双边援助		7979
	债务减免	123
	美洲基金会和非洲发展基金会（用于社区改善和地区能力）	19
	和平队（目的在于穷国和转型国家的社会和经济状况）	245
	国务院移民计划	623
多边援助		1395
	世界银行	811
	美洲开发银行	43
	亚洲开发银行和基金	91
	非洲开发银行和基金	131
	欧洲重建与发展银行	36
	国际性组织	283
总额		9374

资料来源：转引自 Carol Lancaster, *Transforming Foreign Aid. United States Assistance in the 21ˢᵗ Century.* Institute for International Economics, Washington, DC: 2000, p. 11。

　　如果不计算军事援助，那么 2000 年美国通过双边和多边渠道支出的对外援助款额大约为 93.74 亿美元，还不到美国公共开支的 1%。即便如此，美国仍然是世界外援大户。根据经合组织对发展援助和官方援助的统计，美国在 1997 年的外援支出是 74.56 亿美元，占世界外援总额（619.42 亿美元）的约 12%，占经合组织成员国双边援助总额（363.83 亿美元）的 20% 左右。[①]

　　美国的外援观念和许多其他的援助国不同，它的一个突出的特点是将外援的首要目标定义为"国家利益"。1961 年美国国会通过的《对外援助法案》（*Foreign Assistance Act*）是美国外援的法律基础。这项法案虽然经过多次修改，但是都没有改变美国外援的目的是为美国的国家利益服务这个基本定义。根据这个定义，美国的对外援助不局限于狭义上的发展工作，还包括了美国对外国政府在军事、安全、教育、文化和信息等领域内活动的支持。

---

　　①　OECD/DAC, *Geographical Distribution of Financial Flows to Aid Recipients*, 1993 – 1997. Paris: 1999, pp. 62, 66, 68.

由于美国外援政策的涵盖面极为广泛，所以在其外援目标体系中常常会出现相互矛盾和缺乏连贯性的现象。特别是由于在美国涉足于美国外援政策的不同机构和群体对于"什么是国家利益"有着完全不同的解释和广泛的争论。[①] 美国有些外援项目也把目标设定为满足基本的人类需求和促进第三世界的长期发展，但是与此同时，美国外援的大部分项目却瞄准了美国的战略、政治和贸易利益。美国外援政策的参与者和实施者们对于美国外援受美国国家安全利益和贸易利益左右这个判断有着广泛的共识。

在名目繁多的美国对外援助项目中，被经合组织发展援助委员会认可为"官方发展援助"的拨款有：美国"预算功能150"（Budget Function 150）内的拨款、美国预算"分功能151"中用于发展援助的款项、用于"贸易和发展计划（TDP）"的款项、"公共法第480条"拨款、给和平队的拨款、以及对国际组织的捐款。美国预算"分功能152"用于"经济支持基金（ESF）"、"分功能153"是给联合国各机构的财政资助，这些也被经合组织发展援助委员会计算在内。

经合组织发展援助委员会的上述定义进一步受到一些专业组织的质疑。例如总部设在华盛顿的专业非政府组织"海外发展委员会"就把"经济支持基金"看作安全援助，而不是发展援助。这是因为"经济支持基金"本来就是为了美国的安全和外交政策利益而设立的，它只是在次要的意义上才服务于发展目标。如果按照"海外发展委员会"的计算，美国的官方发展援助拨款额还要减少。

（二）美国对外援助的政策工具

符合经合组织发展援助委员会定义的美国对外官方发展援助由三大种类的项目组成，即发展援助、食品援助和经济支持，此外还有不固定的债务减免计划和人道主义救济。发展援助（DA）负责提供赠款和贷款，具体目标是改善最穷国中最穷人口的生活条件。食品援助又称食品换和平计划。这个计划根据1954年通过的"公共法案第480条"而确立，所以该计划也常常

---

① 参见 Vernon W. Ruttan, , *United States Development Assistance Policy*, *the Domestic Politics of Foreign Economic Aid*. The Johns Hopkins University Press, 1996. Carol Lancaster, *Transforming Foreign Aid*, *United States Assistance in the 21st Century*. Institute for International Economics, Washington, D. C. 2000。

被直接称为"公共法第480条"（PL 480），具体目标是帮助发展中国家克服饥饿和营养不良，并且促进美国农业出口，或者为美国的农业产品打开和保障市场。经济支持基金（ESF）在早期是国家安全保障的工具，主要是为了帮助那些对美国有特别安全利益的地区保持政治和经济的稳定。第二次世界大战以后，中国的台湾省长期接受的美国外援就来自这个渠道。正是由于经济支持基金的这种战略目的，有些专业组织才反对将它列为官方发展援助。由于用于战略目的的美国外援有很大的不透明性，所以在这里主要分析美国的对外发展援助。

如果将美国的对外发展援助按照项目、目的、拨款和执行机构进行分类的话，那就可以得出下表（见表3—5）。

表3—5　　　　　美国对外发展援助政策工具一览　　　财政年度：1998，单位：亿美元

目的	拨款数额	执行机构	项目
安全/维和	24	美国国务院/开发署	经济支持基金
发展 （传统的发展工作和人道干预）	34	美国国际开发署 联合国开发计划署 多边发展银行 联合国儿童基金会 和平队 美洲基金会 非洲发展基金会	发展援助 债务减免 食品援助
人道主义救济	13	美国国务院 美国国际开发署	发展援助 国家难民基金
跨国行动	4	美国国际开发署 国际组织和计划	发展援助
转型	15	美国国际开发署 世界银行	
民主	1.7	美国国务院 美国国际开发署 国家民主基金会	发展援助 经济支持基金
总额	92		

数据来源：USAID, *Congressional Presentation* 1999, US Department of State, *Summary and Highlights FY 1999 International Affairs*（*Function* 150）*Budget Request*, Office of the Secretary of State, February 2, 1998。这张表不包括总计将近5亿美元的美国国际开发署行政开支。

　　1. 发展援助

　　美国的发展援助分为赠款和贷款两种，其中赠款占了很大的比重，需要偿还的贷款比例就比较低，只占到美国 GNP 的 0.02%。美国的发展援助有几大功能要点，它们分别是：

　　农业、农村发展和营养；

　　家庭计划、健康和儿童保护；

　　教育和人力资源开发；

　　能源；

　　非政府组织；

　　私营企业促进；

　　国际救灾援助。

　　即使是发展援助也是有条件的。受援方必须提出证据，以证明其符合美国提出的各种条件，并且承诺实施被美国认为是"正确的"政策，例如增长政策、自由贸易政策、促进私营企业发展的政策等。仅仅是接受美国提出的经济政策条件还不够，美国的《对外援助法》（1961）称，美国发展援助的对象是那些对地区有稳定作用的国家。因此，美国提供发展援助的前提条件主要并不是为了世界经济的发展，而是为国际政治的目的服务。

　　随着国际政治的发展，美国发展援助的政策侧重点也在发生着变化。20世纪60年代，美国发展援助强调缓解饥饿、发展农业生产和改进健康状况，到了1973年，美国政府又为发展援助规定了"新方向"，将目标定为满足人类的基本需求，进行人力资源开发，并且更加强调人权标准。到了80年代，里根政府再次更改了美国发展援助的政策重点，把发展援助项目和其他的美国援助项目，如食品换和平、经济支持基金等捆绑起来，目的不是传统意义上的发展，而是促进私营企业的发展。

　　美国的发展援助有较高的比例是由非政府组织执行的。美国政府有惯例向各个非政府组织发出通知，让它们就项目的执行权进行投标，然后把经费拨付给中标的非政府机构。从绝对数字来看，通过非政府组织执行的美国发展援助高于经合组织发展援助委员会成员国的平均水平，占到国内生产总值的 0.04% , 而经合组织发展援助委员会的平均数则是 0.03%。[①]

还有一些援助组织值得一提,它们是和平队、美洲基金会和非洲发展基金会。这些机构的预算都很少,和平队的年预算为 2 亿美元,美洲基金会和非洲发展基金会每年会分别获得 2100 万美元和 1400 万美元的拨款,在美国外援的总额中微不足道。60 年代参加和平队的一些志愿者仍然活跃在美国的政坛上,其中有些是国会议员,他们为和平队提供坚强有力的政治支持。其他两个机构的支持者比较少,主要是国会内的西班牙裔或非洲裔美国人。

2. 食品换和平计划

1954 年,美国国会通过了《公共法第 480 条》,这个法案后来被称为"食品换和平计划"。立法的原因是,自 1949 年美国开始向受到第二次世界大战严重破坏的欧洲国家提供的食品援助计划这时已经初见成效,需要延续,而延续援助性计划需要法律依据。还有一个更加重要的原因,就是美国当时的食品有过剩的现象,所以这项援外计划很例外地在美国得到了比较广泛的支持。《公共法第 480 条》于是不讳言地称,它的目标有两个:一是要帮助发展中国家缓解饥饿和营养不良的状况;二是要促进美国农产品的出口,拓展并保护美国农产品的国外市场。事实上,第二个目标是第一个目标的前提。也就是说,美国的过剩农产品由于美国的对外援助政策而得到了海外市场,这种通过政府采购重新利用过剩资源的政策在当时被看作一项成功的战略措施。

从"食品换和平计划"的管理来看,它也不是一项纯粹的援助计划。食品援助的分配由一个委员会执行,这个委员会中有美国国际开发署、国务院、农业部和预算与管理办公室的代表参加。如果涉及软贷款,还要有财政部的人参加。如果是多边援助,财政部就要负责协调多边和地区开发银行,国务院和开发署则负责与其他所有的国际性组织协调。各个部门将自己的利益和理解放进执行程序,便形成了有美国特色的食品援助计划。

后来的实践证明,"食品换和平计划"并不能够解决美国国内农产品过剩的问题。这个计划开始时希望将世界市场对大米的偏好转变为对小麦的偏

---

① Burghard Claus & Michael Hofmann, *The Development Cooperation Policy of the USA*, German Development Institute GDI, Berlin 1988, p. 27.

好，这样可以为美国的过剩小麦找到长期的出路，但是计划实施以后证明，这种方法作用很小。于是美国的决策者就转而希望在海外加强美国农业的存在，如在韩国建立牲畜喂养基地等，结果也被证明效果十分有限。为美国决策者们始料不及的是，随着时间的推移，美国的农业剩余产品变成了一个十分有效的外交工具。1957年，肯尼迪参议员在一次讲话中批评艾森豪威尔政府没有及时地回应1956年10月的波兰波兹南起义，也没有及时地向波兰提供那里急需的食品援助。[①] 肯尼迪就任总统以后，即将食品援助正式作为外交政策工具，并且将食品援助项目在执行过程中曾经使用过的非政府志愿组织也收编过来，不仅和他们就食品援助问题进行对话，听取他们的意见，而且使他们在食品换和平的项目执行中发挥更大的作用。到了1964年以后的约翰逊政府时期，《食品换和平法》获得了通过，这项计划确定了政府部门和国会以及利益集团之间在"食品换和平计划"中的关系，使该计划正式成为更加有效的外交工具。1966年约翰逊建议国会将"食品换和平"改为"食品换自由"，同时强调受援国自立，取消了原来法案中利用过剩食品进行援助的条款，扩大了食品援助的数量。[②] 此后，美国政府将"食品换自由计划"用于中东和平进程，希望能够消除埃及对以色列的仇恨。基辛格做国家安全助理期间，更是极力地使用这项计划来支持政府的战略目标。

3. 经济支持基金

自20世纪40年代末期以来，各届美国政府都认为"经济支持基金"是至关重要的援助项目。经济支持基金占了美国外援拨款总量的20%多，由国务院、国防部和农业部共同执行。其中农业部负责农业援助部分，而国防部和国务院则负责军事援助部分。事实上，经济支持基金（ESF）原来就叫做"安全支持援助"，是在戴维营中东问题谈判的时候，作为安全援助的延续计划提出来的。当时美国对中东地区已经投入了大量的军事援助，而美国认为，在这些美国有特别安全利益的地区，还需要通过维持政治和经济的稳定才能实现长久的占领。

---

① George Zacher, *A Political History of Food for Peace*, Department of Agricultural Economics Staff Paper 77 – 18, Ithaca: Cornell University, May 1977, pp. 12 – 13.

② Vernon W. Ruttan, United States Development Assistance Policy, p. 162.

由于美国的战略重点是不断转移的，所以经济支持基金的对象也在不断地变动。在50年代，接受经济支持基金援助的主要国家和地区是南韩、中国台湾和南越。从60年代初期开始，在南越的比重开始增加，到70年代中期，大约90%的经济支持基金都用在了南越。从1977年到90年代初期，以色列和埃及接受了经济援助基金的大约2/3的资源，其余的部分则投向了中美洲。随着基金工作的开展，其他中近东国家也变成了受援国，例如巴基斯坦和一些非洲国家，另外，中美洲国家和菲律宾，也从这个基金中接受了大笔的财政援助，这时以色列和埃及在整个计划中获得的份额从80%左右下降到大约50%，但仍然占据着最主要的受援国地位。

"经济支持基金"覆盖了在美国人看来是最主要的政治危机地区，以及与美国签署了军事基地协议的国家。冷战结束以后，东欧国家和一些从苏联新独立出来的国家也成了这个基金的受援国。① 所以，经济支持的本质实际上就是战略支持。

另外，还有一个证明：决定经济支持基金分配的国务院和国会以政治和地缘战略作为决策标准。大多数经济支持基金的受益国都同时接受美国的食品援助和军事援助。受援国的政治领导人也在分配基金方面起着重要的作用：以色列、埃及、约旦、萨尔瓦多或菲律宾有代理人都直接参加了在华盛顿特区的游说活动。

在里根政府时期，政府和国会扩大了经济支持基金的覆盖面和支付水平，这看上去和"里根经济学"背道而驰，但实际上却恰是里根政府以较小的政府支付为杠杆，调动更多的私人资源，达到相对来说较小的政府干预的一种尝试。经济支持基金中有90%强是赠款，但是这些赠款的使用受到各种条件的约束，其中一个条件就是必须从美国购买商品，为的是在美国创造就业。

经济支持基金资助的候选国由白宫和国务院提议，由国会讨论通过，国会可以改变国家配额。在海外实施经济支持基金是美国国际开发署的职责。

---

① US Loans, *Grants and Assistance from International Organizations and Authorizations* (Washington: US/AID, various years).

二 美国外援的国内因素

（一）美国外援的行为主体

美国对外援助政策的主要行为主体是美国政府、美国国会、非政府组织和一些金融机构。美国政府内涉及对外援助的机构主要有：白宫（包括国家安全委员会、总统，有时还包括副总统、第一和第二夫人）、管理与预算办公室、国务院、国际开发署、国防部（主管军事援助）和财政部（针对多边银行）。

1. 白宫和国务院

白宫和国务院是美国对外援助政策的主要行为主体，它们负责向国会提出政策意见，由国会讨论通过预算。白宫和国务院在制定对外援助政策的时候主要考虑美国的战略目标和国际政治格局的稳定。在制定政策的过程中，美国总统拥有很大的决策权。他们用对外援助拨款巩固他们和受援国的国务活动家之间的友好关系，用对外援助保护美国的海外贸易和安全利益，也用对外援助推行他们的理念或主张。

在过去的半个多世纪中，在对外援助政策方面有所建树的美国总统大多来自民主党。杜鲁门总统的"第四点计划"、肯尼迪总统的"和平队"和"进步同盟"不仅对美国的外援政策，而且对美国的外交政策都有深远的影响。外援以很少的资金投入作杠杆，为美国获取经济、政治和战略利益。外援项目还被美国总统当作带给外国领导人的"见面礼"。不过美国的公众非常反对"向外国人提供福利"，国会则以"我们的政治哲学不给我们的政府任何给外国人做好事的权利"为由，在整个20世纪80年代阻挠了《对外援助法》的修订。[1] 因此美国总统也很少就外援政策发表公开讲话。很多总统政治顾问都以为，公众对于外援政策抱有敌对情绪，所以在这些问题上增加透明度，只会给总统的政治威信造成损害。

美国的政策制定者在国内虽然对外援问题讳莫如深，但是在国际上却大张旗鼓地进行宣传。美国的总统或副总统，甚至是他们的夫人在实行对外政策的过程中都会不时地使用外援工具，或是推行他们在国外的政治主张，或

---

[1] From Ruttan, *United States Development Assistance Policy*, p. 25.

是树立美国的形象，例如戈尔钟爱的环保宣传，里根推行的中美洲私有化战略，都是靠对外援助来推动的。

总统有时直接干预对外援助政策决策，有时则通过他们的预算班子对国会施加影响力。在美国的行政系统中，管理与预算办公室（OMB）在对外援助政策的制定方面起着特别重要的作用，它负责监督外援预算，并且就每年划拨双边和多边援助项目的预算给总统提出建议。所以管理与预算办公室可以通过外援的预算程序参与外援政策的决策。管理与预算办公室和对外援助的执行部门有立场上的不同，因为它的激励机制和其他的部门不同。它的原则是"越少花钱越好"。在整个行政系统里，只有管理与预算办公室的官员会因为削减而不是增加预算而受到奖励。所以当他们讨论"国家利益"的时候，从内容到方式都会和其他政府机构，特别是和美国国务院不同。

不过，在外援政策领域里最重要的机构还是美国国务院。国务院根据国家外交和安全政策的需要和标准，向国会提出关于双边援助资金地理分布的意见。在国会选定了受援国、援助领域，并且批准了援助配额之后，美国国务院就又要负责实施和管理发展援助基金。美国国务院必须执行国会的决议，即使它们之间的意见相左。例如，美国给埃及的援助份额是由戴维营协议确定的，向以色列进行经济和军事援助的财政转移是由国会确定的，国务院在这些方面的影响十分有限。

2. 美国国际开发署

美国国际开发署是美国对外援助政策的最主要执行机构之一。除了军事援助以外，开发署涉足几乎所有的援助领域。它负责实施各类发展援助计划，包括拨付维和经费、管理发展援助、组织人道主义救济、参与跨国行动，并在海外组织民主活动。

开发署虽然有一定的自主权，在发展援助和食品援助方面担负政策领导作用，并且根据美国驻外使团的建议和国务院的意见，制定具体的政策措施。但是在选择受援国和决定援助配额的政治决策中，开发署只有咨询权。

由于开发署是纯粹的政策执行部门，而非决策部门，所以它在对外援助的执行过程中，更加强调对于外援项目的效果评估，而不注重战略分析。为了使美国的外援工作更好地为美国的利益服务，1994 年，国务卿克里斯托弗提议，将美国国际开发署并入美国国务院。这个使外援更加直接地为外交服务的努力在西方援助大国中是一个比较普遍的趋势。

3. 其他有关部委

美国的很多专业部委，如财政部、农业部、贸易部、能源部、国防部和劳工部等，也涉猎美国的对外援助。美国财政部负责多边援助和地区发展援助工作。美国和重债国家之间的双边关系也是财政部的工作领域，与多边援助银行打交道更是财政部分内的责任。财政部通常是唯一提出给上述机构拨款额度的部门。财政部还为外国政府提供有关税收和关税法、关税制度等方面的咨询，美国 2000 年财政预算中列支 150 万美元用于资助这些服务。

20 世纪 90 年代以来，美国的许多部委都开始直接向国外提供援助，全球化的浪潮加快了这个进程。司法部有专项资金帮助外国加强司法合作，交通部、农业部、贸易部、劳工部、内务部、能源部、健康与人类服务部以及环保局等政府机构也都有它们各自的外援项目，在它们各自的职业领域内向国外提供援助和技术培训，形成了从美国伸向海外的蜘蛛网，传递着来自美国的技术、方法和价值观。就连国务院和国防部也开始各自向国外提供人道主义救济和其他种类的减让性资助。有些政府机构的功能原本是面向国内的，现在也开始走出国门，通过援助项目，扮演了国际角色。例如，美国各部委向转型国家的新政府提供有关税收、司法改革、商业、民事和刑事法，以及环境条例等方面的咨询，结果是与上述领域相关的美国政府机构不仅直接参与对外援助，而且通过国际援助这个渠道扩展了自己的影响力。在美国"9·11"事件发生之前，与上述工作相关的美国行政部门的官员们都认为，国际旅行和涉外工作十分有吸引力，因而乐见其成。美国的各个政府机构已经成为外援政策领域中重要的利益集团。

在各个部门的利益中当然可以找到美国商业利益的影子。但是，在对外援助方面起最主要作用的美国国务院在制定外援战略的时候，往往把商业部和其他商业性的政府部门排除在外。但是，这并不意味着美国的对外援助不照顾美国的商业利益。事实恰恰相反，美国外援资金的 80% 花费在了美国的本土上。

4. 国会

美国国会在美国的对外援助政策方面很有发言权。国会通过《对外援助法案》，把国会在对外援助问题上的价值观和支付方法都写得很清楚。国会在修订《对外援助法案》的时候，往往把时代的特征和国会议员对于时代的理解写进法案。例如在60年代，阿肯色州民主党参议员威廉·弗布莱特曾经主张加大对于多边组织的财政支持，明尼苏达州民主党众议员多纳德·弗雷泽曾经提出回应最穷国的基本要求，这些主张都成为那个时代的主流声音。到了80年代，北卡罗来纳州共和党参议员杰西·赫尔姆斯不停地在外事委员会中提出反对意见，结果使外援法案的修订工作难以进行，也成为整个一个时代的特征。

国会不仅通过立法影响对外援助政策，美国的参众两院还负责确定美国外援的受援国，以及援助的配额。因此，美国国会就可以利用这个渠道干预美国的外交政策。国会的一些外援专家认为，美国政府有很多外交工具，而美国国会的外交工具却只有制裁和外援两种。国会是政府的支票本，这个权力很大，但是也很简单。每当国会决定要在对外政策方面发挥些作用的时候，它不是提供援助，以示对援助国政府的支持或奖励，就是进行制裁，以示反对或惩罚。当然有的时候是制裁与援助并用，所谓"胡萝卜加大棒"的方法在科索沃战争中用到了极致。这种方法也运用于对阿富汗的战争。

在冷战结束以前，限制苏联的扩张和促进穷国的发展是美国对外援助政策的两个大目标，国会中的自由派和保守派成员根据他们对这两个大目标的取向决定他们对各种拨款的支持或反对意见。冷战结束以后，支持美国对外援助战略的安全因素消失了：那只"林中之熊"不是在扩张，而是在收缩。苏联阵营的解体使得美国不再需要发展第三世界同盟了，结果就出现了两种新的现象：一种是由于支撑美国对外援助政策的意识形态影响减弱了，利益就显得重要了。这些利益虽然被冠上了"国家利益"的名号，却是多种利益的混合产物。另一种是国会新成员对美国外援政策的怀疑感普遍增加，特别是那些和支持外援的利益集团没有联系的国会议员们，他们在国会里言辞激烈地反对外援拨款，结果导致了1995年美国对外援助的大幅度削减。

对外援助涉及的金额比起社会保障、国防开支那些大宗的预算来，实在是微不足道，所以在国会内很难就对外援助问题形成明显的党争。但是，各种利益集团为了使国会的决策符合他们的集团利益，也会频频地进行各种游说活动。白宫和媒体都搬出了各种理由，有关于人道主义的说辞，有关于民主与人权的说教，也有对国家利益的解释。如前所述，有些政府部门本身就代表着不同的利益，这些利益往往和各个部门分管的领域相关，例如亨利·基辛格在当全国中美洲两党委员会主席的时候，就提出了一些与以缓解中美洲危机为目的的援助建议。①

国会的一个重要的使命就是审核白宫提出的外援方案是否符合美国的国家利益，所以白宫在提出方案的时候往往需要附加两项说明。首先，要证明，提议中的外援方案的首要目标是符合国家利益的；其次，方案还需是符合人道主义原则的，否则提案就会在国会引起争执。为了避免遭到国会中的反对，保留外援这个有效的对外战略和对外政策工具，白宫和国务院往往倾向于提供实物外援，因为"实物外援往往不会被'国会'计算"。②

（二）影响美国外援的利益集团

美国外援的最大利益集团是美国的各个行政部门。美国大众对于政府的外援政策没有直接的影响。对美国外援政策有直接影响的是政党、经济游说集团、学界和非政府组织。

1. 政党

美国国会在讨论外援拨款的时候，争论最多的议题是外援项目是否符合美国的总体战略和国家利益，而不是第三世界的发展问题。当然，在国家利益的框架之下，在美国的民主党人和共和党人之间还是存在着不同的社会理念的差异。这些差异给美国的外援政策带来了一定的影响。总的来说，民主党人更加倾向于提供外援。美国外援政策发展的关键时期大都是民主党人执政时期，如杜鲁门和肯尼迪时期。民主党人在对外援助政策中强调人道主义援助，共和党人则倾向于利用经济支持基金，在海外发展自由经济思想，促进自由企业制度。民主党人倾向于经济援助，而共和党人则每每加重军事援助的分量。

冷战结束以后，不同政党的外援政策开始出现了趋同的现象。在决定拨款的辩论会上，辩论双方的主张并没有本质的不同。

---

① Stephen Krasner , *Defending National Interests：Row Materials Investments and U. S. Foreign Policy*, Princeton University Press，1978，pp. 13 - 20，342 - 346.

② 根据 2000 年 3 月对与 Matthew A. Reynolds（国会亚洲太平洋委员会专业助手）和 Douglas K. Rasmussen（国务院亚洲太平洋委员会人员）的访谈。

2. 经济游说集团

美国的对外援助政策还涉及美国的经济利益，例如捆绑性援助（tied aid）和促进私营部门等，尽管这些利益在分配基金的时候只占有次要地位，但是对于经济利益集团来说却是有利可图的政策，所以一些与对外援助有直接关系的经济集团一直都在积极地进行游说。

经济集团的游说对象主要是国会议员，很多国会议员都是自己选民的经济利益代表。用一位来自华盛顿州的美国参议员办公室立法主任的话说："我们赞成外援，主要是因为外援能够促进贸易。"

有一些游说集团来自受援国政府和国际组织，这些组织经常雇用知名律师、游说公司和群众团体为他们提供咨询，在华盛顿代表他们的利益，并且组织各种各样的声援活动。

50 年代，美国政府加大了军事外援投入的时候，许多利益集团站出来反对，其中有许多与农业利益相关，因为加大军事援助的比重必然影响农产品的出口。为了保持军事外援的比重，代表军事集团利益的保守主义政治集团就特别加大了有关"共产主义威胁"的宣传力度。①

美国农业部本身就是一个很大的经济游说集团。在两次世界大战之间，在农业部系统中建立了进出口银行（1934 年），目的是提供低息信贷，以促进美国粮食的出口。1935 年美国《农业调整法案修订案》授权农业部长可以动用多至 30% 的年海关岁入，补贴农业产品的出口。1944 年的《过剩资产法》和 1949 年的《农业法》又授权商品信贷公司在国际市场上出售低于市价的库存剩余农产品。1954 年的"食品换和平计划"更是加强了美国农业部和农业利益集团。针对美国的农业集团利益，美国国会中也进行过许多的辩论，例如争论食品援助到底是代表了美国的整体利益还是只代表美国农业的利益？以及援助项目的成本应当出自农业预算还是外援预算？等等。

除了经济游说集团以外，还有强大的政治游说集团在美国国会内外活动。这些集团往往由美籍的外国人团体组成，有些是超国家的政治游说集团，例如有名的台湾游说集团（ROC）依靠的是宋美龄在美国建立的关系网。台湾每年都通过这些关系网联络一些经济利益集团，贿赂美国国会议

---

① *Senate Authorization Hearing*, pp. 197 - 8, 352 - 3, from Ruttan: 67.

员，影响美国对台湾援助的决策，进而影响美国对华政策。

3. 非政府组织

非政府组织这个概念非常宽泛，可以包括好几类组织，其中有一类是私营的基金会。美国的福特基金会和洛克菲勒基金会，还有其他的一些基金会，它们都在对外援助领域里发挥着重要的，往往是不可替代的作用。

另外一类非政府组织是志愿者组织。1983 年美国志愿组织委员会公布的对外服务指南中公布了 497 个"美国在国外从事发展援助工作的非营利机构"，它们仅在非洲就在执行着 3700 个项目。到了 90 年代，这些机构已经超过了 500 家。这些自发的私营志愿者机构都是在第二次世界大战期间成立的，当时它们的活动范围主要是提供人道主义援助，例如疏散和帮助难民、提供减灾服务、帮助战后重建等。从 60 年代以后，这些组织开始涉猎第三世界的发展工作，很多组织随即将名称由"福利"改为"发展"。我们可以根据这些组织的工作特点划分为四组：大型的私营志愿机构（如 CARE）、草根（或基层）援助组织（如 OXFAM）、集资机构和发展教育组织。

还有一类国际性慈善活动是由宗教组织进行的。从 18 世纪起，一些欧洲的政府开始允许世俗机构在社会上组织慈善性活动，并且享受和宗教组织一样的免税待遇，结果世俗志愿者机构开始逐渐地取代了宗教慈善组织的主导地位。随着各类慈善组织的发展，政府和非政府组织、志愿机构的关系变得越来越复杂。20 世纪 40 年代初，第二次世界大战的战火从欧洲向世界扩展之际，天主教会开始组织国际性的慈善机构，并且通过跨国的人道主义援助恢复了天主教会在国际上的一些传统势力。这些机构没有随着战争的结束而解体，在 50 年代中期，汇聚成了"天主教救援服务"组织，活跃在欧洲，后来发展到了亚洲和拉丁美洲，在 50 年代和 60 年代在越南尤其活跃。类似的机构还有"教会世界服务"组织。自 50 年代末期起，这些组织的活动基本上都转移到亚洲、非洲和拉丁美洲的国家里。在这段时期，宗教慈善机构往往和世俗非政府组织，以及政府保持着良好的合作关系。

起初，美国政府对于非政府非营利的慈善机构的资助总是和紧急援助相联系的。政府通过这些组织能够及时地调动起人力进行紧急援助。自从 1972 年起，美国政府开始向美国的私营自愿机构提供资助。这样就鼓励了一批人专门从事和发展中国家相关的工作，有些团体是由有专门知识的人士组成，例如计划生育团体、环境保护团体和妇女权益保护团体。这些团体人数众多，而且实际上已经就他们的工作领域形成了信念和利益。它们常常参与国际组织和美国外援政策的辩论，成为一些十分活跃，而且能量很大的势力。

美国国际开发署以为，志愿组织能够从私营部门调动附加的资源，补充美国外援拨款的不足，同时，它们的经验可以加强美国外援方面的人力和物资水平。由于它们是非政府的，而且有专业的知识和技能，可以招募和派遣专家进行实地工作；同时它们还是非政治化，或者非政府的，因此可以向那些对美国政府援助有争议的地区提供援助，从而将美国的影响力扩大到美国政府难以达到的地区和领域；最后它们还更加适合与其他国家的非政府组织进行协商与合作。① 总而言之，凡此种种考虑都使得美国政府十分重视对非政府组织的支持，鼓励它们在发展领域中发挥作用。

逐渐地，美国社会接受了"志愿组织在有些方面比政府机构更有效"的观念。到了80年代，大约3/4的美国人都开始支持志愿者的救灾活动，2/3的美国人支持在食品生产、健康服务和家庭计划方面的技术援助，而只有10%的美国人支持利用经济援助来促进民主或社会正义。②

不过，潜移默化地，非政府非营利组织在国际性的发展工作和网络上使美国社会和文化的影响深入美国政府机构完全不可能深入的层次：深入受援国的私营企业和社会层面。这种在社会层面上的发展在80年代的国际发展领域里转变了经济发展第一重要的观念，提高了美国发展援助机构对社会发展和机构发展重要性的认识。于是，美国在官方援助决策之外，又另外设定了一些议题，将受援国的一些观念和动议与美国的发展战略糅在一起，并且展开了多层面的非官方机构合作。

4. 研究机构和个人

美国外援的政策和执行方式还受到美国各大学"理论阶层"的很大影

---

① Richard E. Bissell, "Statement", in U. S. Congress, House Select Committee on Hunger, *Role of Private Voluntary Organizations in the U. S. Foreign Assistance Program*: Hearings, 101st Cong. (Washington: US/GPO, 1989, pp. 3 & 31, in Ruttan, p. 228.

② Doug Siglin, "From Relief toward Development and Empowerment", in *Hunger1994*: *Transforming the Politics of Hunger* Silver Spring, Md: Bread for the World Institute, 1993, pp. 20 – 30, in Ruttan, p. 234.

响。从美国早期的新政，到《马歇尔计划》，以及对政府作用产生过长期影响的凯恩斯主义，都与研究机构的研究成果有着直接或间接的关系。这些成功的例子使得50年代的美国政策制定者们相信，只要有理性的政策和方法，国外的发展工作也是可以"管理"和引导的。

50年代初期，美国技术合作署和共同安全署开始利用美国各大学的资源，帮助美国政府在农业、健康等方面的规划和研究。到了50年代中期，美国的大学已经深深地卷入了这项工作。在杜鲁门讲话之后，密歇根州立大学的校长约翰汉纳博士代表所有州立大学和公立学院允诺，美国的这些大学将在食品安全和对外援助方面与政府合作。到了60年代，在美国国际开发署和美国各大学之间的合作已经达到了规范的地步，它们并且制定了一些共同原则，包括：

（1）长期的合作承诺；

（2）更加灵活的项目协议和更好的联络；

（3）通过大幅度地加强有关机构建设的研究，更好地利用现有的知识资源；

（4）在项目的计划和监督检查方面，大学和政府就整体战略目标和承诺达成一致意见；

（5）学校在全面地扩大公众对于国际技术援助的理解方面要起领导作用；

（6）国际开发署和学校共同合作，加强美国大学的国际能力，等等。①

在肯尼迪和约翰逊任总统期间，美国大学在美国国际开发工作中的作用达到了高峰。到了70年代中期，一种新的合作方式出现了：有些机构，如福特基金会和洛克菲勒基金会，在50年代和60年代就开始与一些第三世界国家的大学和研究机构建立合作研究项目，到了70年代中期，这些合作已经形成了一些网络。在70年代后期，这些网络开始被用来确定共同的议题和研究方向，形成了一些主导的观念。由于这些合作主要集中在农业技术援助领域里，到了80年代，随着农业技术援助的减少，美国大学对于国际开

---

① Committee on Institutional Cooperation—US/AID Rural Development Research Project. *AID University Rural Development Contracts and US Universities* Urbana：University of Illinois，June 1968，pp. 4 – 26.

发署的参与也开始减少。但是，美国各大学和发展中国家的一些直接的交往与合作却持续下来。

5. 公众舆论

美国的民意调查显示，在过去的几十年中，多数的美国人对于外援这个题目没有兴趣，一则是由于政府用于外援的拨款比例实在很少，不值得大张旗鼓地展开辩论，二则是由于对外援助政策中的行政主导地位很强，不像其他政策那样透明。所以在美国社会里，公众对于外援的知识十分欠缺。虽然有少数大约 500 家的非政府组织活跃在发展援助的领域里，也有一些企业家和工会通过他们选举出来的代表，跟踪和他们的特殊利益相关的特殊外援领域，但是美国的舆论界依然把外援看作外交和外贸政策的组成部分，是"安静的外交"或"预防性外交"，很少加以渲染。至于发展本身的需求和规律，在美国是不受到重视的。

1983 年，美国就美国外交的目标进行了一次民意调查，调查的结果十分有趣。美国公众希望美国通过外交政策达到的目标依次如下：

——保护美国的就业；

——稳定美元；

——能源供应的安全。

然后才是：

——促进其他国家的人权；

——保护弱国抵抗外来侵略；

——改善第三世界的生活水平；

——传播民主政府制度。

在很多美国人看来，官方发展援助干脆就是多余的。许多美国人以为，美国给世界提供了太多的援助，其实他们根本不知道美国究竟提供了多少援助。多数人认为，公共发展机构是没有效率的。他们支持削减外援，认为外援不仅没有效率，而且还使受援国过度依赖美国，使美国过多地干预他国的事务。[1]

最近的民意测验显示，多数美国人以为美国用于外援的拨款占到了联邦

---

① Burghard Claus & Michael Hofmann, *The Development Cooperation Policy of the USA*, Berlin 1988, p. 28.

预算的15%，并且认为用5%更加合适。事实上，美国政府用于外援的拨款还不到联邦预算的1%。这说明，如果美国政府大幅度地提高外援是不会受到普遍反对的。正因为如此，美国在进入21世纪以后，越来越多地重视外援这个战略武器的重要性，并且会在世界有地区冲突的领域里广泛地使用这个工具。当然，要想保证美国公众的平和心态，还要取决于媒体的协助。从视觉效果上看，美国的外援拨款是挪用了解决国内问题的资源，或者媒体想要造成"外援是给外国人的福利"的印象，如果"外援是对纳税人资源的无效率的滥用"的印象，那么美国公众就会对外援进行更多的批判，使这个有效外交工具的效用大打折扣。

（三）美国外援的预算和拨款程序

对外援助政策决策的关键是预算程序。每当新政府上台，或世界上发生了重大的事件或变化，美国政府的行政机构都会宣布新的外援政策。这些新政策的贯彻实施取决于每年的预算程序，美国的行政和立法机构都参与外援预算。所以，要了解外援政策的变化，还需要了解外援预算程序。

美国外援预算程序漫长而复杂，大约要花一年到一年半的时间才能开始拨款。外援预算程序起始于外援机构内部的预算报告，这份报告需要提出未来一年中的外援财政预算。报告中不仅仅包括了有关外援总体水平的提议，而且还要就特殊拨款提出较为详细的信息和建议。外援预算报告提交给预算管理办公室审核，然后再交给总统复审和批准。

在总统作出决定之后，国务卿一般都会要求提高双边援助的拨款，然后再由白宫和国务院将整个外援预算提交给国会审议。国会中的程序是先由国会预算委员会就总拨款额作出决定，由拨款委员会确定一个最高拨款额，将总额分配给13个对外拨款分委员会处理。白宫对外关系委员会和参院外事委员会负责审理双边援助预算，参院和众院财政委员会负责审理多边援助预算。这些机构都通过定期的授权法案，确认每个外援项目的经费开支。但是自80年代中期以来，历届美国国会都回避就外援授权法案进行投票表决，其中有一个重要的因素就是共和党参议院代表的不合作。国会内对这个问题存在着无法统一的分歧，政府和国会之间也相互掣肘，结果外援授权法案就一直拖延了下来。

由于没有重新授权，国会内部的外援政治就简化了——授权委员会这个关键的因素被排除出整个决策程序，同时，负责决定外援开支水平的拨款委员会也就被排除出决策程序。有关外援政策的辩论本应当在授权委员会内进行，由于缺少了这个程序，国会成员对于外援政策也就知之不多了。外援拨款每年都根据"延续性决议"进行，同时，如果政府想要大幅度地改革美国的外援政策，通过立法的手段统一基本政策或进行机构变更也就十分困难了。这使得美国外援政策的透明度减低，而作为外交工具的效用提高。

拨款程序每年都照常进行。由于有"延续性决议"，所以资助往往保持在上年的水平上。在决策的时候，由对外行动分委员会就外援预算召开听证会，邀请政府和外界专家参加并做证，然后将预算标高，付诸表决。表决通常有几轮，包括辩论、修改、谈判和最后投票。通过的提案交给总统签字，签署后的预算由政府实施。

美国的外援拨款资金来自联邦政府的预算，花费不完的款项，包括偿还的债务和利息，全部返回财政部。有时国会还可能同意就某些项目追加很少量的资金。"私营企业复兴基金"是一个例外，从这个基金贷出的款项偿还后不返回财政部，而是直接自流到基金中，滚动管理，用于新的贷款。

三　美国外援政策的历史发展

在 19 世纪的时候，美国政治还主要是国内政治。当 1845 年爱尔兰遭受天灾，1881 年俄罗斯发生饥荒的时候，美国国内都有人提议美国政府提供援助，但都以"违宪"的理由遭到美国国会的拒绝。两次世界大战改变了美国的政治观念，使美国逐步从孤立主义的舆论中走出来，不仅启动了对拉丁美洲的援助计划，而且在两次大战期间向信仰共产主义的苏联提供了战略援助。

第二次世界大战后的美国外援政策发展有一个奇特的现象：几乎是十年一波，每十年都有一个新的主题。

（一）战后时期：争夺战略空间

第二次世界大战结束后掀起的美国对外援助第一波以 1946 年对希腊内战的援助、1947 年的《马歇尔计划》以及 1949 年杜鲁门的"第四点计划"为主要标志，体现了美国在世界格局发生巨大变化时代的"西半球战略"。

援助希腊内战在美国对外援助史上是一个转折点。第二次世界大战的结束后的世界政治格局使罗斯福总统关于美苏之间进行经济政治合作的"伟大构想"成为泡影，西方开始在世界范围内和苏联这个新对手抢夺战略地盘，美国的战略家们随之提出巩固"西半球"的战略构想。当英国通知美国，它已经无力维持对希腊、土耳其的经济和安全承诺，而苏联有可能南下地中海的时候，美国随即取英国而代之，开始了对希腊和土耳其政府的大规模援助计划，封杀了那里的革命运动，扼住了博斯普鲁斯和达达尼尔海峡的西方战略前线。杜鲁门将希腊内战说成"民主与专制之间斗争的延续"，要求国会不仅要援助希腊和土耳其，还要设法阻止苏联继续扩张的趋势。① 通过对希腊、土耳其的援助，美国向苏联发出了明确的信号：美国是干预世界事务的，西半球事务不许苏联插足。

援助欧洲重建的《马歇尔计划》体现了同样的战略思维。美国的官方文件直言不讳地称，马歇尔计划的两个基本作用是：第一，帮助遭受战争破坏的欧洲国家重建；第二，遏止共产主义在欧洲的扩张。还有一个间接的目的，就是服务于西欧的一体化建设和帮助美国产品占领西欧市场，而美国产品和影响在欧洲的存在都是美国西半球战略的组成部分。

美国的战略援助不仅限于在欧洲和苏联抗衡，而且包括了在东亚、南亚以及在世界其他地区和苏联争夺地盘。在苏联和中国的周边地区，美国援助了摇摇欲坠的蒋介石集团、朝鲜李承晚当局和越南吴庭艳政府。连美国政府自己也承认，这些援助计划并不是什么正义之举，而只是帮助美国的"朋友"，替美国的势力占据更多的地方。

1949 年杜鲁门的"第四点计划"往往被看作美国对外援助的一个里程碑。1949 年 1 月 20 日，杜鲁门在国情咨文中称，"第四点计划"的目的是为发展中国家提供财政转移和知识技术，是对农业、健康、教育，缓解饥饿领域的专项援助，是"用我们的科学进步和工业发展的实惠，促进不发达地区的改善与发展"。② 这标志着美国第一次针对发展问题，提出了长期性的政策和策略，同时也是第一次区别经济援助与军事援助。在当时，发展援助

---

① 　Vernon W. Ruttan, *United States Development Assistance Policy*, p. 3.

② 　Harry S. Truman, "Inaugural Address of President（January 30, 1949）", *Department of State Bulletin 33* , p. 125.

和军事援助还是服务于同一个战略目标。

1950 年美国国会通过的《对外经济援助法》对这种战略目标的简短论证是美国世界观在战后的集中体现。国会宣布，别国的经济社会发展在如下条件下符合美国的国家利益：

（1）推进民主生活方式的稳定增长；

（2）扩大（受援国与美国之间）的互利贸易；

（3）发展国际理解和信任；

（4）维护世界和平。①

所以，美国战后外援的目的是在西方民主制和市场经济的基础上，建立和平的国际关系。

在援助发展中国家的"第四点计划"刚刚提出的时候，美国国内还有些不同的意见。特别是共和党人认为，应当利用私营企业，向发展中国家直接投资，来弥补西方和发展中国家之间的知识差距，而不应当动用政府的力量去组织技术援助项目。但是很快，到了 1952 年，冷战的帷幕开始落下，整个外援领域里的空气随之改变。随着两大军事阵营的建立，《马歇尔计划》开始强调美国帮助盟国提高必要的军事实力，尽快建立集体防卫能力的内容。美国政府告诉国会，美国可能把亚洲和中东丢失给苏联。这种说法成了外援政策的主要卖点。② 美国 1951 年《共同安全法》很快就得到通过，经济援助和军事援助重新被结合起来，技术合作署随后划拨给共同安全署统辖。美国同时加强了对印度、巴基斯坦和伊朗的援助。1952 年美国通过双边援助大量地转移资金，作为过去小规模的技术交流的补充。在美国双边援助注重战略意义的同时，世界银行从支持欧洲的发展转向了为拉丁美洲、中东和南亚提供发展援助，并且开始从工业生产领域转向在食品、教育、健康领域谋求发展。杜鲁门的"促进不发达地区的改善与发展"就这样变成了遏止共产主义在发展中国家发展的目标。

尽管美国的经济学和政治学者之间也有过关于发达国家在经济欠发达国

---

① *US Code Congressional and Administrational News*, 1950, p. 205.

② The Mutual Security Act of 1951, 65 *US Status at Large*, No. 373, iti. 5, sec. 511（b），from Ruttan：63.

家的经济发展中能否获益，以及应当怎样提供经济援助等问题的讨论，但是到了50年代后期60年代初期，反共产主义的安全观在外援政策领域里占据了上风。① 这当然和朝鲜战争不无关系。整个美国舆论界都倾向于将美国的军事援助看作安全工具，看作在变动的国际关系中保障短期和长期安全的手段，是在帮助受援国获得和平。另外，苏联的快速发展对于美国的世界地位提出严峻而真实的挑战：中国解放以后，苏联即刻开始向中国提供大规模的经济技术援助。1953年，苏联成为联合国机构的技术援助提供国，到了1956年苏联就已经取代美国和世界银行，成为埃及阿斯旺水坝建设的援助者。美苏在对外援助方面的竞争从中东欧发展到拉丁美洲、非洲和东南亚。从1949年的"第四点计划"到1961年的《对外援助法案》，安全动机在美国的对外援助政策讨论中都占据了统治地位。

（二）60年代：外援制度化

历史进入20世纪60年代，分割东西方的铁幕已经形成，两大政治阵营壁垒森严。苏联以惊人的速度进行经济建设，而非洲一些前殖民地国家纷纷宣布独立，有些国家在社会主义欣欣向荣发展趋势的影响下，加入社会主义运动中，使西方世界，特别是美国感到了共产主义在信念和制度上的挑战。古巴的导弹危机，更加给了美国一种"后院起火"的危机感。

在这种世界形势下，肯尼迪总统用以稳住西方阵脚，与莫斯科进行和平竞赛的法宝之一就是对外援助。1961年，肯尼迪当选总统的第二年，就在一次白宫招待国会议员和来自拉丁美洲的外交使节的讲话中号召西半球成立一个新的进步同盟，用以满足人民对于住宅、工作和土地、健康和学校的基本需求。② 同年，美国通过了《对外援助法》。法案授权总统建立国家开发署，以代替国际合作局。这部法案成了此后若干年中美国对外援助政策的主要法律依据。对外援助法确立了联邦预算第150账号，专门为双边和多边的财政和经济援助、军事援助以及信息和文化交流提供经费。为了减少冷战的色彩，给这种援助一种道义的正名，肯尼迪还特意解释说，美国向世界上的

①　Ruttan, *United States Development Assistance Policy*, p. 95.

②　Ibid. , p. 442.

穷国提供外援"不是因为苏联也提供外援，而是因为这样做是正确的"。①

1961 年的《对外援助法》自称是"划时代"的文献，是在历史的"新阶段"为美国外援计划提供"新方向、新精神和新目标"的尝试。② 法案的字里行间透露着强烈的与苏联竞争的意识。国会外事委员会认为，由于"冷战的铁律"和"道义的责任"，"美国必须为未来十年的发展而慷慨捐助"。③ 委员会仔细地研究了苏联对印度、印度尼西亚和阿拉伯联合酋长国的援助，认定其优势在于影响世界上人口众多的国家，其问题恰恰在于众多的人口必然对发展工作产生不利的影响。美国的策略是援助"以经济发展和进步为基础的机构"，同时强调"社会改革"，证明经济增长和民主制可以并行发展。利用美国外援的目的是扩大由"自由、稳定和独立的国家"组成的同盟。④

《对外援助法》通过的当年，肯尼迪政府建立了"和平队"，用于在发展中国家维持和平和加强友谊，并且与拉丁美洲国家一道建立了"进步同盟"，在拉丁美洲推广"土地改革"，通过经济援助和促进社会改革抵消国际共产主义和社会主义思想在拉丁美洲的影响。肯尼迪还设法将艾森豪威尔的冷战援助变成发展援助，致力于在广大的发展中世界扩大资本主义制度的影响，产生"水滴石穿"（trickle down）的渗透效果。结果在肯尼迪政府期间，美国对外援助的拨款年增长 4 倍以上。

60 年代初期是西方福利国家快速发展的时期，也是对外援助快速发展的时期。政府的干预作用受到了普遍的承认，就连蒙格马利这样的自由主义人士都认为，"自由的理想主义应被看作好的政治"。⑤ 60 年代的时候，美国人大都并不特别富有，但是在当时的政治空气下，很多人都能热情地为外援事业主动捐款。一位民主党国会议员说，"政府现在做的事超过了教会给我们提供的模式，用在外国的钱不仅仅是为了传教，而且是为了治病、扫盲以及许多能够延长生命的事情"。就连教会人士似乎也赞成这种判断。基督教

① Ruttan, *United States Development Assistance Policy*, p. 87.

② *Foreign Assistance Act*, in *US Code Congressional and Administrational News*, 1961, p. 2478.

③ *Foreign Assistance Act*, Ibid., p. 2475.

④ *Foreign Assistance Act*, Ibid., pp. 2483 – 2484.

⑤ John D. Montgomery, *International Dimensions of Land Reform*, ed., Roulder：Westeview Press, 1984, p. 119.

联会基督社会行动委员会的主席在国会听证会上做证说，他的组织完全支持政府进行长期的外援项目。[1]

美国人对于美国政府的这种热情支持，使得美国能够通过对外援助在世界上许多地区推进，美国向非洲提供的援助是一个典型的例证。60 年代初以后，欧洲殖民主义纷纷从非洲撤出，在那里留下了一个政治真空，有些国家（如扎伊尔和加纳）开始转向社会主义，并向苏联寻求援助。为了保证非洲不会全面地倒向苏联，美国中央情报局参与暗杀了卢蒙巴，并且通过对外援助拨款长期支持蒙博托的独裁。在苏联的势力自 1967 年逐渐撤出以后，美国对非洲的援助即呈急剧下降的趋势。

也是在 60 年代，恢复了经济发展的西欧国家开始加入援助国的阵营。援助资金开始流向发展中国家，经合组织发展援助委员会的建立，对于制约双边军事援助，加强对发展中国家的发展援助，在援助国中间沟通信息和交流经验起到了一定的作用。美国的对外援助政策第一次受到国际组织的监督和评议。这种制度化的趋势在 60 年代后期达到了一个重要的阶段。1969 年，世界银行任命了一个以加拿大前总理莱斯特·皮尔森为首的评估小组，全面地审核对外援助政策，从而形成了标志着西方主流外援观念的"皮尔森报告"，报告建议：

（1）取消欠发达国家的出口障碍，促进有利于外国直接投资的条件；

（2）向发展中国家提供相当于发达国家国民生产总值 0.7% 的外援，保持欠发达国家 6% 的增长率；

（3）重新安排对农业、教育、和人口增长方面的技术援助；

（4）通过国际组织加强和扩展多边援助体系。[2]

从美国国内来看，肯尼迪政府时代的美国高姿态对外援助和国际干预主义政策，非但没有给美国赢得良好的国际形象，反而使美国在世界许多地区都陷入了重重的矛盾之中。随着美国对越南战争越来越深的卷入，迎接到访美国总统的臭鸡蛋和美国国内的反战情绪此起彼伏。在这种情况下，新上任

---

① June 26, 1961, *House Hearings*, 1054, 1044. From: Vernon W. Ruttan, United States Development Assistance Policy, p. 85.

② Lester B. Pearson, *Partners in Development: Report of the Commission on Economic Development*, New York: Praeger, 1969, in Ruttan, p. 105.

的尼克松总统开始采取了缓解东西方冲突的策略，在一些关键性的问题上与苏联进行严肃的谈判，力图达到软化苏联行为的目的。在对外援助方面，尼克松总统表示希望发展中国家在决定它们自己的发展战略方面起更大的作用。1969年，尼克松任命了以美国银行总裁鲁道夫·彼得森为首的小组，对美国的外援制度进行全面的审核。这个动议与世界银行的努力遥相呼应。

同样是在1969年，国际劳工组织启动了世界就业项目，提出了"提高穷人的生活质量，提供就业机会"的口号。1970年，经合组织成立了调查欠发达国家就业问题的专门小组，随后，联合国参与了这项工作，最终导致了世界银行在1973年对整个潮流地介入，使国际发展组织在70年代形成了一个相互配合的主流力量。这种主流力量的形成固然有美国的大量影响，但是也对美国对外援助政策形成了一定的约束。

（三）70年代：美国外援的"新方向"

1970年的彼得森报告称，美国应当重新设计外援政策，以便使发展中国家能够建立它们自己的有限目标，美国应当根据发展中国家自我努力的状况给予相应的援助，应当严格分离发展援助和军事援助，扩大对于私营部门资源的利用，促进公众的参与，促使多边信贷机构成为发展援助的主要渠道，阻止美国官方发展援助的滑坡趋势，等等。① 1970年9月，尼克松根据彼得森报告向国会提出了改革对外援助计划的议案，次年又将两份法律草案交给国会，即《国家发展和人道主义援助法》和《国际安全援助法》，但是遭到了国会拒绝。

70年代是西方世界的多事之秋，美元的贬值和旷日持久的越南战争动摇了西方国家对于资本主义制度的信心，70年代的中东石油危机对于美国经济更是雪上加霜。早在1969年5月，尼克松在一次国会演讲中曾经声称，他本人是支持经济、军事和技术援助的，因为这些援助项目可以同时服务于

---

① The Task Force on International Development, "U. S. Foreign Assistance in the 1970s: A New Approach," Report to the President from the Task Force on International Development (March 1970), in Ruttan, p. 97.

安全、扩大市场和为美国赢得好感这三个目的。[1] 尼克松还提出了三项动议包括：（1）建立一个半私营的机构（名为海外私人投资公司）以扩大私人企业；（2）加强对于国际发展银行的支持，并增加对于联合国的技术援助项目的支持；（3）扩大美国的技术援助。但是到了 70 年代，在广大发展中国家和地区，饥饿蔓延、食品匮乏、战争频仍，美国民众开始反诘美国发展援助的方式方法，而美国国会尤其缺乏耐心。国会议员们纷纷对美国外援在最穷国最穷人群中快速改善福利的能力提出了质疑。内外压力导致了美国国会 1973 年对于外援法案的修改。

1973 年，尼克松再次向国会提出的对外援助法的议案中包括了一个新的章节。这个章节论证了美国在发展中世界里的政治和经济利益，并且强调，发展工作不仅和人道主义需求密切相关，而且和发展中国家和地区的稳定密切相关。美国可以通过向发展中世界提供它们急需的机器和产品，换回美国需要的能源和原料。这个法案强调的不再是私营企业的作用，而是如何改善外援项目的执行，并且提出将双边援助集中于健康、教育、农业和计划生育等领域，让发展中国家更多地参与到自身的发展工作中去，以及美国应当与其他援助国更好地合作，并向多边援助机构提供实质性的帮助等。[2] 显然，在世界性的经济衰退阴影的笼罩下，推行共和党历来主张的经济自由主义并不是一个很好的时机。

尼克松政府时期有两个外援新口号，一是提出了人权外援，二是强调多边援助。1973 年，国会组织对发展援助的总趋势进行了总结，提出：

（1）发展援助有利于美国的国家利益，建议把它作为国家安全政策的一个工具；

（2）经济发展本身就是好事，值得美国为这个发展过程而投入；

（3）多边援助比双边援助的利益取向低，所以应当在发展中起更大的作用；

（4）贸易政策应当起更大的作用，发展中国家产品进入市场的障碍应

---

[1]　Richard Niehoff, John Hannah, *Versatile Administrator and Distinguished Public Servant*, Lanham, Md.：University Press of America, 1989, pp. 141 – 142.

[2]　Congressional Research Service（CRS）, *U. S. Foreign Policy for the 1970s：An Analysis of the President's 1972 Foreign Policy Report to Congress*, Washington：USGPO, 1972, p. 1, 1973, pp. 1、79.

当减少；

（5）私人投资应当在发展中起更大的作用；

（6）发展中国家必须在制定它们自己的计划时起更大的作用，并且必须对后果负责；

（7）关于社会正义的要求（即保证公共参与决策和发展工作要惠及需求者）应当得到重视；

（8）安全援助应当与发展援助分开执行。①

根据这个结论，国会提出，美国对外发展援助政策应当进行全面调整，这个调整要求后来在政府中被称为"新方向"。这个新方向往往被称为"基本人类需求"。新方向要求将经济援助分为 5 个预算领域：食品和营养、计划生育和健康、教育和人力资源发展、有选择的发展项目，以及有选择的国家和组织。这个方向和 20 世纪 60 年代外援方式完全不同，它淡化了战略色彩。美国国际开发署在执行项目的过程中努力地使外援向农业、农村发展和食品生产集中，同时强调营养、人口控制、健康服务和低成本教育，更增加了美国外援的"人民取向"。这种取向在 1974 年的《对外援助法》中得到了进一步的加强。

"新方向"导致了美国国内对人类发展的关注，在美国国会内又演化为对基本人权的关注。到了卡特 1976 年就任美国总统的时候，多边发展和人类需求已经成了时尚。这种时尚与卡特本人的价值取向十分接近，于是他很快就接受了外援的基本人类需求原则，并且在这个基础上要求重建美国对外援助的道德目标。② 在方式上更加强调稳定经济和调整政治结构，更加依赖多边组织，更加关注社会平等和保护环境，并且把人权当成了宗教信仰。这些做法受到了美国国会的批评，国会共和党议员指责政府绕开国会的监督，通过不透明的多边组织进行财政转移。③ 对于政府作用的这种反对情绪不断

① Congressional Research Service（CRS）, *Reorganization of U. S. Development Aid*, pp. 36 – 38, in Committee for Economic Development, *Assisting Development in Low – Income Countries: Priorities for U. S. Government Policy*, New York: CDE, 1969.

② Ruttan, *United States Development Assistance Policy*, p. 115.

③ House Committee on Appropriations, *Foreign Assistance Related Programs Bill*, 1972, Report 92 – 711, 92 Congress. 1 Session. (1971), p. 32.

发展，成为80年代"里根经济学"的土壤。

（四）80年代：推行自由市场经济

里根和他的智囊们认为，市场的魔力可以替代政府的干预。所以里根1980年就任美国总统伊始，即开始推动美国政府的各项政策进行大转折：一方面削减国内福利开支，另一方面削减对外援助。美国当时的信条是：刺激私营部门，加强地方机构，使技术适用于穷人的政策环境，这些才是成功地解决基本人类需求的最有效的方式。[①]

其实，在里根上台之前就已经筹划了对外援政策的重大调整。里根的主要智囊班子——传统基金会的人士们主张，应当重视可以更好地体现美国经济利益和外交目标的双边援助，因为这样可以把美国的朋友界限划分得十分清楚。里根政府的国务卿舒尔兹说："我们的经济援助计划是我们的外交政策的关键的工具，而且是直接地与美国的国家安全和经济繁荣联系在一起。"[②]这样，在里根政府时代，多边援助就被打入了冷宫。

里根政府改变了起始于尼克松政府的"新方向"，抛弃了卡特政府的人道主义说教，提出了对外援助的"四根支柱"，或四大工具即：

（1）就改革问题和受援国进行政治对话，寻求和受援国政府在发展政策和改革措施方面取得一致；

（2）投资机构建设和大量地开发适应自由市场经济的人力资源，将权利分给能够促进经济增长的私营企业、志愿者组织，而非公共机构；

（3）支持研发和转让使用现代科技，特别是在生物医学、农业和人口控制等领域里的技术突破；

（4）发展私营部门和市场力量，使它们在解决发展问题方面起作用。例如依靠商业信贷而不能通过援助去发展像印度和中国这样的发展中国家。

"四根支柱"归结为一个核心，就是减少政府干预，加强私营企业和市场。对于政府作用的削减并不是全面的，例如里根政府动用了大量的外援资

---

① 美国1985年给经合组织发展援助委员会的备忘录。

② George Schultz, "Foreign Aid and U. S. National Interests," Speech given at the Southern Center for International Studies, Atlanta, 24 February 1983, reprinted for publication in *Realism*, *Strength*, *Negotiation*: *Key Foreign Policy Statements of the Reagan Administration*, Washington: U. S. Department of State, Bureau of Public Affairs, 1984, p. 143.

金，加强盟国的军事和政治结构，军事援助再度受到重视。军事援助和经济援助的比例发生了很大的变化。对外军事销售（FMS）增长了200%，军事援助计划（MAP）上涨了600%，而经济支持基金增加了82%。非经济支持基金的经济援助则下降了8%，主要原因是对多边承诺的巨额削减。多边援助组织成为美国政策的弃儿，美国的多边官方发展援助从1980年占44%下降到1986年的占27%。军事援助主要提供给埃及和以色列，援款主要用于交流和培训，因为里根认为中东的不稳定局势有利于苏联，特别是在苏军入侵阿富汗之后，因此加大了对于埃及、以色列、土耳其和巴基斯坦的援助，以便在地理上阻止苏军的南下，保证美国在当地的霸权地位。①

除了"四根支柱"以外，80年代的美国外援政策还有"五大优先"，它们分别是：

（1）中东、以色列和埃及的和平计划：该计划获得了占美国外援总额40%强的拨款。

（2）维持对于美国安全至关重要的军事基地：大约1/5的援助是由于这个原因而提供的，受援国包括了西班牙、葡萄牙、希腊、土耳其和菲律宾。

（3）支持与苏联或共产主义阵营对峙的盟国，如韩国、泰国和巴基斯坦得到了大约1/12的援助拨款。

（4）促进经济发展和减轻人类痛苦，主要用于对非洲的援助。

（5）帮助在中美洲的盟国建立民主制度。②

所以里根政府的外援政策不是削弱，而是加强外援的政治内涵，不过这种外援的政治取向是战略性的，而方法是通过调动个人的积极性，推行经济自由主义来发展资本主义制度，以便和对垒的社会主义制度一争高下。

除了明确的政治取向外，里根政府还强调了外援政策要建立通向"工业和国防战略原料的不间断的通道"，因此坚持要求对有些受援国政府进行"建设性的融入"，为美国的国家利益服务重新成为外援重心。③

在80年代，美国的许多外援机构都将促进地方和外国的私营部门当作

---

① Payaslian, Simon, *U. S. Foreign Economic and Military Aid*. University Press of America, 1996, p. 32.

② The Undersecretary of the State Department, Michael Armacost, on the American foreign assistance in Autumn 1985 at the Regional Foreign Policy Conference in Kansas City.

③ Payaslian, Simon, *U. S. Foreign Economic and Military Aid*. p. 29.

衡量发展合作成功与否的关键条件。在里根政府的外援体系中甚至专门建立了私营企业办公室，把研究如何使公有公司私有化当作中心的任务。在对受援国的具体援助条件中，甚至有每年至少援助两个私有化项目的规定。美国为这个 4 年期的私有化一揽子援助项目投入了 2400 万美元。

80 年代的美国外援除了强调和自由市场经济挂钩，促进私人企业以外，还帮助美国企业在海外投资发展。在这个方面美国的外援集中于美国的传统优势领域，如营养、农业、能源、健康和人力资源。美国国际开发署为转让技术项目每年大约花费 2.5 亿美元，大多用在农业（病虫害控制、耕作技术）和健康（降低婴儿死亡率）方面。美国国际开发署支持培训中心、研究机构、合作社、非政府组织和其他组织从事这些工作。

（五）90 年代：新的全球战略

20 世纪 90 年代初，世界格局骤然变化。随着冷战的结束，苏联的解体，以冷战划线，与苏联对峙的一切战略关系和对外政策都需要重新调整，包括美国的对外援助政策。

冷战后美国对外援助政策最先失去的是政治前提：它不需要再和苏联阵营争夺穷朋友，所以对非洲的外援首先受到削减，特别是那些为了战略目的而提供的外援。给巴基斯坦、摩洛哥等国家的双边援助骤减，扎伊尔也悄悄地从美国军事援助的名单上消失。

同时降温的还有美国国会内在对外援助政策上争论。主张削减对外援助的国会议员来自民主和共和两党，他们大都对经济衰退的状况表示不满，都积极主张削减政府财政赤字。在 90 年代初的美国政治空气中弥漫着"和平红利"的气息，使得对外援助成了不讨人喜欢的话题。布什政府高达 3 兆美元的国债和 2185 亿美元财政预算，使得布什不能理直气壮地提出对外援助新政策。当然，美国对中东的援助并没有受到根本的影响，除了和苏联对峙的因素以外，美国国内的犹太人群体有足够的力量迫使美国保持在中东地区强大的存在。

美国的对外援助在 90 年代出现了利益泛化的现象，许多外国利益集团活跃在国会山内外，波兰裔美国人的压力集团不断壮大，巴尔干的动荡又使得美国把 5 亿美元的援款投给了波黑。

到了世纪之交人们发现，冷战的结束并没有给世界带来和平和安宁，地区冲突不断、局部战争频仍。根据瑞典国际和平研究所统计，仅 1998 年就出现了 27 起全球性的冲突：在英国、伊朗、伊拉克、以色列、土耳其、阿富汗、孟加拉、柬埔寨、印度、印度尼西亚、缅甸、菲律宾、斯里兰卡、阿尔及利亚、布隆迪、刚果、塞内加尔、塞拉里昂、苏丹、乌干达、扎伊尔、哥伦比亚、秘鲁、印度、巴基斯坦，都有热战爆发。另外，1999 年 10 月 12 日世界人口突破了"60 亿"大关，这个数字是 40 年前的两倍。世界人口每年都要增加大约 6000 万人，到 2050 年世界人口将要增加到大约 90 亿人，对全世界食品、水和能源造成更大的压力。与此同时，美国作为冷战的赢家，不仅在一段时间内享受了战争的红利，而且利用其在各个方面的优势加剧了全世界的经济剥削，减少了对最穷国的经济援助。1999 年年底，美国国务卿奥尔布赖特敦促国会增加对外交事务的拨款，特别提到了美国需要"平息危机、抵御危险、促进经济和政治制度更多的开放，并且加强法治"。她还说，要回应迫切的人道主义需求，如儿童生存、地雷清理、移民服务和阻止艾滋病的蔓延等。[①]在她关于外援拨款的理由中，"发展"两个字一次也没有提及。从新的战略格局出发，非洲成了美国外援政策最后考虑的对象。[②]

在世纪之交，美国国务院的第二个趋向性的行动是努力获得对双边援助资源的更大控制，从而使双边援助更直接地服务于美国外交战略。例如美国国务院提出，将管理美国对外发展援助的美国国际开发署并入国务院。由于发展援助对于美国不再重要，有些资深国务院官员认为，应当将更多的资源用于美国的全球外交，并且在一些非传统安全，但是对美国的安全密切攸关的"全球性课题"领域，如环境和健康领域进行援助。曾经担任美国国际开发署常务副署长的美国乔治敦大学外交系教授兰开斯特认为，美国外援的未来将有如下重要的发展趋势。

（1）设立大约 4 个与过去不同的目标，例如将维持和平、解决国家间的矛盾和冲突、人道主义援助以及在国外进行人道主义干预作为美国外援的主

---

① *Washington Post*, September 9, 1999.

② Carol Lancaster, *Transforming Foreign Aid*, *United States Assistance in the 21st Century*. Institute for International Economics, Washington, D. C. 2000.

要目标；

（2）设立一些与政治制度和价值观念密切相关的从属目标，例如促进民主、支持发展、帮助经济和政治转型；

（3）回应民众对全球化的不满。

兰开斯特还认为，建立对外援助新范式的基础已经存在。如同旧范式一样，新范式也会服务于美国的利益和价值，只是这些利益和价值已经发生了变化，所以美国的对外援助政策也要发生变化。美国在新时代的利益包括"维持和平"，处理紧急的跨国问题（如国际性疾病感染）等。美国的新价值观包括人道主义援助（人道关怀），对于国外弱势人群的直接援助等。美国的国际政治学者约瑟夫·奈则认为，随着冷战的结束，对于国外利他主义的关注在美国的公众中获得了越来越高的支持率，第一个原因是美国的利益不再直接地受到冷战的威胁，第二个原因是美国的外援可以增加美国的"软力量"，使美国政府和民众的价值观能够通过意识形态的号召力在广泛的领域里享有越来越重要的国际领导能力。①

随着美国外援政策的意识形态化，美国外援决策程序也开始转变。国会在外援目标的确定方面获得了更多的影响力，私利对于美国外援的影响力正在增长，特别是在美国双边援助的领域里。美国越来越有意识地通过对外援助，输出价值观，除了将"安全"诠释为"维和"、"人道主义关注"和"社会康复"以外，还强调全球治理。全球治理扩大了民主化的目标，不将眼界局限于普选权，而是深入社会管理层面，在全球的范围内重新整合社会力量，评估政府，包括中央政府、政府机构和地方政府的作用。对外援助再次成为美国建立国际政治秩序的重要工具。

调整后的美国对外援助政策仍然将是政治驱动的，虽然它已经失去了在冷战时的锚位，不再是遏止共产主义扩展的工具。曾经一度，对外援助在美国失去了它的核心政治选民和多数的支持，因此美国外援的水平一度下降。但是，在美国介入了科索沃战争以后，特别是遭受了"9·11"恐怖主义袭击以后，政策制定者们又重新拾起对外援助的工具。在巴尔干半岛的《稳定与增长公约》中，美国扮演了重要的角色；在"9·11"事件尘埃未定，美

---

① See Joseph Nye, "Redifining the National Interest", *Foreign Affairs*, July/August, 1999.

英飞机正在轰炸阿富汗之际，美国国会重新开始辩论冷战结束后美国撤除对阿富汗的援助是否明智的问题。同时，"后塔利班"时期的对阿富汗、巴基斯坦的援助计划已经在制定之中。

四　作为外交工具的美国对外援助

美国的对外援助政策是美国外交的一个重要组成部分。美国国会外事委员会在 1956 年 11 月 23 日的一份报告中称："看来外援是美国影响其他国家的最有效的非军事工具。"[①]在从第二次世界大战结束到冷战结束的半个世纪里，美国将这个非军事工具运用于美国的对外战略；在 50 年代至 60 年代，美国的对外援助使美国巩固了在西半球的战略地位；在 70 年代到 80 年代，美国通过外援在全球扩展了美国的商业利益和价值观影响力。进入 90 年代以后，美国外援政策又进行了全面的调整，其中包括了输出政治理念和社会价值。美国对外援助分别对美国的双边外交、多边外交和经济外交，以及价值观输出等产生影响。

(一) 双边援助

接受美国外援的国家获得的美国资助从 1000 万美元到 4000 万美元不等，这对中小型的受援国来说可能是一笔巨额的财源，塞尔维亚共和国能为了 5000 万美元的援助承诺，就屈服于美国和西方的压力，把南斯拉夫联盟前总统米罗舍维奇交给国际法庭，而 5000 万美元对于国民生产总值达 10 万亿美元的美国来说只是九牛一毛，它可能带来的商业利益根本就不值得让美国人去考虑它的经济含义。这种力量的悬殊使外援可能成为国际交往中干预别国内政、维持不平等关系的利器。有鉴于此，我们需要了解美国希望利用这个利器达到什么样的对外政策目标。

1. 美国外援的目标体系

现行的美国对外援助政策为自己设立了 6 个主要目标，这些目标即是美国外交所要达到的目标，它们分别是：

---

①　International Development Advisory Board, A New Emphasis on Economic Development Abroad: A Report to the President of the United States on Ways, Means and Reasons for US. Assistance to International Economic Development, Washington: USGPO, 1957, from Ruttan, p. 75.

第一，保证安全。

美国政府认为，提供外援的重要原因是保护美国的安全。这种安全观在冷战时期被界定为"制止共产主义的扩张"。自 1979 年戴维营协定以来，保护国家安全的定义逐渐演化为维持和平。美国将大约每年 20 亿美元的援助投给以色列和埃及，用以刺激和平进程。

享受美国维和援助的还有约旦、塞浦路斯、北爱尔兰等国家。最近，美国的维和援助开始向加沙西海岸、巴尔干地区甚至一些中亚国家转移。在世界上没有任何一个其他国家像美国一样，把地理遥远的国家和地区的事务看作直接关系到美国的国家安全的因素。近年来，维护和平逐渐为一些新名词所替代，例如"危机防御（Crisis prevention）"或"预防性外交（preventive diplomacy）等。美国外援越来越多地被认为具有预防冲突的作用。

第二，促进发展。

美国双边援助的另外一个目标是提高美国对外投资的水平。在基础设施、教育、健康等那些往往被国外投资商认为是没有吸引力的领域里，美国的外援可以起到启动和引导的作用。具体的实施方式是：美国的外援机构为每个受援国单独制定计划，其中包括为受援国确定在经济和战略方面的需求，然后根据这种美国化的计划，注入援助资金，使计划得以实施。为了能够顺利地按照计划行事，美国要求受援者具备扶贫和发展经济的资源、和其他援助组织进行协调的能力以及灵活支配援款的能力。事实上，这些条件如同虚设，因为真正的最穷国很少能够同时满足三个条件，所以美国外援主要是被用作战略工具。冷战结束以后，外援的战略用途突然下降，美国的援助机构就开始注重透明度、责任制和公平性，提倡"人道关注"，帮助弱势群体（儿童、贫困妇女、残疾和战争受害者）和社区，主张为经济社会变革、为解决跨国界问题而提供援助。

第三，跨国问题。

冷战结束以后，在美国出现了一个重新定义"安全"的过程。对美国安全的定义延伸到"生活质量"和"生活方式"领域。环境退化、空气和水污染、生态物种减少、气候变化、臭氧层破坏、传染病跨国扩散等都成为现实的威胁。生活必需品的"短缺"问题，如食物、水和能源，也被认为与美国的安全攸关。根据这样一种安全定义，美国的战略方向必然是全球的。对外援助也就理所当然地服务于这样一种认识。例如，在 2000 年美国财政年度里，国会特批，为制止传染病流行的行动花费 7500 万美元的外援拨款。①

第四，人道主义救济。

美国长期提供干旱、水灾、瘟疫、龙卷风、飓风和台风、地震、大火、火山爆发、泥石流、恐怖主义和内战的援助。这个方面的援助最少受到美国公众的反对，但是在国际上并非没有争议，争议的关节在于美国是通过一些什么样的机构、用什么样的方法进行人道主义救援。例如美国国际开发署里成立了一个"转型首创办公室"（Office of Transition Initiatives OTI），接着世界银行就建立了"后冲突机构"（Post Conflict Unit）。这些机构提供的援助项目包括解散和重新安置战斗人员，支持政治组织和选举，建立有效的司法制度（往往包括审判战争罪犯），以及用世界银行的话来说，为"跳跃启动"（"jump starting"）的经济而提供援助。②这里主要的议题是如何将救济和长期的发展行动相联系，简言之，就是通过援助，用美国和西方的方式建立新的秩序。

第五，政治和经济转型。

在有些地区，以美国方式建立新秩序的努力更加直接和坦率。例如美国外援政策的另外一项目标就是支持前社会主义国家向自由市场和民主的转型。在波兰、捷克、俄罗斯、乌克兰、阿塞拜疆、亚美尼亚、罗马尼亚、匈牙利、哈萨克斯坦等国都有美国的外援项目，这些项目主要包括技术援助、培训私营企业主、培训政党和媒体、鼓励私有化、支持法律法规改革、改善环境、支持非政府组织，以及资助选举等。

第六，民主政治。

支持民主政治的目标与支持政治和经济转型的目标密切相关，因此被单独列为一大目标，可见其被重视的程度。美国的两党，特别是在老布什政府和克林顿政府期间，都强调将促进民主作为美国外援政策的关键目标。1996

---

① The 1998 International Affairs Budget: Supporting America's Global Leadership, address by Ambassador L. Craig Johnstone, US Department of State, Washington, D. C., February 14, 1997.

② See World Bank, "supporting Peace: The World Bank's Role in Post – Conflict Reconstruction", http://www. worldbank. org/html/extdr/backgrd/ibrd/peace. htm.

年，前国家安全顾问托尼·雷克（Tony Lake）称："我们在世界上的特殊角色是保卫、扩大和加强民主国家的共同体。"①克林顿不仅以总统身份宣传"民主和平论"，而且公开表示，民主不仅是手段，也可以是目的。

2. 非体系目标

除了公开的目标体系以外，美国外援还有一些不言而喻的目标，例如促进美国的出口。美国的副国务卿小克里夫特·沃敦（Clifford Wharton）在以他的名字命名的《沃敦报告》中催促："美国应当继续对发展援助和出口促进项目给予强有力的支持，但是发展援助和出口促进项目应当分离。"②美国的双边援助长期以来就与购买美国的产品和服务挂钩，大约80%的美国国际开发署支出都是花费在美国。③

美国双边外援目标体系只是从一个侧面反映了美国对于双边援助这种国际性转移支付的可以明言的期望值。在这些期望值的背后还有美国的不公开的战略利益。对于这些战略利益，共和党人往往比民主党人更加坦率。例如里根任总统的时候，就曾经提出："双边援助计划提供最好的保障，使援助项目能够向美国的纳税人负责，并且真正地与我们的外交政策利益相一致。"④ 此外，从美国双边援助中可以窥见美国在中东地区的地缘政治利益：美国对中东援助的比例大大地超过对其他地区援助的比例，其中军事援助比例又是经济援助比例的两倍。这样一种援助方式只可能在双边的框架下实现。

非体系目标中还有一个重要的成分：以外援为杠杆，实现美国在其他外交场合难以实现的目标，例如通过外援，确立美国的主导地位。1950年的《对外经济援助法》就此进行了非常具体的阐述，它强调，只有当总统确认受援国"能够为援助项目支付合理的配套资金"，能够"提供与项目相关的所有必要信息"，"使项目在受援国获得最高程度的知名度"，"保证有效使

---

① Anthony Lake, "Defining Missions, Setting Deadlines: Meeting New Security Challenges in the Post - Cold War World", March 6, 1966, p. 3.

② 改革美国国际开发署和国际事务预算的工作组：《关于在后冷战时期复兴开发署和对外援助报告》（也称《沃敦报告》），克里夫特·沃敦是该工作组的组长，组员包括美国政府中与外援有关的各部门代表。1993年9月复印件，第8页。报告从未发表。

③ USAID, "Why Foreign Aid", www. info. usaid. gov, p. 2.

④ "1980 Republican Party Platform Text", in Ruttan, p. 364.

用项目提供的技术"，同时"与其他有关国家进行技术信息的互换与转让"，才能向受援国提供援助。如果没有美援作诱饵，上述这些条件在外交场合是不容易被接受的。①

3. 对华援助

在第二次世界大战期间，美国向中国提供过军事援助。第二次世界大战结束后又向中国提供对自然灾害紧急援助。但是到了 1949 年，当中国共产党领导的解放军在解放战争中节节胜利的时候，美国第 81 届国会匆忙于当年 4 月 19 日通过了《公共法 47 条》，在 1948 年《经济合作法》的基础上附加了"通过经济援助，在中国任何一个不在共产党控制的地区内，以总统认定的任何方式、期限和条件"提供援助的条文。自此，美国开始了长达半个多世纪的对台湾的经济和军事援助。

在美国对台湾的援助中，军事援助占了很大的比例。从 1946 年到 1997 年这 51 年中，美国对台湾的经济援助仅占总额的 34%，而军事援助却占到了 66%。

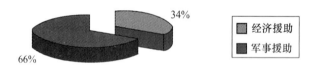

图 3—3　美国对台经援和军援对比

数据来源：*U. S. Overseas Loans and Grants，1945 - 1997*，p. 142。

美国不仅大量地向台湾提供军事援助，而且其中贷款只占到了总量的 14%，而赠款的比重却占到了 86%（见表 3—6）。美国向台湾大量提供赠款，特别是军事援赠款，一则是美国的赠款在美国外援中的比重本来就比较大（贷款和赠款之比是 21%：79%）；二则是因为美国认为，赠款更加容易使受援方遵从援助国的意志，而在台湾的问题上，美国希望台湾跟着自己的指挥棒转。为了达到这个目的，除了向台湾提供大量的军事赠款，以和大陆抗衡以外，美国还注重培养下一代的亲美派。

---

① *US Code Congressional and Administrational News*, 1950, p. 207.

表3—6　　　　　　　　　　美国对台湾援助　　　　　　　单位：百万美元

年　度 项　目	1946—1948 战后救济	1949—1952 马歇尔计划	1953—1961 共同安全法	1962—1997 对外援助法	1946—1997 总额
经济援助	502. 3	467. 8	978. 8	311. 3	2201. 8
贷款	95. 5	—	183. 6	142. 7	391. 2
赠款	406. 8	467. 8	795. 2	168. 6	1810. 6
军事援助	141. 4	275. 3	2060. 2	1893. 9	4360. 4
贷款	—	—	—	551. 2	547. 7
赠款	141. 4	275. 3	2060. 2	1342. 7	3812. 7
援助总额	643. 7	743. 1	3039. 0	2205. 2	6562. 2
贷款	95. 5		183. 6	693. 9	938. 9
赠款	548. 2	743. 1	2855. 4	1511. 3	5623. 3
进出口银行	33.2	—	—	2339. 6	2217. 7

数据来源：*U. S. Overseas Loans and Grants*，*1945 – 1997*，p. 142。

在美国1950年《对外经济援助法》，美国国会外事委员会明言：对华的人道主义援助要通过美国红十字会及其他美国志愿组织来执行，而重点却在于向那些在美国大学中就读的中国公民提供奖学金、生活费、交通费以及紧急医疗费用。当然，在向台湾大量提供军援的背后是美国遏止共产主义的基本国策。美国的政策制定者们宣布，"如果没有美国的外援，许多独立的国家今天都可能已经变成共产主义的傀儡国"。[①] 所以，美国对台湾的援助，就如同美国的其他双边援助一样，其主要目的是作为一种外交工具而服务于美国的全球战略。

（二）多边援助

美国是世界银行和国际货币基金组织的创始者，还是美洲和亚洲发展银行的奠基者和举足轻重的成员。但是它给多边援助机构的拨款仅为美国外援总额的20%左右，远远低于北欧国家的这个比例。

美国对于多边援助组织的拨款虽然比例不高，但是影响力却很大，远远

---

① 　*Foreign Assistance Act*，in：*US Code Congressional and Administrational News*，1961，p. 2476。

超过了它对这些组织的投资和在其中的权数。这种影响力的存在，使得美国在某种程度上在多边组织中可以实行单边主义的政策。

1. 美国与世界银行

美国对世界银行的影响中包含有历史、经济和政治文化等多种因素。首先，成立世界银行的动力来自美国。1941 年，美国政府财政部门就开始筹划建立一个国际性的银行，美国财政部的一个名叫怀特（Harry Dexter White）的顾问提议通过世界性的银行，促进私人资本的国际流动，鼓励各国有效地利用资本。世界银行的启动经费为 100 亿美元，但是当时除了美国之外，很少有其他外国银行参股。所以从 1945 年至 1960 年间，美国一直是世界银行最大的股东。

在这种情况下，美国坚持支持世界银行的动因是什么呢？当时美国财政部长亨利·摩根陶解释得十分清楚：美国的目的是"把世界金融中心从伦敦和华尔街转移到美国财政部，并且在国与国之间建立一种国际金融新概念"。① 所以，美国的动机是通过建立世界银行，确立由美国政府主导的世界金融体系。②

美国从一开始就把世界银行这个国际组织作为它的外交政策工具，并利用多种渠道影响世界银行的决策，服务于美国的长期战略。美国在世界银行的执行董事和管理层中有很深的影响力，除了因为美国是世界银行最大的股东以外，还有其他许多综合的原因。

首先，世界银行的主席人选由美国政府提名产生。美国不仅长期占据着世界银行主席（董事长）的职位，而且不断地要求世行任命美国公民担任管理职务。③如果单从世界银行的组织结构来看，世界银行中共有 24 名主任，其中一位由美国政府委派，所以，美国在部门主任中的权数只占到 1/24。但是在 24 名各国主任中间取得一致意见是非常困难的，所以工作程序起到相当大的作用。工作程序由工作人员操作，而在世界银行的 1 万名工作人员中，有 25% 是美国人。不仅如此，其他国籍的世界银行工作人员大都也是

---

① Catherine Gwin, *U. S. Relations with the World Bank* 1945 - 1992, Brookings Occasional Paper, 1994, p. 76.

② Ruttan, *United States Development Assistance Policy*, p. 348.

③ Catherine Gwin, *U. S. Relations with the World Bank1945 - 1992*, p. 54.

美国高等院校的毕业生。因此，美国在世界银行这种多边组织中的力量就不能够仅仅靠投票权数来评估了。如果从人员结构来看，世界银行的领导作风、机构发展哲学、选录工作人员的标准都是由美国确立的。

其次，美国当时是世界上最广阔的市场，只要美国威胁拒绝哪个国家的商品进入美国，世界银行对那个国家的发展援助就可能失败。所以美国的态度直接地影响到世行的政策制定与实施。而且美国的资本市场对于世界银行资金的再运作也具有巨大的影响力。

此外，世界银行总部设在美国首都，这就给美国政府和国会关注并干涉世界银行的决策带来了更大的方便。而且，华盛顿特区的社会和政治文化可以通过各种传播渠道，对于世界银行内部的文化产生着潜移默化的影响。

为了使世界银行这种多边机制避免受到其他成员国的影响，美国在一开始就规定，"银行和它的官员不应干预其他成员的政治事务，反过来也不应当在制定政策的时候受到相关成员国的政治特性的影响。他们在决策的时候只应当考虑经济因素，而且这些考虑应当是中立的"。[①] 这种原则的出发点是确立美国作为世界银行唯一政策制定者的地位，但是世界银行后来的发展证明，中立原则并不总是和美国的利益一致。

初期的世界银行有两个重要的使命：重建和发展，但是欧洲的重建需要很大的财力，而世界银行没有能力负担，于是美国又另外启动了《马歇尔计划》，将支持欧洲重建的工作归入双边援助的范畴。这样一来，世界银行的使命比较确定地定为"发展"。1951 年，杜鲁门任命了一个美国专家顾问团，提出为了实现"第四点计划"，需要建立一系列的国际合作组织。于是国际金融合作公司于 1956 年建立，国际发展协会于 1960 年建立，世界银行增添了双翼。而美国在这两个机构中的份额分别是 17% 和 20%，占据着支配的地位。

世界银行系统配合"第四点计划"从事发展中国家的工作，主要是通过增加农业生产，实现工业贸易自由化，阻止苏联周边地区的国家和苏联结

---

① US Department of State, *Proceedings and Documents of the United Nations Monetary and Financial Conference*, *Bretton Woods*, *New Hampshire*, July 1 – 22, 1944, Washington：USGPO. 1946, I：88, in Ruttan, p. 348.

盟。① 1961 年，肯尼迪政府加强对外援助，强调通过对发展中国家的财政转移，增强发展中国家的自我增长能力，促进民主框架下的经济增长和社会稳定，其中包含着明显的战略目的。

从 1960 年到 1970 年间，美国成功地阻止了世界银行实施一批可能与美国的私利有冲突的借贷项目，特别是在拉丁美洲的项目。例如，1969 年秘鲁将私营石油公司国有化以后，世界银行在美国的强大压力下减少了给秘鲁的贷款。当然，美国在对世界银行施压的过程中并不总是成功的，例如它没有能够阻止世界银行对圭亚那的援助。

世界银行的些许离心倾向就已经引起了美国政府的不满。1972 年尼克松提出："我们国家的经济利益迄今尚未在国际决策中得到足够的重视。由此看来，过去美国无条件地接受的财政和其他负担将不会再自动地根据同一个基础而被接受。"② 美国政府对世界银行异化倾向的担忧并没有引起世界银行内部同样的重视。发展经济开始替代国际政治在世行内成为重要依据。世行主席麦克纳马拉在 1973 年提出，应将世界银行的资源直接地用于最穷国农村贫困人口的生产和福利。这种导向在美国国会和一部分赞成关注人类需求的美国选民中得到了强烈的支持，但是当时的美国财政部却表示怀疑。

美国政府的一个强有力的配合力量是美国国会，为了使有利于美国国家利益的援助方案在美国国会得到通过，并且给美国反对的项目施加压力，有些问题就要政治化。世界银行本身的原则是非政治化，此时美国却首先打破了这一原则。20 世纪 70 年代的美国国会常常就世界银行的援助项目发表反对意见，特别是批评对印度以及 5 个社会主义国家的援助。1976 年至 1980 年，国会通过了数项决议，反对世界银行在发展中国家开发可能与美国产品形成竞争的发展项目。1977 年，美国国会又通过立法，明确反对世界银行资助棕榈油、柑橘类果树、农作物和糖的生产。1978 年，美国国会更明确地指示在世界银行任职的美方主任级官员们，要求他们凡是遇到世行向生产

---

① Catherine Gwin, *U. S. Relations with the World Bank* 1945 – 1992, pp. 11、13.

② National Advisory Council on International Monetary and Fiscal Policies, *Annual Report to the President and to the Congress*, Washington：USGPO, 1972, p. 12.

出口商品的发展项目提供贷款的动议，就投反对票。当然，这里的出口商品主要是指在世界市场上已经过剩的矿产品，或可能危及美国厂家的产品。[1]这个传统的延续使得中国西部发展项目受到了西藏问题的影响，而喀麦隆管道项目也受到了政治影响。

但是从 70 年代开始，美国在世界银行内调动其他成员国追随美国意愿的力量有所衰弱。随着美国在世界经济中百分比的降低，卡特政府有意识地邀请其他工业国家在向世行提供资金方面与美国合作，这样一来，美国在世行里的影响力也就随之进一步下降。

世界银行的发展战略转向支持在最穷国实施扶贫项目，这种导向引起了美国在 80 年代对世界银行日益尖锐和频繁的批评，甚至抵制。里根的过渡班子中负责外援事务的传统基金会主席小艾德文·傅尔纳（Edwin Feulner）尖锐地批评麦克纳马拉时代的世界银行。里根的第一任管理与预算办公室主任戴维·斯道克曼（David Stockman）则认为，世界银行是第三世界社会主义学说的追随者。[2]右翼对世界银行的批评包括了：

（1）以福利代替发展；

（2）偏向国有企业而忽略私营企业；

（3）关注项目而漠视借贷者的经济政策；

（4）不加批评地接受国家发展主题。[3]

此时的里根政府和国会都认为，像世界银行这样的多边财政机构已经逐渐地摆脱了美国影响，美国对于世界银行的支持也应随之减少。于是美国政府撤回了提供给国际发展协会的资金，对于其他多边发展银行的政策也受到了审查。1982 年，美国财政部组织关于"80 年代美国对于多边发展银行的参与"的研究，成为日后美国对多边援助政策的指导性文件。该报告强调了多边发展银行无助于实现美国利益，倡导进行以下的改革。

---

① House Committee on Foreign Affairs, *Congress & Foreign Policy*, 1977 (1978) &1978 (1979). Gwin, p. 31.

② Clyde H. Harnsworth, "Bank of America's Chief Chosen by Carter To Head World Bank", *New York Times*, October 31, 1980.

③ Doug Brandow, "What's Still Wrong with the World Bank?", *Orbus* 33 (Winter 1989), p. 76, in Ruttan, p. 376.

（1）优先考虑信贷对于实现借贷目标的作用；

（2）通过裁员和调整工资，建立一个更加有效的机构；

（3）与债务国谈判一个合理的框架，从而使私营部门和外国投资者能够发展；

（4）致力于使债权者向其他财政来源求助，探讨和私营银行融资的可能。

美国政策的这一改变导致了80年代世界银行从"分配"导向到"结构调整"导向的转移，[①] 并且通过世界银行的援助政策，进一步影响了发展中世界向自由市场经济的靠拢。与此同时，美国政府削减了对世界银行的捐款。[②]

世界银行的很多工作人员都认为，美国对世行干预过多，而美国国会却认为美国对世行的影响力太小。这是因为双方对世界银行的期望不一样。一般来说，世行的工作人员从发展的角度来评判，而美国国会则从美国利益的角度出发来评判，出发点不同，结论自然就南辕北辙了。世界银行内负责对外关系的官员约翰·唐纳森（John Donaldson）说，"美国推动我们向着为发展提供政策指导的方向发展"。[③] 美国国会经常不情愿支持多边援助组织，因为它们往往不受美国的控制。世界银行的工作方式是协商、谈判和妥协。政策制定者要听取各个方面的意见，要关注长期发展目标，特别是受援国的发展战略。由于各种原因，美国在世界银行内的声音最大，而且不仅是声音，美国的国会议员经常联名写信给沃尔芬森，对他施加影响。

事实上，有着不同哲学信念的美国总统都支持世界银行，但也都试图把他们自己的信念强加给世行：克林顿要劳工标准，里根则要私营企业。所以，美国对世界银行这个多边援助机构的影响也是复杂、多方面，有时是相互抵触或矛盾的。这是因为来自美国的影响往往是多方面的，有的出于长期的外交战略考虑，有些则出于对短期的经济利益的关注。因此解读美国政策本身就是一件十分困难的事情。

---

① Ruttan, *United States Development Assistance Policy*, p. 372.

② *Congressional Quarterly*, 25 December 1982, pp. 3113 – 3114.

③ 根据2000年3月的访谈。

从总体上来看，世界银行服务于美国的多边外交。世界银行曾经在美国的带领下，向印度和拉美的"进步联盟"提供援助，曾经根据"华盛顿共识"（Washington Consensus）援助了波兰、捷克和等前社会主义国家。美国强调基本人类需求的时候，世界银行紧随其后；美国强调以政策为基础的借贷，多边援助组织坚决实施；当美国希望世界变成一个自由经济的大市场时，世界银行政出一辙；美国开始变得对环境问题表示关注，世界银行又是身体力行。世界银行不断地受到来自美国左翼和右翼两个方面的批评，左翼认为，多边银行只为美国的经济和政治利益服务，而右翼则认为，多边银行损害美国的利益。[①] 但是，这些批评，包括 2000 年喧嚣一时的要求大幅度削减世界银行的《麦尔茨报告》都没有能够从根本上动摇美国在世界银行中的地位和美国对世界银行的支持与利用。

2. 美国与联合国

联合国目前有 16 个专业机构和 23 个志愿计划和基金，专业机构的领导由领导层选举产生，而志愿机构和基金会的领导则由联合国代表大会根据秘书长的提名，从副秘书长中选举产生。联合国儿童基金会根据其执委会的推荐，由联合国秘书长任命。一般来说，专业机构都比较独立，而志愿机构在联合国内的独立性就没有那么强。

和世界银行比较起来，相对独立的组织机构使得联合国的各专业机构比较能够自作主张，也敢于和美国唱反调，因此，美国对于联合国的支持就要大打折扣。早在 70 年代，美国对联合国的态度就发生了变化。随着中国恢复了在联合国的合法地位，第三世界国家在联合国作用的增强，美国开始将联合国看成一个危险的地方，一个对美国的主权有威胁的地方。[②]此后，美国退出了联合国教科文卫组织（1984 年），在整个 80 年代拖欠应交给国际劳工组织，以及其他一些联合国机构的会费，有时甚至扮演一种不讲道理的角色。

在拖欠会费的问题上，美国政府和国会态度一致。美国国务卿舒尔茨非常明确地声明：美国国会通过决议，要求美国政府拖欠会费，原因是联合国

---

① 　Ruttan, *United States Development Assistance Policy*, p. 377.

② 　Vernon W. Ruttan, *United States Development Assistance Policy*, p. 433.

及其专业组织"在制定它们的预算时没有足够地注意这些预算的主要资金提供国的意见"。[1]

在对待联合国的问题上，美国政府和国会配合默契。它们一方面摆出一副非常重视联合国的姿态；另一方面又大幅度地削减对联合国的援助预算，不惜在国际场合把美国置于难堪的境地。在里根政府时代，美国驻联合国前任大使（这里指克派特里克女士 Jeane Kirkpatrick）大谈"联合国论坛"及其机构的重要性，说美国希望利用这个工具为自己的利益服务，而美国国会则以国际组织机构膨胀和冗员过多、工资过高、效率过低以及太不注意付款人的利益为由，削减对联合国专业组织的资金投入。美国国会提出，不能理解为什么美国应当提供 25% 的联合国经费，但是只有一票的发言权，而且美国的动议常常会被不缴费的国家否决。美国政府则支持削减联合国的开支，甚至在削减联合国开支方面比国会更加坚决。

美国对联合国的基本态度定型于尼克松时代。尼克松政府认为，多边援助机构应当成为发展援助最主要的渠道，而双边援助才能最好地体现国家利益。根据这种后来被称为"尼克松主义"的观念，美国将双边援助用于促进盟国和友国的防卫和发展，同时要求盟国和友国具体地参与设计全球的各种发展工作。这种分工，或"杠杆作用"，使美国确信，它在多边发展组织中的战略方针已经获得了实施。因此，美国对联合国开发计划署的捐款在 80 年代一路下滑，一直下降到 90 年代的不足 10%。[2]

3. 多边关系中的单边利益

如前所述，美国对于多边援助机构的态度是矛盾的。美国是多边援助的倡导者和创始者，但是，随着多边组织自身的发展和美国在其中地位和作用的变化，美国对多边援助组织的态度和政策也发生了变化。这些变化的依据是多边援助组织在多大程度上满足美国自身的利益。美国积极地利用多边援助组织的主要原因在于多边援助的资金实力大大地高于美国的单边能力，用有限的经济资源作为杠杆，启动更多的资金为美国的战略和经济利

---

①　George Shultz, "Subject: U. S. Discussion Paper on Kassebaum Amedment and Gramm – Rudman – Hollings Legislation for Geneva Group Consultative Level Meeting, March 20 –21, 1986", in Ruttan, p. 386.

②　U. S. Senate, *U. S. Contributions to Multilateral Development Banks and International Organizations Hearings*, 97th Cong. , 1st Session st Session, Washington: USGPO, 21 April 1981, p. 21.

益服务，这个论点长期支撑着美国对外多边援助政策。从战略上看，世界银行长期地援助那些对美国具有重要战略意义的国家，如：菲律宾、埃及、土耳其、摩洛哥、突尼斯、墨西哥、阿根廷、印度尼西亚和巴西。从这个意义上讲，国际多边援助体系的确对美国利益的实现起到了补充和支持的作用。

为了使美国的单边利益在多边援助中得到更大的体现，美国也致力于在多边援助政策机制中与其他援助国进行协调。美国支持经合组织发展委员会关于在援助国之间密切磋商的共识。自从 1980 年起，美国尝试与西方的援助国合作，合作的层次包括：

（1）通过美国国际开发署的驻外机构在当地进行协调。

（2）在国际开发署总部分别对口磋商，如与德国联邦经济合作与发展合作部就对埃及的措施进行磋商。

（3）在美国国际开发署的最高层进行磋商，在联邦德国的问题上，在开发署署长和经合部部长之间有正式的磋商机制。

（4）在美国国务院和援助国外长或政府安全顾问之间有区域磋商机制。

（5）在政府首脑的层面上磋商。

多边援助对于美国的实惠不仅是战略上的，而且是经济上的。到 1992 年中为止，美国向世界银行系统中最重要的援助机构"国际发展协会"（IDA）支付了贷款总额（710.65 亿美元）的 25%（180.82 亿美元），为数十分可观。但是，美国从世界银行得到的经济实惠却大于它的贡献。它从整个世行的采购中获得 260.61 亿美元的生意，世行向美国的债券持有者支付了 201.7 亿美元的利息，世行在美国支出的管理费用达到 109.48 亿美元。[①]两者相抵，美国的经济收益远远大于支出。就整个多边援助而言，美国提供给多边组织的经费有 70% 以上花费在美国境内。[②]

关于美国在多边援助中获得的单边利益，美国国会共和党议员亚米·麦克科尔米克（Jamie McCormick）的回答非常直白："世行位于华盛顿特区，

---

① Catherine Gwin, , *U. S. Relations with the World Bank 1945 - 1992*, pp. 86 - 87.

② *IMF and World Bank*：*U. S. Contributions and Agency Budgets*, varies years. Congress Research Service, Congress Library.

它反映了我们的思想。我们花费的每一个美元，我们都希望获得另外 10 个美元或 11 个美元的配套。我们帮助制定世行的指导方针。美国在世界银行中很有势力，我们提供贷款指导原则，我们倾向于改革。如果有国家需要援助，国会总是提出附加条件。在美国，国会考虑援助的主题，非政府组织确保对话、透明度和责任。"①

为了更有效地在多边援助机制中实现美国的利益，美国还于 1988 年 2 月 23 日启动了一项新的政策：它把多边组织分为四档。第一档的组织对于美国具有战略意义，它们得到美国的全力资助（如北约、国际贸易组织）；第二档组织一般来说也可以得到美国的全额资助（如经合发组织、国际核能组织、国际卫生组织和国际民用航空组织等）；第三档组织（如美国州际组织、泛美卫生组织、国际劳工组织和联合国工业发展组织等）由于具有一定的独立性，所以美国只肯拨付应缴会费的 85%；第四档组织是被美国认为"不太负责任"的组织（如食品和农业组织），美国只愿意支付最高 75% 的应缴费用。这当然也与美国的国内财政状况相关。1985 年的美国"平衡预算和紧急赤字控制法案"设计了政府赤字上限和零预算增长目标，这个政策笼罩了整个美国的外援政策。在 80 年代后期，美国拖欠联合国的会费从 1985 年的 900 万美元上升至 1991 年的 5.9 亿美元。

五 结束语

美国对外援助政策首先是一个战略工具。从杜鲁门发表"第四点计划"时起，美国的对外援助政策就被确定为战略性的，其战略目标是遏止苏联的扩张，是"美国冷战政策的一个工具"。② 在冷战初期，美国外援服务于巩固西方阵营，遏制苏联共产主义在全球的蔓延。到了 70—80 年代，美国又利用外援扩大美国在发展中世界的影响力，推行美国的自由市场经济，以及与之相关的价值观念。在冷战结束以后，美国政府又试图以外援来解决全球性问题、地区冲突问题以及美国的全球领导地位问题。具体地说，通过外援

---

① 根据 2000 年 3 月笔者在华盛顿的电话采访。

② Robert Bendiner, "Point Four—Still the Great Basic Hope", *New York Times*, 1 April 1951, Paul Kennedy, "Concept and Scope of Point 4 Viewed as Undergoing Shift", *New York Times*, 24 September 1953.

来实现的美国战略可以分为安全战略、经济战略和形象战略。

（一）安全战略

美国政策制定者们根据战略的需要分配他们的对外援助资源，这个原则一直没有改变。在杜鲁门时代，美国用 4 亿美元的经济援助和军事援助消除苏联在希腊和土耳其的影响。[①]在整个冷战时期，杜鲁门除了欧洲以外，还支持所有的"友好的暴君"，如中国台湾的蒋介石、越南的李承晚和韩国的朴正熙。华盛顿以地缘政治、意识形态和国家安全的需要为这种对外援助正名。所以海外发展委员会批评美国的援外项目是"为军事的和短期的安全考虑所左右"。[②]

冷战结束以后，安全需要仍然是美国外援的主要动力。非洲的战略地位随着冷战的结束而减弱，结果对非洲的外援就被看作"老鼠洞"（无底洞）。美国人迅速调整战略，减少或取消对扎伊尔、利比亚、苏丹和索马里的援助。当美国人还在享受"和平红利"的时候，迪克·钱尼提醒说："五年以后，不知道谁会在控制前苏联的核武库？"这句话使得美国国会于 1991 年11 月通过了决议，从五角大楼预算中拨出 4 亿美元援助克里姆林宫，用于销毁一些核武器，另外又拨出 1 亿美元，用于迟迟不兑现的对俄罗斯的人道主义援助。[③]

后冷战时期的安全定义泛化了。这里主要的原因是在一些国家中，政府出现了分裂动荡和弱化的趋势。失去政府强有力管理的国家出现了社会动荡、人口外流、环境恶化、疾病蔓延、武器扩散、犯罪频繁等现象，这些现象不可避免产生了超出国界的影响。冷战的赢家此时发现，政府弱化的主权国家内出现的社会问题对整个发达世界产生了不利的影响，因此重新定义了安全观念，将安全范畴扩大到环境、移民、跨国犯罪等许多领域，并且试图通过武力干预和提供援助，并附加以援助国的价值观和治理方式，去重新治理被它们打垮了的国家，因此必然要求打破传统的国家主权不可侵犯的观

---

① Simon Payaslian, *U. S. Foreign Economic and Military Aid*. University Press of America, 1996, p. 18.

② John W. Sewell and Christine E. Contee, "Foreign Aid and Gramm – Rudman", *Foreign Affairs*, 65, No. 5, 1987.

③ " $500 Million Approved for Soviet Aid", *CQ Almanac 1991*, pp. 468 – 469, from Payaslian, *U. S. Foreign Economic and Military Aid*, pp. 70 – 71.

念，把建立政治和社会秩序的功能和程序从西方一直延伸到受援国的基层。与此同时，美国援外机构下放，授予驻外机构以和其他援助国合作的广泛权力，以适应深入受援国社会基层的要求。

（二）经济战略

美国对外援助的主要目的是实现其战略目标，而非经贸利益。美国认为，把官方发展援助当作一种出口资助的工具其实有害于出口，因此要求严厉限制利用发展援助作为发展经贸关系的杠杆。美国的外援多数是赠款，这就加强了美国在受援国使用援助资金方面的主导作用。例如美国要求在受援国中派驻代表，并且通过这些代表加强美国在当地的影响，促进美国和受援国的政府与私营部门的合作。受援国需要美国的无偿援助，所以比较容易接受美国开出的条件。

尽管如此，美国从来就没有完全放弃"捆绑性援助"。美国的对外援助法规定，对外援助应当不仅用于达到外交政策和安全政策的目标，同时还应当保护美国的经济利益。所以，除了最穷国，所有的美国经济援助都有捆绑条件，受援者都必须购买美国的产品。

除了购买产品方面的条件以外，美国的对外援助法还规定受援方提供证据，证明其愿意实行"正确的"政策。所谓正确的政策是指经济增长政策、自由贸易政策和促进私营部门发展的政策。换句话说，美国对外援助的长期目标包括了在全世界发展自由市场经济，其根本目的是扩大全球市场，其对发展中国家的援助取决于受援国对美国经济利益的"开放程度"。①

当然，对于美国外援的经济战略是有争议的。有人认为，用外援资金在美国市场上购买商品，会造成通货膨胀的后果。至于美国外援是否可以帮助拓展美国产品的海外市场，他认为，美国的内部市场很大，从来就不应当谋求在海外的竞争力。② 美国对外援助全国委员会主席瓦尔特·哈尔尼施菲格曾经非常激烈地抨击美国的外援政策，指责政府给"纺织品……赋予了过多

---

① Steven J. Rosen, "The Open Door Imperative and US Foreign Policy", in Rosen & James Kurth, ed., *Testing Theories of Economic Imperialism*, Lexington: 1974, pp. 135 – 136.

② Testimony of T. Coleman Andrews, General Bonner Fellers, and Dr. Elgin Groseclose, 21 June 1961, *House Hearings*, pp. 735 – 782.

的外交政策负担"。①

（三）形象战略

美国的对外援助政策有对外和对内营造美国形象的双重作用，但是更加注重对内的形象塑造。美国的一些智囊人物认为，帮助穷国是最能够鼓舞美国人心的政策。例如美国可以把苏联共产主义说成"丑恶"，从而张扬美国的价值观，把民主公式化为"善良"，把美国说成在世界传播民主与人权的"伟大民族"。② 这种信念、这种用意识形态正名对外援助的做法，固然可以提高美国人的认同感和凝聚力，但并不总是宽容的。

长期的道德宣传使得很多的美国人都相信，美国作为一个伟大民族的国家，天生就代表了人道主义的伦理道德原则，并且具有慈悲的倾向。他们趋向于保持和谐的国际环境，在国际冲突中挺身而出，而且无私地提供援助。所以，对于普通的美国人来说，外援是美国良好愿望的体现和促进良好关系的努力。③

在对外功能方面，美国作为援助大国通常设立标准和原则，要求其他援助国加以仿效，例如美国的对外援助法案规定，官方发展援助不仅仅服务于全球的安全战略，而且还要用于发展人道和民主的基础，并且将发展中国家纳入世界经济体系。美国于是就努力使世界相信，它的发展合作项目主要用于最穷国，它的援助重点领域是农业和社会发展。美国不需要向工业领域投放发展援助资金，应当让市场和私营企业去发展工业。美国外援的决策者们宣称，在世界上"保护人的尊严和扩展自由"最有利于"维护美国的自由制度"。为了达到这个目的，美国支持了外国人改善生活条件的努力。④

美国通过外援确立了一个对外形象，虽然这个形象是非常复杂的，包括了对于"友好暴君"的支持和高程度的"联系政府采购"，但是自80年代来自苏联的威胁降低以来，美国对形象的塑造越来越有一定之规，从80年

---

① Walter Harnischfeger and A. G. Heinshohn testimony, Robert T. Stevens testimony, 20 June 1961, *Senate Hearings*, pp. 898 – 914, 909. From Ruttan, p. 84.

② James M. McCormick, *American Foreign Policy and American Values*, Itasca, IL: F. E. Peacock Publishers, 1985, pp. 52 – 54.

③ David Halloran Lumsdaine, *Moral Vision in International Politics. The Foreign Aid Regime*, 1949 – 1988, Princeton University Press, 1993.

④ *Foreign Assistance Act*, in *US Code Congressional and Administrational News*, 1961, p. 2475.

代"自由市场的保护神",发展到 90 年代以后的"人权与民主的卫士",尽管许多国家和人民对于这个形象还是有所保留的。例如西蒙·帕亚斯里安提出了美国外援动力的八个假设,① 其中包括人权标准,然后用美国提供援助的事实加以量化的分析。② 结果显示,至少在冷战结束以前,所谓人权标准是虚张声势的形象战略。在国际因素中的地缘政治,在国内因素中的财政预算因素,以及意识形态倾向和政策连续性仍然占主要地位。③

当然,冷战结束以后,随着主要传统安全威胁的消失,美国会更加注重利用外援,实施它的形象战略,与此相应也会更加强调人权、民主等外援条件。

进入 21 世纪以后,外援仍然是美国外交政策工具箱中的一个重要而且是有效的工具。它负有保障美国安全、维护美国经济利益和营造美国形象的使命,而且与冷战结束前不同,由于来自社会主义阵营竞争的消失,来自西方阵营的外援就成了世界上几乎唯一重要的经济援助来源。只要美国在外援政策上和欧洲协调一致,就可以几乎为所欲为。正是出于这个原因,美国在世纪之交的几次国际冲突中交替运用武力威慑和经济援助,屡屡得手,没有制约。当然,无论是武力威慑,还是经济援助,还是胡萝卜加大棒,两手并用,都不能永远地保持美国世界霸主的地位。至少,美国作为世界上援助第一大国的地位已经动摇。欧洲联盟及其成员国在世界外援中的份额已经过半。美国领导外援原则与方式的时代也将随之成为历史。

---

① 八个假设为:假设一:美国在受援国的地缘政治利益越大,给那个国家的经济和军事援助就可能越多。假设二:资本主义国家更可能受到美国援助。假设三:美国的经济利益在受援国越大,美国向那个国家提供援助的可能性就越大。假设四:受援国违反人权的记录会影响美国对那个国家的援助。假设五:受援国越是需要援助,美国越是可能性提供援助。假设六:媒体越是报道受援国违反人权的状况,美国提供的援助就越少。假设七:一个财政年度的预算越宽余,美国提供援助的力度就越大。假设八:前一个财政年度规定的受援数量形成刚性。

② 量化的过程很复杂,先要算出受援国各自不同变量的系数,再将不同年度的系数合成。见 Simon Payaslian, *U. S. Foreign Economic and Military Aid.*, p. 200.

③ Simon Payaslian, *U. S. Foreign Economic and Military Aid.*, pp. 120 – 155.

第四章

欧洲共同体/欧盟的对外援助

关于欧洲共同体/欧盟对外援助，中外学者都有专文研讨。这里不揣周折，补充这一新章，主要原因有三：一是欧共体外援不仅有与其他援助方不同的历史渊源，而且在政策、体制和方法等方面别具一格，值得特别关注；二是因为这部以"外援"为主题的书札里收录了我对中国、美国、苏联、瑞典等国外援的观察，却缺少了对提供了全世界一半以上国际援助的欧盟及其成员国的分析，这未免是一种遗憾，甚至是疏漏；此外，我虽然没有直接撰写过有关欧共体外援的论文，[①] 但是却收集了不少相关资料，所以也想借此机会了却一个小小的心愿，用较短的时间简单地概括并提炼一下我对欧共体/欧盟对外援助（或欧洲援助）的初步理解。在这一章里我将重点讨论几个问题：什么是欧共体援助？欧共体为什么提供援助？欧共体如何提供援助？以及目前有关欧共体援助的几个重要议题。

一 什么是欧共体/欧盟援助

对于欧共体/欧盟援助有两种不同的理解：一是将欧盟委员会直接提供的援助与欧盟成员国分别提供的对外援助额相加，得出的数量占到全世界外援总额的55%左右；二是只计算由欧盟委员会直接提供的对外援助，年均支出大约170亿美元，单凭这部分支出就足以使欧盟占据世界第五大援助方的位置。如果算上欧盟对各成员国对外援助政策的影响力和整合度，欧盟援助的作用远远超出其实际支出数额。不过，我在这里仅讨论一下由欧盟机构

---

① 在《对外援助与国际关系》（周弘主编，中国社会科学出版社2002年版）一书中，我的同事邝杨撰写了"欧共体的对外援助：演化趋势与主要特征"一章。

直接提供的外援，如果要加上欧盟成员国的双边援助，就会大大超出我个人的能力和本章的篇幅。

（一）欧共体对外援助的源起

目前的"欧盟援助"（又译："欧洲援助"Europe Aid）概念是欧盟于2011年在整合了"发展与合作总司"和"欧洲援助办公室"的基础上重新定义的。"欧洲援助"的概念有很长的历史纵深和丰富的传统积淀，它起源于欧共体初建的20世纪50年代，随欧洲一体化的不断扩大和深化而发展演变。在半个多世纪的历史变迁中，不仅生动地折射出欧共体/欧盟与发展中世界之间关系的发展变化，还十分具体地体现了欧共体/欧盟与其成员国在对外关系领域里错综复杂的权利和责任关系及其变化。

一般来讲，对外援助是一种国家的对外行为。美国的"马歇尔计划"就充分地体现了美国的国家作用和意志。第二次世界大战结束以后，西部欧洲在马歇尔计划的援助下迅速恢复了经济并重建了自由市场。到了20世纪50年代，西欧国家开始面临一些新的国际问题，例如怎样永久性地解决德国重新崛起的问题，如何应对第二次世界大战后欧洲前殖民地风起云涌的民族独立运动问题等。由于各种因素的共同促动，法、德、意、比、荷、卢等国在美国的赞同下，于1951年建立了超国家的煤钢共同体，在煤钢共同体取得了巨大的市场成功以后，于1957年签署了正式建立欧洲共同体的《罗马条约》，而这一条约也为欧洲解决与前殖民地的关系提供了一条新的道路。

《罗马条约》的签署国（法、德、意、比、荷、卢）协议在已有的超国家体制（如煤钢共同体、原子能共同体）基础上进一步建立统一的大市场，这就牵涉到欧洲经济共同体如何将一些成员国与其前殖民地及附属国之间的特殊经济贸易关系纳入共同市场框架的问题。《罗马条约》提出，在法国、比利时、荷兰和意大利的前殖民地与自治领（即所谓"海外国家和领地"）"与作为一个整体的共同体之间建立紧密的经济关系"，① 将法国与前殖民地国家原有的"联系制度"变为一种"联系国制度"。比、法、意、荷等拥有海外殖民地的欧共体成员国将各自的海外殖民地关系转移给欧洲共同体共享，共同体则制定了涵盖对等互惠贸易、发展援助等在内的特殊"联系制

---

① 《罗马条约》第4条，第131—136款，http：//www. hri. org/docs/Rome57/index. html。

度"。这种制度后来几经更新、部分修改,但是基本特征并未真正褪色,基本目标是在打通欧共体成员国市场的同时,打通与这些成员国的前殖民地和附属国之间的市场,形成欧洲规则广泛运行的,沟通南北方的大市场。为了维护这种制度,共同体向联系国提供经济援助和援助性贷款。

《罗马条约》中有关欧共体对外援助的条款受到欧洲多种利益和观念的共同作用和影响。在早期,影响欧共体外援的主要思想观念包括了保守主义、欧洲社会主义和社会基督主义以及欧洲共产主义等思潮,它们不仅相互矛盾,而且相互制约,例如欧洲社会主义者认为,欧洲因其殖民主义历史而有负于殖民地人民,欧共体对外援助应当体现人道主义和社会团结的精神,但是欧洲保守主义流派并不认为殖民主义是一种罪恶,而是从欧洲中心主义的角度把殖民主义扩张看作欧洲民族力量发展的一种历史和时空表现,而欧洲共产主义则在意识形态方面坚决反对殖民主义思想,支持殖民地人民的民族独立运动和民族解放战争。典型的观点包括:"依附论",主张发展中国家作为残缺不全的"外围经济体"依附具有生命力的北方国家经济体;"脱钩论",主张发展中国家调动本国发展资源,在发展中国家之间实现密切合作和集体的自力更生。但是这些主张缺乏主体依托,而当时最有实力的国际行为主体是主权国家,特别是发达的北方国家,在对外援助观念领域里起主导作用的是欧洲保守主义,在外援政策方面欧洲保守主义关心的核心问题是如何在民族独立和民族解放时代保持欧洲的海外利益。此外,由于欧洲共同体国家在海外的利益不同,所以欧共体的主要大国在外援的方式和思路方面显示出差异,法国的"联系主义"主张在法国和法属非洲殖民地之间保持特殊关系,而德国的"合作主义"则主张在欧洲和前殖民地之间促进经济联系。

"联系主义"是法国总统戴高乐在第二次世界大战结束以后提出的一系列在法国和法属非洲殖民地之间维持特殊关系的制度。到了20世纪60年代,风起云涌的非洲人民解放运动导致法国"联系"的各殖民领地纷纷要求政治独立,但是由于这些国家在经济上远未独立,所以还继续保持着与法国的特殊经济联系。欧洲共同体成立之初,成员国决定将经济贸易权力转移给共同体。在讨论转移权力的过程中出现了欧共体成员国海外领地的利益问题,因为除了联邦德国以外,当时其他欧洲共同体成员国都是殖民地宗主国，有些国家（如法国）拥有巨大的海外利益。法国明确提出要保护其在非洲殖民地的市场和资源利益，只有在不动摇法国既得利益的条件下，其他欧共体成员国才能分享法属殖民地的市场。此外，法国要求前法属殖民地的产品要自由地进入欧共体市场，而欧共体成员要共同承担对法属前殖民地的经济援助责任。这就是体现在欧共体早期外援政策领域里的法国"联系主义"方案。[①]

当时德国和荷兰由于没有海外领地，发展援助政策更加开放，一方面有意通过欧共体分享法国前殖民地的市场，另一方面又不想拘泥于援助非洲，热衷于"援助为发展合作和外交政策服务"的理念。最后经过磋商，法、意等国同意放弃与海外殖民地之间的特殊的宗主联系，附属国向所有共同体国家开放市场，作为交换，欧共体其他国家同意对这些国家的海外领地提供援助，形成了"放弃特殊性"和"共同分担责任"的原则。[②] 结果，最终被写入《罗马条约》的欧共体外援目标以法国的"联系主义"为基本原则，兼顾了德国和荷兰的立场。

《罗马条约》中没有明确发展概念，但却认可了特殊联系的价值，提出要采取"同等待遇"原则，由"整个共同体"与前殖民地地区"建立密切的经济关系"，也就是要将前殖民地和它们的欧洲宗主国之间的"贸易"和"特殊关系"扩大到整个欧洲共同体的范围内。为了这些贸易和特殊关系的发展，条约要求共同体成员国向海外国家及领地提供"逐步发展所需的投资"，而由共同体直接提供的投资则"按相同条件"向所有成员国和海外国家及领地开放。所以，最初的欧共体外援基本上以国家利益或集合的国家利益为主要宗旨。[③]

欧洲共同体的"联系国制度"规定：逐步取消欧共体成员和联系国之间，以及联系国与联系国之间的进口关税；欧共体通过欧洲发展基金向联系国提供财政援助；劳动力原则上可以从联系国向欧共体国家自由转移；欧共体成员国的公民和公司可以自由地在联系国发展，反之亦然。简言之，欧共

---

① Enzo. R. Grilli, *The European Community and the Developing Countries*, Cambridge University Press, 1993, pp. 1 – 3.

② 同上书。

③ 《罗马条约》，http：//www. hri. org/docs/Rome57/index. html。

体"联系主义"的要义有二：一是用自由市场原则联系发达的欧共体和欠发达的前殖民地，由于二者发展水平悬殊，根据自由市场原则，前殖民地国家实际上处于交易的劣势地位；二是将援助与自由贸易联系起来，特别是与从非洲进口工业原料联系起来。"联系主义"的核心是保护欧共体已经占有的工业优势和贸易优势，扩大资源的供给和市场。对于严重依赖工业原料进口和工业产品出口的欧共体来说，联系主义是一种基本的对外援助政策，延续使用了数十年。后来随着时代的发展，欧共体为外援政策目标附加了很多新的内容，如为了保障非洲国家向欧洲提供出口而实行的价格稳定机制，同样是为了开发非洲国家出口能力而实行的工业潜力发展计划，为稳定非洲社会和政治而推行的"善治"项目等。

　　自 1960 年起，西欧经济全面愈合了战争创伤，进入了一个快速发展时期。相应地，欧共体和成员国加入了经济合作与发展组织（OECD），与美国分担向发展中世界提供援助的责任，从而积极地参与了美国的世界体系构建。欧共体作为单独一方参加了经合发组织的发展援助委员会（OECD/DAC），扮演了一个类国家的角色。像其他援助国一样，欧共体设立了欧洲发展基金（EDF），欧洲投资银行（EIB）则负责操作援助性贷款。欧共体委员会还成立了发展总司（第八总司）、外援办公室等机构。总之，从 20 世纪 60 年代起，欧共体就开始有了自己的对外援助工具。1971 年欧共体委员会制定的《欧洲发展援助》是欧共体对外发展援助的划时代文献。这份文献认定了发展中国家在世界政治地缘框架中的历史地位，启动了一项名为"发展合作的地区政策"，其实是应比利时、法国等欧共体成员国之邀，制定了专门用于投资开发它们在非洲的前殖民地的政策。为了实施这一政策，欧共体将其直接援助（不含成员国双边援助部分）称为"欧洲发展援助"（European Development Aid），主要向法语非洲提供援助。这些援助一方面替代法国对前法属殖民地国家的出口价格补贴，同时又用于补充受援国的国家岁入。英国加入了欧共体之后，这项政策的工作规模又加大了。以"共同承担财政负担"为原则的独立的多边援助机制——欧洲发展基金得到了发展，用以补充并配合成员国的双边援助计划，欧共体外援的超国家因素依靠新的独立机构得到发展。资源共享的方式使欧共体用少量花费，集中落实一些发展政策，例如为受援国提供一些国际购买力，同时又在援助国之间进行利益调节，例如联邦德国虽然是欧共体国际援助政策的净支出国，但同时也获得了德国从未有过的国际影响力和在非洲的潜在市场机遇。在 20 世纪 70 年代和 80 年代，欧共体援助对象主要是非洲撒哈拉以南地区，该地区接受全球发展援助的约 1/4，[①] 而其中绝大部分来自欧共体。

欧共体成员国各自提供双边发展援助，而且成员国的财政实力远远大于欧共体，所以就产生了欧共体与成员国之间的政策协调问题，成为后来欧共体/欧盟外援领域里的一项重要的，由三个英文字母"C"作为词首的单词组成的"3C"原则，就是 Coordination（协调性）、Complementarity（互补性）和 Coherence（一致性）。"协调性"指欧共体成员国之间应就各自的援助计划进行相互磋商，包括在国际组织内和国际会议期间进行政策协调和磋商（Article 130X）；"互补性"指欧共体和成员国在发展合作领域采取互补而非相互竞争的政策（Article 130u）；"一致性"原则要求确保各成员国在对外关系、安全、经济与发展等政策领域内采取一致的对外行动（Article C）。"3C 原则"的主旨是协调共同体和各成员国之间的对外发展援助政策，避免相互竞争，在发挥各自优势的条件下尽量达到政策方向和目标的一致。

2000 年 4 月 26 日，欧盟委员会向欧盟发展部长理事会和欧洲议会提交了一份题为"欧洲共同体的发展政策"的长篇沟通文件，[②] 全面阐述了欧盟在 21 世纪的发展合作政策的总体框架和基本取向。2000 年 11 月 10 日，欧盟委员会和欧盟发展部长理会就新的欧共体发展合作政策联合发表了专门声明，重新界定发展合作的原则和贫困概念，提出"可持续的、公平的、参与性的人文及社会发展"的理念，并将人权、民主、法治和善治作为发展的有机组成部分。欧盟认为，贫困不能被视为单纯的资金短缺。贫困表现为多重脆弱性：表现为缺少充分的食物、饮用水、土地、自然资源、教育服务、卫生保健、就业、信贷便利、基础设施、政治参与等。欧盟提出，缓解贫困的努力必须涉及经济、社会、政治、环境等各个方面。

受欧债危机影响，欧盟对外援助政策研究领域的智库机构就欧盟外援理

---

① 由于援助的战略性质，当时美国的最大援助对象是处于"西半球战略"的前沿国家，例如：埃及、以色列、希腊、土耳其等，而非洲国家，特别是黑非洲国家主要从欧洲获得经济援助。

② COM（2000）212final。

念进行了反思,并就"后2015"全球发展问题进行了重新定位。2013年由三大欧盟外援智库机构①联署,并通过欧盟以《欧洲发展报告》的名义发布了长篇报告。这篇报告以分析联合国千年发展目标的成就和"后2015"发展目标的设定为契机,以广阔的视野分析国际发展领域里的现实情况和真实问题,提出了一系列去意识形态化的观点,例如认为在发展领域里,"国家自主权是关键","国际发展伙伴(包括欧盟在内)提供的经验是混杂的"(意即有好有坏),"经济、社会、环境的可持续发展比以往更急迫"。报告认为,发展资源应当涵盖发展援助,但是也应当包括贸易和投资,包括移民产生的侨汇等,提倡超越"千年发展目标",超越传统国际援助理念的务实性分析。②

(二)欧共体外援的基本内容与政策框架

早期欧共体对外援助的内容主要包括:计划性援助——用于资助经济结构调整,Stabex("稳定初级产品出口贸易收入机制")——用于补贴非加太国家的非矿产类初级产品的出口,Sysmin("矿产品机制")——用于矿产生产能力的恢复与出口能力的提高,此外还有粮食援助、人道主义援助、非政府援助以及项目援助等。

欧共体的对外援助政策不是孤立的,而是欧共体与发展中受援国之间贸易和政治关系的一种重要补充。例如欧共体在Stabex项下提供援助,主要目的是使非加太国家的非矿产类初级产品(绝大多数为农产品,主要有可可、咖啡、棉花等50种)对欧洲的出口收益不受市场价格波动的负面影响,实际上是一种有严格规定的补偿性资助措施,同时也是一种市场建设措施。再如Sysmin也是欧共体对发展中国家的特殊援助方式,针对出产铜、锰、铝、钴、锡、铁、铀、磷酸盐等矿产品的非加太国家,如几内亚、毛里塔尼亚、牙买加、赞比亚、博茨瓦纳等,帮助这些国家提高生产能力和出口能力。Stabex和Sysmin承诺的资助额包含在欧洲发展基金中,在欧共体对非加太国家的援助中占据重要地位。从1986年到1995年的10年期间,欧共体援助

---

① 指ECDPM(欧洲发展政策管理中心)、ODI(海外发展所)和die(德国发展所)。

② Europe Report on Development 2013, *Post 2015: Global Action for an Inclusive and Sustainable Future.* European Union, 2013.

对计划性援助的承诺额达到 60 亿埃居，占总援助额的 25.4%，主要用于支持经济结构调整和 Stabex。粮食援助和人道主义援助也占有比较重要的地位，尤其是前者，其在 1986 年至 1995 年期间所占援助总额的比例高达 9.3%。

在欧共体对外援助中占重要地位的粮食援助也不是孤立的政策。19 世纪 60 年代，欧共体对关贸总协定《国际粮食公约》做出承诺，开始提供对外粮食援助。当时欧共体的谷物生产恰好处于过剩状态。后来，欧共体的粮食援助中又增加了奶粉、牛油、植物油、食糖等食品的援助，也是因为这些产品在欧洲处于生产过剩状态。欧共体为了和法国达成政治妥协，花费了巨资实施欧洲共同农业政策，由该政策产生的剩余农产品就用于对外援助。这些措施使得欧共体在 90 年代后期成为仅次于美国的世界第二大粮食援助提供者。

欧共体对外援助的重点在 20 世纪 80 年代和 90 年代发生了明显的变化，主要表现是在"里根经济学"和"撒切尔革命"之后加大了对非洲国家的经济结构调整和市场建设计划的支持力度。在苏东集团解体以后，欧共体对外援助的地缘重点进一步发生变化，在援助项目方面将资助中东欧反对派、扶持非政府力量、鼓励并监督竞选等国际干预活动列为欧共体援助的重要内容，目的是通过软性的工具进一步同化中东欧国家，使之最终融入欧洲共同体。当然，这种做法也就使欧共体援助出现了明显的政治化倾向。

欧共体与受援国和组织签订的一系列重要协议构成了欧共体援助的政策框架，在受援方中，非加太国家（大都是欧共体国家的前殖民地）是欧共体援助中的重中之重。最主要的协议包括针对非加太国家的两期《雅温得协定》（1963、1969）、四期《洛美协定》（1975、1979、1984、1989）和《科特努协定》（2000）。第四次洛美协定的期限从 5 年延长到 10 年，其中提出的将尊重人权、民主与法治作为基本要素（essential elements），是欧共体对外援助政策在冷战结束后转型的标志性文件。

1963 年，欧共体与 18 个非洲新独立国家在喀麦隆首都签署的《雅温得协定》（Yaoundé Convention）是欧共体外援的基本政策性文件。该协定的主要精神是"互惠贸易"，即共同体对各联系国的产品实行进口免税，而联系国要在 4 年时间内逐渐取消对欧共体成员国进口货物的定额和关税，保证欧共体成员国在联系国的投资和利润能够自由汇出；同时，联系国享受欧共体的内部贸易优惠，但在制定对第三国贸易政策时需与欧共体协商；欧共体给予联系国相应的财政援助。这项协定在 1969 年续签，其间还签订了一份《阿鲁沙协定》（1968—1969）。《雅温得协定》的内容看似平等互惠，但是由于欧共体与联系国的经济发展水平悬殊，所以条文中的"平等"在实践中无法真正得到体现。

20 世纪 70 年代两个重要的国际现象对欧共体与受援国之间的关系产生了影响：一是英国、丹麦、爱尔兰等国于 1973 年加入欧共体以后，欧共体需要处理与第二次世界大战后建立起来的英联邦的关系。在英联邦中，英国与其前殖民地之间的关系框架不同于法国的联系制度，要想将英联邦中多达 21 个发展中国家纳入欧共体对外援助框架，就必须重新谈判。二是发展中国家（多为欧洲国家的前殖民地）表现出前所未有的团结。1973 年 7 月，46 个非洲、加勒比和太平洋国家组成了非加太国家集团，与欧共体开始了长达 18 个月的艰难谈判，最终于 1975 年 2 月 28 日在多哥首都洛美签署了第一个《洛美协定》（*Lomé Convention*）。《洛美协定》取代了《雅温得协定》和《阿鲁沙协定》，将《雅温得协定》中有关互免关税的条款改为欧共体对发展中国家的单方面优惠，欧共体制定援助非加太国家的 5 年计划，允许受援国自主地制定优先发展目标，同时成立了一批咨询机构，向发展中受援国提供发展建议。《洛美协定》中还提出，非加太国家的全部工业品和 96% 的农产品可以免税和不受定额限制地进入欧共体市场。Stabex 机制也是由这期《洛美协定》提出的，为的是保障非加太国家非矿产类初级产品的价格不受市场风险的冲击，做法是通过欧洲发展基金补偿非加太国家出口产品的价格损失。这种价格稳定机制通过收入补偿的方式稳定了欧共体与非加太之间的贸易。

1979 年，《洛美协定》续签，有效期还是 5 年。此时非加太集团国家增加至 58 个，欧共体对非加太国家的援助数额相应增加。第二期《洛美协定》增加了 Sysmin 机制，通过稳定非加太国家矿产品出口收益的方式，鼓励并帮助矿产丰富的非加太国家恢复生产能力，提高出口能力，最终还是使欧洲受益。此后，欧共体与非加太国家继续它们之间的这种关系，并分别于 1984 年 12 月和 1989 年 12 月续签《洛美协定》，协定强调"伙伴"和"依存"关系。在基本结构不变的情况下，第四期《洛美协定》将协议期限从 5 年延长到 10 年，放宽了非加太地区国家产品进入欧共体市场的限制。享受欧共体资助的产品除了铜、锰、铝、钴、锡等稀有矿产品以外，还增加了黄金和铀。欧共体还根据欧洲市场的需要，减少了对一些农产品，如柑橘、草莓和西红柿等的进口限制。这一时期欧共体援助的重点增加了经济结构调整计划，该项援助占去了欧共体财政援助总额的 18%，目的则是为整个世界市场的统一做准备。

世界市场的强大力量冲击了冷战的格局，并最终冲垮了冷战的边界。冷战结束后，整个西方的战略从占领和争夺市场改变为加强市场、改变制度。与此相适应，欧共体于 1993 年提议在第四期《洛美协定》中增加民主干预的内容。1995 年 11 月，欧盟与非加太国家签订了新的议定书，作为对第四个洛美协定的修改和补充，首次将民主、人权、法治作为基本要素（essential elements），与欧盟援助相挂钩。欧盟利用外援的杠杆作用，开始在受援国推行民主、人权、法治的理念、方法和制度，静悄悄地挑战了第二次世界大战后不干涉内政的公开国际准则，为后来用武力干预的方式解决国际争端提供了理论准备。

1998 年 9 月 30 日欧盟与非加太国家集团就续签第五期《洛美协定》举行正式谈判，欧盟主张取消非加太国家享受的贸易优惠，在欧盟和非加太国家集团之间建立自由贸易区，非加太国家则要求保留贸易优惠制；欧盟要求将发展援助与人权状况挂钩，非加太国家则认为欧盟有责任和义务提供援助，反对给援助附加政治条件。此外，欧盟和非加太国家集团之间还存在其他很多分歧，致使争论不断、谈判进程缓慢。2000 年年初，双方在布鲁塞尔重开谈判，非加太国家在人权和贸易优惠制等问题上作出重大让步，双方遂于 2 月 3 日就签署第五期《洛美协定》达成协议。这项协议确认了援助方对受援国内政的干预，即欧盟有权对违反民主、人权、法制和善治等原则的国家实施中止援助的惩罚。协议还提出欧盟和非加太国家之间的单向贸易优惠政策将向自由贸易安排过渡，建立自由贸易区，最终目标是完成与世贸规则的接轨。欧盟承诺建立总额为 135 亿欧元的欧洲发展基金，用于向非加太地区国家提供援助，并从此前的几个发展基金余额中拨出 10 亿欧元用于补贴重债穷国。在达成了上述默契之后，欧盟 15 个成员国与非加太 77 国集团于 2000 年 6 月在贝宁的科特努城正式签署了协议。由于改变了的签约地点，因此没有延续《洛美协定》的排序，而是更名为《科托努协定》（Cotonou Agreement），有效期 20 年。《科托努协定》宣示其目标是通过欧盟援助，稳定非加太国家出口收入，促进非加太国家的经济社会发展，但是字里行间透露出欧盟在对非加太国家关系中的强势和主导地位：欧盟通过援助，按照欧盟的意愿和方式为非加太国家确定发展方向。

综上所述，在四期《洛美协定》期间，欧共体/欧盟援助完成了从有殖民时代痕迹的"联系国制度"向"有附加条件的"发展援助的华丽转身。第一期《洛美协定》首次引进了贸易与援助挂钩的体制（Stabex）；第二期《洛美协定》开始了矿产品出口贸易补偿机制（Sysmin），保证了非加太国家对欧共体的工业原料出口；第三期《洛美协定》紧跟世界市场经济的发展步伐，开始了对经济结构调整计划的援助；从第四期《洛美协定》开始，欧盟对非加太国家的结构调整计划的援助有了附加条件，这些附加条件中加进了第三者，即世界银行或国际货币基金组织，以这些机构的认可为标准，只对得到认可的国家给予援助。《科托努协定》（第五期《洛美协定》）进一步将欧共体致力于经济社会发展的援助原则修改为致力于"促进稳定和民主的政治环境"，将鼓励私营企业和公民社会组织参与政治、经济和社会生活作为发展合作的原则之一，将人权、民主和法治列为发展合作的基本要素，将善治定义为"以公平的和可持续的发展为目的而对人力资源、自然资源、经济资源及财政资源实行透明和负责的管理"。欧债危机以后，欧盟对外援助话语重新开始强调经济、社会和环境等非政治化目标的重要性。从上述变化中不仅可以看出欧共体/欧盟外援政策自身的变化，而且可以清晰地看出欧共体/欧盟外援对国际关系规则产生的直接影响。

总括起来说，欧共体/欧盟对外援助政策是共同对外贸易和发展援助这两项政策相互交织在一起的政策领域。欧共体/欧盟的发展援助是一个由共同体和不同国家和组织分别通过 20 多项协议构成的一个复杂的制度框架。在这些协议里包含有对于贸易的规范、财政资助的提供以及机制之间的合作。在不同的协议中，由于不同的背景条件和利益结构，欧共体/欧盟表现出来的贸易自由度和援助慷慨度也很不同。①

（三）欧共体/欧盟对外援助的主要议题

欧共体/欧盟外援政策独立于成员国存在，因此在制定政策的时候也就需要一个特殊的定位，这种定位引发了一系列有关欧共体/欧盟对外援助特殊性的讨论，例如欧共体/欧盟的直接援助是否具有附加价值？为什么在各成员国双边援助的基础上还要设立新的援助政策框架和工具？特别是因为有些成员国（例如法国）的外援曾经持续增长，是否有必要在共同体和成员国两个层面同时增加外援投入？国家对外援助一般要体现并维护国家利益，欧共体/欧盟外援如何体现并维护欧共体/欧盟的利益？等等。

在早期，欧共体对外援助受到欧洲殖民传统和法国联系主义的影响，但是在制定具体的援助政策时却必须考虑到所谓的"附加价值"的问题，而不可能成为法国援助政策的补充。由于欧共体当时只具有经济领域的权能，欧共体外援也因此而聚焦于经济社会发展领域，这为欧共体树立了一个"外援新模式"的形象。1971 年，欧共体委员会给欧共体理事会的第一份涉及发展援助政策报告中宣布，在财政和技术合作领域里，欧共体援助已经摆脱了有些国家与一些欧共体成员国在政治关系领域里的纠葛，② 意思是说：欧共体援助并不受殖民主义的政治影响，欧共体提供的援助为多年期的项目，具有非政治化、可协商（多数表决原则）、由成员国合作执行，要求适应受援国的需求、与狭隘商业关系脱钩、致力于建立"经济新秩序"和国家平等关系等目标。当然，欧共体外援所关注的问题并非与欧共体利益脱钩，例如当欧共体开始面对来自外界的各种输入性经济社会问题时，欧共体政策议题就涉及"外援对涌入南欧的北非移民到底是否有作用"、"贸易＋援助的模式是否能够影响移民工的流动"等问题。此外，在外援政策领域里热议的"捆绑式"援助问题也与欧共体外援有关。欧共体虽然没有直接的国家利益需要体现在外援政策中，但是，欧共体同样将自身的特性附着在对外援助政策上，突出地表现为在发展目标中附加各种与欧共体基本利益和价值相关的

---

① 　ODI Briefing Paper, *EEC Development Policy After Lomé*, No. 1, 1983 February.

② 　Commission of European Communities, *European Development Aid*: *How the European Community is helping the Developing Countries*, Brussels, 1971, See Enzo. R. Grilli, *The European Community and the Developing Countries*, Cambridge University Press, 1993, pp. 91 – 92.

条件。

经过了一段时间的发展，欧共体对外援助政策到了 20 世纪 80 年代粗见成熟。担任过共同体发展援助委员的皮萨尼（Pisani）在 1982 年的备忘录（Pisani Memorandom）中提出，"发展政策是欧洲一体化的转折点"，欧共体的发展援助政策与成员国的双边政策不同，其主要特点并不是多边（multilateral）而是集体（collective），因为欧共体没有国家的属性（attributes），也没有国家的雄心（ambition）和战略远见，① 因此它的外援政策就越来越受到欧洲公众舆论的影响，越来越表达欧洲公众赋予它的那些基本目标。

在整个 20 世纪 80 年代，由于欧洲自身的社会开放，欧共体公众对欧共体外援表达了积极的支持态度。1958 年，德国公众的 58% 支持联邦德国提供国际发展援助，到了 1984 年，这一比例上升到 74%。20 世纪 80 年代，欧共体其他一些重要成员国（如荷兰和意大利）公众对外援政策的支持度都在 70% 以上。英国加入欧共体以后，公众对外援的支持度也从 1977 年的 39% 上升到 1983 年的 59%，而同期日本公众对外援政策的支持度只有 40%（1983），美国只有 50%（1987）。② 与这种支持相吻合的是：欧共体外援在这一时期快速地向全球发展，触角延伸到拉丁美洲和亚洲。欧共体优先发展经济社会的对外援助基本目标也不同程度地波及欧共体成员国的双边援助，使经济社会发展成为这一时期的对外援助时代主题词。

为了继续证明欧共体外援的价值，获取公众的支持，同时使非常有限的外援资金发挥更重要的作用，欧共体还提出了外援在受援国的"适应性（adabtibility）"问题，开启了对外援助"有效性（effectiveness）"的讨论。"适应性"解决欧共体外援在受援国落地生根的问题，而这方面的任何进展都是"有效性"的例证，也是获取公众，也就是纳税人支持的理由。时任欧共体委员会第八总司（发展总司）长的雷梅涅（Lemaignen）曾经在他的第一道指令（directive）中强调，外援的主要目的是"激发［援助③］对象的自信"，因为这比逻辑的阐述"更能深刻地影响联系国的每一场政治经济

---

① ODI Briefing Paper, *EEC Development Policy After Lomé*, No. 1, 1983 February.

② Enzo. R. Grilli, *The European Community and the Developing Countries*, Cambridge University Press, 1993, pp. 71, 102.

③ 括号中内容为作者所加。

纷争"，①意思是说"行动胜于说教"，而外援就是一种有影响力的行动。早在 20 世纪 70 年代，共同体援助的实施就采取了与受援国当局密切合作，联合共管的方式，并且通过帮助受援国进行发展规划，使受援国的发展目标与欧共体的援助优先目标相吻合，将欧共体的目标有效地嵌入非加太国家的发展战略中去。

20 世纪 90 年代，随着冷战的结束和西方自信情绪的上涨，欧共体外援的议题又发生了一次重要变化。一方面，欧洲援助国受到来自国内公众的尖锐批评，因为持续 30 多年的发展援助并没有改变最穷国的落后状况，援助拨款的使用受到严重质疑，有关"发展理论失败"的舆论盛行于世；另一方面，非加太发展中国家喊出了"不要援助，要公平贸易"的口号。这些情况都使得 20 世纪 70—80 年代以经济社会发展为优先目标的外援主题发生了逆转，人权、民主、法治、善治等附加条件取而代之。欧共体在向欧洲公众解释其对外援助政策时往往要证明欧共体外援在广大的受援国"促进了民主和人权的原则"，这种解释的潜台词是：如果受援国配合不力，欧共体就要有限度地使用"附加条件"工具，以威胁停止援助作为杠杆，迫使受援国改变政策立场。这种政策的反复使用使欧盟公众基本上接受了一种对外援助政策的思维逻辑，即认为欧共体/欧盟的对外援助就是为了扩大"民主"和"人权"的适用范围。

二　欧共体为什么提供援助

欧共体究竟为什么对外提供援助？前面讲到，欧共体对外援助起源于欧共体成员国与前殖民地的特殊关系，这种关系里既包含了长期的经济利益，也体现了长远的政治和文化影响力。非洲各前殖民地国家宣布政治独立以后，经济远没有独立。在很长一段时间内，这些国家 80% 以上的产品出口到了欧共体国家，而它们获得的几乎所有经济援助都来自欧共体国家。受援国的社会精英和高层官员及后代有很多都在欧洲留学，维系了受援国与欧洲援助国之间在多层面上的密切往来和顺畅沟通。欧共体通过提供经济援助，

---

① Lemaignen, L'Europe au Berceau, pp. 117 – 118, from Enzo. R. Grilli, *The European Community and the Developing Countries*. Cambridge University Press, 1993, p. 107.

维持并经营了与欧洲前殖民地国家和海外领地的多重特殊关系。

这种多重关系的实质是不平衡与不协调。由于发展水平的不平衡，在多数情况下，欧共体/欧盟扮演着援助主导方的角色，特别是在欧方与非加太受援国目标和方式不一致的情况下，欧方的主导迹象更加突出。随着欧共体的扩大和海外影响力的增加，欧共体/欧盟外援的目标和方式也有所改变或增加，而这些目标和方式恰好体现了欧共体/欧盟和不同地区之间关系的特性。

（一）欧共体对非加太国家的援助关系

欧共体与非加太国家的关系从前宗主国和殖民地的关系蜕变而来，对前殖民地的援助是欧共体外援政策的重中之重，也是欧共体对外援助的政策基石。1986—1988 年，欧共体直接援助达到年均 15 亿美元，而其中几乎 11 亿美元提供给了非加太联系国，占到了总额的 70% 以上。[①] 欧共体外援虽然不是国家利益的直接体现，但是早期的欧共体外援主要流向了前法属殖民地，马达加斯加、加蓬、刚果、毛里塔尼亚、塞内加尔、多哥、中非共和国等非洲国家。从欧共体外援的地理分布可以看出法国在早期欧共体援助政策中超乎寻常的权重。到了近期，欧盟外援的主要接受者有很多是中等收入国家，这也出于对外关系的考虑。据格瑞利观察，欧共体对非加太国家的援助起始于一种"自卫性"的反应，为的是防止非殖民化运动危及欧洲工业的原料供给，因此欧共体采取了"援助和贸易相联系"的模式。欧共体希望与前殖民地之间保持一种长期的政治稳定和经济往来关系，这一目标与当时的许多非洲国家的愿望不谋而合，因为新独立的国家要在世界上立足，需要来自发达世界的支持。在欧共体的早期文件中一再强调南方和北方的相互依存关系，以及各方在一个相互关联的世界中的责任，也是这种愿望和目的的展现。当然在现实中，处于北方的欧共体占尽了目标设定、意识形态和经济利益的优势。[②]

最能体现欧共体相对于非加太国家优势的援助项目是"计划性援助"，

① Enzo. R. Grilli, *The European Community and the Developing Countries*, Cambridge University Press, 1993, p. 122.

② Ibid. , pp. 40 – 43.

该项目始终占据欧共体对非加太国家援助的首位，比较欧共体20世纪80—90年代和21世纪初的援助格局，计划性援助从25.4%高占比提高到更高的34.1%占比，结构调整援助占比从10.5%提高到12.2%，作为出口收入稳定机制的Stabex和Sysmin基本保持了原来的地位，分别占到14.9%和12.6%。原本在欧共体对外援助中占据比较重要地位的粮食援助（9.3%）、工矿业、建筑业等生产部门（9.3%）、经济基础设施建设（17%）等都有不同程度地下降，而原本只占0.7%的"治理"和"公民社会"援助支出却有明显的提高。大规模减债在21世纪初成为重要的援助项目，占到33.5%，[①] 这是因为欧共体与非加太国家之间长达30年的经济合作关系并没有得到顺利发展，特别是没有能够加强非加太国家的经济能力和还债能力，最后只得以大规模减债的援助方式作为了结。

从欧共体外援政策中也可以窥见出欧共体内部政治格局的变化。欧共体对外援助始于对法国联系国的援助，因此也确立了法国在欧共体援助领域里的政治地位。欧共体向非加太的法国前殖民地和附属国提供援助，其中德国贡献了34%，荷兰贡献了12%，意大利后来也占到了12%的份额，都属于援助净贡献国，法国的代价仅仅是将其独占的殖民地市场开放给欧共体。一场重新确定边界的交易就这样达成了：在欧共体成员国和联系国之间的关税被取消了，欧共体通过欧洲发展基金向联系国提供财政援助，劳动力原则上讲可以自由流动，跨国公司建立起来了，欧共体规则覆盖到了欧洲的非洲前殖民地。所以，这种援助帮助欧共体实现了在非加太地区，乃至整个世界的势力和影响力扩张。

与欧共体对外援助一同扩张的是市场和市场规则，因为欧共体通过多轮协定将自由贸易规则植入了发展中受援国。这种扩张给了强势经济以更大的活动和盈利空间，对欧洲的优势地位起到了有效的保护作用。早期的欧共体援助强调对自由贸易中的弱势一方进行"补偿"，但目的是保证自由贸易规则的平稳运行。《洛美协定》各个计划的主张都是：政治稳定、出口收入公平等原则，都是在帮助非加太国家为欧洲工业长期稳定地提供原料，使欧共

---

① 根据 ODI database 1997；*Infofinance* 1999，European Commission，2000 和 *General Report* 2000，European Commission，2001 的数字算出。

体在与非洲联系国的交易秩序中长期占据主导地位。通过援助，联系国与欧共体的关系更加紧密了，联系国对欧共体市场和援助的依赖也增加了。在第一期《洛美协定》执行期中，非加太国家出口的全部工业品和96.4%的农产品销往欧共体国家。① 后来，当中国和非加太国家的经济贸易关系日益紧密起来的时候，欧盟自然地表示出了特殊的关切。

　　欧共体援助对于非洲联系国来说固然十分重要，不仅欧共体援助对受援国的国家财政来说是净增量，而且还为受援国提供了国际购买力。当时非洲国家的外来投资资源和外汇极少，因此外援这笔"硬通货"就显得非常重要，数目也相当可观。只是这些"硬通货"很少能够解决非洲国家的可持续发展问题。

　　（二）欧共体/欧盟对地中海国家的援助关系

　　欧共体/欧盟成员国与地中海地区诸国的关系比较复杂，有些是前殖民地和宗主国之间的关系，有些不是。法国与阿尔及利亚、突尼斯、摩洛哥、叙利亚、黎巴嫩等国之间有联系制度，意大利与利比亚和马耳他关系密切，德国则发展了与土耳其的特殊关系。由于地中海国家具有战略位置和资源优势，欧共体早就通过"特殊联系"制度与地中海国家发展关系。在第一阶段，欧共体分别根据《罗马条约》第238条和一些地中海国家发展了"无限期联系制度"，进入这一关系框架的国家包括：希腊（1961）、土耳其（1963）、突尼斯（1969）、摩洛哥（1969）、马耳他（1970）、塞浦路斯（1972），发展了优惠贸易关系的国家包括西班牙（1970）、以色列（1970）、黎巴嫩（1970）、埃及（1972）、葡萄牙（1972），以色列、黎巴嫩和南斯拉夫分别在1964年、1965年和1970年与欧共体签署了非优惠贸易协议。进入20世纪70年代以后，欧共体将对地中海国家的政策重新定义为"合作协定"，以区别于早期的"联系协定"，其实主要是在地中海地区复制欧共体与非洲联系国制度。签署了"合作协定"的国家包括马格里布国家，如阿尔及利亚、摩洛哥、突尼斯（1976）；马什利克国家，如埃及、叙利亚、约旦、黎巴嫩（1977）；以及以色列（1975）和南斯拉夫（1980）。"合作协

---

① 裘元伦：《欧盟50年的价值》，载《学习时报》2007年6月11日，http：//www.china.com.cn/xxsb/txt/2007 - 06/11/content_ 8372295. htm。

定"包括经济合作、财政援助、技术援助等一揽子合作，涉及合作范围比较广泛。不过，欧共体还根据各国不同的情况分别单独签署协议，而不是像《洛美协定》那样签订集体性的一揽子协定。

从欧共体/欧盟与地中海国家的上述纵横交错的协定关系来看，欧共体/欧盟援助是其与地中海国家关系的一个重要组成部分，这种关系的目的是在欧共体南部进行边疆拓展并维护该地区的安全稳定。进入欧共体"无限期联系制"的一些国家，如希腊、塞浦路斯、马耳他、土耳其等国此后或加入了欧共体/欧盟，或成为入盟候选国，欧共体/欧盟对这些国家的援助起到了帮助其进行入盟准备的作用。

90 年代初，国际形势和国际格局发生了剧变，而欧洲共同体也升格为欧洲联盟，其权能向经济社会以外的领域发展。由于苏东阵营的解体，欧盟将战略重点转移到欧盟东部边界。与此同时，在法国的主张和推动下，欧盟开始调整与南部地中海邻国的关系，其中包括加大对该地区的援助力度。1995 年 6 月的欧洲理事会戛纳会议决定在 1995 年至 1999 年间由欧盟预算拨出 46.85 亿埃居，用于欧盟的地中海政策。1995 年 10 月，欧盟的 15 个成员国与 11 个地中海地区国家（摩洛哥、突尼斯、阿尔及利亚、埃及、约旦、叙利亚、黎巴嫩、以色列、土耳其、马耳他、塞浦路斯）以及巴勒斯坦在西班牙的巴塞罗那召开首脑会议。会议决定建立"欧盟—地中海伙伴关系"，也称"新地中海政策"（New Mediterranean Policy），其中包括欧盟对地中海地区国家的巨额援助。例如设立 3 亿埃居的基金支持经济结构调整；在原双边财政协议基础上另外设立 20.3 亿埃居的基金，用以加强地中海国家和欧盟国家非政府行为体之间的横向性合作，其中 2.3 亿埃居由欧盟直接提供，18 亿埃居由欧洲投资银行以 3% 的利息补贴作为贷款提供等。

欧盟对地中海地区国家的援助同样不是单纯的援助，而是欧盟与地中海地区国家之间多方位关系的一个重要组成部分，是欧盟与地中海国家关系的润滑剂。最明显的例证就是 1995 年"巴塞罗那宣言"开启的"巴塞罗那进程"。该进程设立了三重目标：一是通过政治和安全伙伴关系维系地区和平；二是通过经济和金融伙伴关系营造繁荣；三是通过社会文化人文伙伴关系促进理解与交流。其中政治安全伙伴关系的目的是推动地区民主化进程。欧盟通过复杂的多重对话机制、"最小公约数原则"，并配合美国在当地的领导，推动实现安全"软约束"。在经济金融伙伴关系中，欧盟采取了"以自由化对抗保守主义"的方法，即通过对地中海地区伙伴国家的经济合作与财政援助，帮助这些国家向市场经济过渡。当然，欧盟也在北非支持了大量的基础设施建设，并从中获取了大量的商机。社会文化人文伙伴关系的重点是人力资源开发、宗教间对话、人权理念普适性传播，以及在民间加强民主和法治的建设。将这三重目标叠加在一起，就形成了"用欧盟世界观改造地中海"的一副蓝图。此外，欧盟还务实地通过增加对一些地中海国家的援助（如阿尔及利亚、埃及、摩洛哥、突尼斯等），减轻这些国家对欧洲的移民压力。1996 年以后，欧盟对地中海地区援助的承诺额在年均 10 亿埃居以上，利比亚战争后又有所增加。

（三）对亚洲和拉丁美洲（ALA）的援助关系

在欧共体/欧盟的对外援助中，亚洲和拉丁美洲归为一档，但是在性质和目标等方面，对亚洲和拉丁美洲的援助有很大的不同。其实，亚洲和拉丁美洲的发展中国家中不乏欧洲国家的前殖民地，但是欧共体/欧盟对这些国家的援助政策却不像对非洲援助那样主动、慷慨，也没有形成像《洛美协定》那样的机制。相反，欧盟对亚洲和拉丁美洲的援助要么是十分边缘，要么是十分缓慢。1976 年欧共体委员会才正式提出了一项专门针对亚洲和拉丁美洲的财政与技术合作计划，援助重点是贫困国家，援助数额微不足道。1978 年，拉丁美洲的人口大约与非加太国家相等，但是从欧共体获得的计划援助仅为非加太国家的 6%。亚洲人口是非加太国家人口总数的 6 倍，但是非加太国家从欧共体获得的援助却是亚洲国家的 5 倍。[1]

但是对亚洲和拉丁美洲的援助在欧盟对外援助中并非微不足道，因为向亚洲和拉丁美洲提供援助使欧共体/欧盟援助开始从明显的区域特性转向了全球性。为了适应亚洲和拉丁美洲的援助环境，欧共体援助的主题和内容乃至方式都发生了变化，贸易优先的特色逐步褪色，而注重社会和发展的主题逐渐突出。在欧共体/欧盟对亚洲、拉丁美洲援助的大盘中，粮食援助、农

---

① Enzo. R. Grilli, *The European Community and the Developing Countries*, Cambridge University Press, 1993, pp. 254 – 255.

业部门发展、环境保护和人道主义援助占据了相当大的比重，① 社会基础设施建设和社会服务援助快速上升，1986—1990 年这部分援助的占比分别是 2%（亚洲）、17%（拉美），1991—1995 年在亚洲占比上升到 14%，在拉美是 12%，到了 1996—1998 年，对亚洲援助占比猛升到 30%，在拉美是 15%。

　　欧共体与拉丁美洲的关系源远流长。欧洲与拉丁美洲的殖民历史使得两个大陆在文化、宗教、商务等方面的联系都非常紧密，而且在传统和文明方面也颇多相像之处。事实上，在欧共体与非洲国家建立了联系国制度前后，欧共体与拉丁美洲的关系十分活络。1960 年，欧洲对非洲的出口占总出口量的 7%，而对拉丁美洲的出口为 6.3%。此外，拉丁美洲自然资源丰富，劳动力资源和基础设施都好于非洲。拉丁美洲生产的天然橡胶、谷物、糖、肉、奶都是欧洲所需要的，而且大西洋的海运没有来自苏联的威胁，安全系数很高。反过来，拉丁美洲对欧洲的依存度也很高。20 世纪 50 年代，拉丁美洲 17% 的商品输往欧洲，欧洲对于拉丁美洲来说是仅次于美国的第二大市场。因此，尽管欧洲和拉丁美洲之间的经济互补性很强，但是有其他原因阻滞了欧共体与拉丁美洲发展援助关系和经济贸易伙伴关系。格瑞利认为，是欧共体自身的问题成为欧共体与拉丁美洲关系的障碍，因为欧共体的共同农业政策（CAP）被拉丁美洲国家看作发展特殊合作伙伴关系的闭门羹，是一种典型的贸易保护主义，会威胁到拉丁美洲的谷物和肉类出口。② 此外，拉丁美洲与美国和西班牙的特殊关系也难以直接转换为与欧共体的特殊关系。

　　在 90 年代，欧盟与拉丁美洲之间的发展合作，也取得了长足进展。特别值得注意的是，欧盟对于拉丁美洲的区域一体化进程，给予十分积极的支持。1995 年 6 月 1 日欧盟发展部和理事会发表决议，指出对区域性合作及区域一体化加以支持是欧盟发展合作政策的重要组成部分。1999 年 3 月欧盟委员会向欧洲理事会提交了一份名为"欧盟与拉丁美洲的新伙伴关系"的

---

　　①　ODI database 1997, *Infofinance* 1999, European Commission, 2000.

　　②　Enzo. R. Grilli, *The European Community and the Developing Countries*, Cambridge University Press, 1993, pp. 231 –232.

通报，勾画未来6年（2000—2006）欧盟对拉美地区发展合作的基本蓝图。该通报强调了两个重点：一是把反贫困作为普遍性的主题；二是针对国家和地区的不同特点和需求，采取分别对待的政策，以提高欧盟援助的效益。这样就形成了多层次的欧盟与拉丁美洲发展合作，除了与单个国家签订的双边合作协定外，欧盟还对"安第斯条约组织"、"中美洲共同市场"以及"南方共同市场"（MERCOSUR）等区域组织提供了援助，还资助了与"里约集团"（Rio Group）的政治对话。

亚洲的情况更为特殊。作为世界上最贫困、人口最密集，而且有着异质文化和文明的大洲，亚洲曾经让几乎所有西方国家的发展援助机构望而却步。虽然亚洲也可以向欧洲提供热带产品，如椰油、棕榈油、天然橡胶等，但是亚洲的自然资源远不及非洲丰富，因此作为原材料来源地，亚洲没有非洲那样具有吸引力。亚洲人口的密度也是一个巨大的负担，对于广阔、拥挤、贫瘠的亚洲来说，欧共体援助只能是杯水车薪，欧洲有限的援助资源难以产生明显的效果，也难以换取足够的影响力。即使是在殖民主义时期，英、法等欧洲殖民大国也很少深入亚洲腹地进行殖民，而只是在上层维持殖民统治以保证资源向欧洲转移。此外第二次世界大战结束以后，社会主义阵营通过中国、越南、朝鲜等国在亚洲实现了有效延伸，欧洲殖民时期在亚洲的制度遗产仅有英联邦，而英国到了19世纪70年代才加入欧共体。由于上述这些原因，欧共体早期的外援政策并没有涵盖亚洲。在欧共体/欧盟对外援助的框架中，亚洲一直处于边缘。

亚洲自身的变化改变了欧洲对亚洲的态度。19世纪60年代，富有自然资源的东南亚国家联盟（ASEAN）开始壮大。70年代初，"亚洲四小龙"（韩国、中国台湾和香港、新加坡）的产品开始与欧共体的纺织业、造船业和化学工业形成了竞争，引起了欧共体的关注，经济援助作为一种有效的沟通方式便被提上日程。自1976年欧共体开始向亚洲提供少量的扶贫和人道主义援助以后，又于1981年通过了一项欧共体发展部长理事会条例（No. 442/81），确定了对亚洲的援助目标，其中包括：援助最穷国、改善边缘化社会群体的生活水平、促进农村发展和农业生产、探索区域性发展、向遭受自然灾害的地区和人群提供人道主义援助，主要方向是关注民生。冷战结束以后，欧共体发展部长理事会于1992年通过了专门条例（No. 443/92），在

1981 年条例的基础上增加了人权、民主、善治、环境保护和文化交流等条款。1994 年欧盟委员会发布了对亚洲的战略文件（"走向亚洲新战略"To-wards a New Asia Strategy）［COM（94）314final］，其中将欧盟对亚洲的援助作为一项主要的工具，援助的目标也整合成为提升欧盟在亚洲的形象，加强欧盟在亚洲的存在（特别是经济存在），当然也少不了诸加促进亚洲地区的和平与稳定，推动贫困国家的社会经济发展，以及关注亚洲的人权、法治与民主，支持亚洲的环境保护与可持续发展等传统目标。

欧共体/欧盟对中国的援助是其对亚洲和拉丁美洲（ALA）援助框架中的一部分，起始于中国改革开放后的 20 世纪 80 年代初，援助款主要用于扶贫。进入 90 年代后，特别是邓小平南方谈话后，中国继续了改革进程，各国投资者和援助者蜂拥而至，使中国在 1994 年和 1995 年成为世界最大的受援国。通过援助帮助并影响中国的前进方向和发展方式是所有援助方的意愿，欧盟也不例外。1995 年，欧盟委员会向欧洲理事会递交了一份关于《中欧关系长期政策》（A Long Term Policy for China – European Relations）的通报，明确提出欧盟对华关系的关键目标是"维持外交和安全关系的稳定、使中国融入世界贸易体系、支持可持续发展、帮助缓解贫困和促进法治"。欧盟选定的，与中国进行具体的发展合作并提供财政援助的优先领域分别是人力资源开发、经济社会改革、投资环境改善以及可持续发展。[①]

欧盟对华援助的数量并不惊人，占比也很低，但是欧盟对华援助十分独特，不仅全部由赠款构成，而且援助战略十分明确，包括了"摆脱贫困"、"促进公民社会"、"辅助工商业"和"促使环境改善和可持续发展"等四大战略，援助项目分散在农业、科技、能源、环保、人才等多个领域。欧盟对华援助的工作重点是提供经验、改变方式，涵盖扶贫、计生、农业、卫生、环保、资源、人才等领域。在欧盟历次对华政策文件中外援都占据着重要的地位。

（四）欧盟对中东欧地区和独联体国家的援助

欧盟对中东欧地区和独联体国家的援助起始于 19 世纪 90 年代。这种援助与欧共体/欧盟以往的任何一种援助都不同，它对欧盟自身的意义绝不亚

---

① COM（95）279 final of 05．07．1995.

于对受援国的意义。欧盟对中东欧地区的援助最终成为导致这一地区融入欧盟的一项重要的政策工具。可以说，国际援助作为欧盟对外政策的工具在中东欧实现了价值和效用的最大化。

中东欧地区并不属于发展中国家，因此欧盟决定对这一地区实施援助的时候必须首先修改欧盟以发展为主导的援助理念。这对于欧盟来说并不困难，因为在欧共体/欧盟对外援助的历史上既有发展理念，更有在非加太地区实行了多年的"通过联系制开展合作"（cooperation – through – association）① 的经验和模式，更何况中东欧地区对欧盟在整个欧洲的地位巩固、边境拓展、市场开发和政治军事安全都非比寻常，欧盟必然进行认真的战略和策略规划。

1989 年 7 月，欧共体巴黎峰会顺利通过了名为"法尔计划"（Phare Programme）的欧共体向波兰和匈牙利提供经济援助的计划。"法尔"（Phare）是"Poland and Hungary Assistance for Economic Restructing"（"援助波兰和匈牙利经济重组"）的缩写。在法尔计划项下，欧共体向波兰、罗马尼亚、保加利亚、阿尔巴尼亚、罗马尼亚提供了紧急食品援助，向波兰、匈牙利、捷克斯洛伐克、保加利亚和南斯拉夫提供了用于经济重组的财政援助。欧共体向这一地区提供的直接经济援助在 1990 年达到 5 亿埃居，此后快速增长，于次年达到 7. 85 亿埃居。除了直接经济援助以外，欧洲投资银行还在 1990 年 2 月向波兰和匈牙利提供了为期三年的 10 亿埃居的项目贷款。一年后，欧共体委员会将对捷克斯洛伐克、保加利亚和罗马尼亚的项目贷款提高到 20 亿埃居。这些中东欧国家自然把未来发展和繁荣的希望寄托在融入欧洲一体化的期待上。

欧共体的规划继续向东延伸：1990 年 12 月的欧共体罗马峰会上，欧洲理事会做出了向苏联提供 2. 5 亿埃居的食品援助和 4 亿埃居的技术援助的承诺，后因苏联在波罗的海国家动用武力镇压独立运动而没有兑现。1991 年年底苏联解体后，欧共体很快恢复了对俄罗斯和独联体的援助，援助重点放在支持经济社会改革领域，世称"塔西斯"（Tacis）计划。项目覆盖前苏联

---

① Enzo. R. Grilli, *The European Community and the Developing Countries.* Cambridge University Press, 1993, p. 297.

地区的独立国家，受援的 12 个独联体国家分别是俄罗斯、乌克兰、白俄罗斯、亚美尼亚、阿塞拜疆、格鲁吉亚、哈萨克斯坦、塔吉克斯坦、土库曼斯坦、乌兹别克斯坦、吉尔吉斯斯坦、摩尔多瓦。蒙古国也得到了该计划的援助。1991 年至 1998 年间，"塔西斯"计划的承诺额和实际支付额分别是 37.59 亿埃居和 19.67 亿埃居。

"法尔计划"和"塔西斯计划"与欧共体的其他援助协议不同。我的同事邝扬归纳了三"高"特点：援助中的政治含量高，援助的机制化程度高，援助的步骤清晰度高。与欧共体其他援助类似的是：欧共体对中东欧和独联体的援助并非单纯的援助，更不是为了援助而援助。虽然援助也以经济贸易协定的方式出现，其中包括支持贸易自由化，鼓励纺织品、钢铁、农产品的进出口，在工业、矿业、农业、交通、通信、旅游、科学和环境等领域的开展合作，与对其他国家和地区的援助内容雷同，但是欧共体很快就将援助项目扩展到了能源（包括核能）、银行业、保险业、金融服务业等核心经济领域，而这只是欧共体"东部邻国政策"的初级步骤。

欧共体对外关系委员安得列森在 1990 年 1 月向欧洲议会通报欧共体与中东欧国家关系时披露了欧共体对中东欧援助的真实意图：在欧共体结束第一阶段的援助后，将与东欧国家建立一种"联系制"关系框架。在欧委会与理事会的沟通文件中也提出"共同体应当在东欧业已开始的政治改革和经济自由化进程中起重要的作用"，欧共体与中东欧国家的"联系协议"应当覆盖贸易、合作和财政领域，应当根据中东欧国家的"需要、能力以及向开放性政治和经济体制过度的进程"提供。[①] 欧共体对中东欧的援助通过对附加条件的强调，敦促中东欧国家向市场经济和民主政治转轨。

苏联的解体为欧盟东扩开启了大门，而欧盟的有步骤东扩所依据的重要工具就是以"法尔计划"为代表的欧盟对外援助政策。1993 年 6 月召开的哥本哈根会议在欧盟东扩的历史上具有重要意义，对于欧盟援助的意义同等重要，不仅因为哥本哈根会议后"法尔计划"的重心开始转移，转向重点支持那些申请加入欧盟的中东欧国家，更因为这次会议产生的"哥本哈根标

---

① Commission, Implications of Recent Changes in Central and Eeastern Europe for the Community's Relations with the Countries Concerned, 1990, pp. 1 and 5. From Grilli, pp. 318 – 319.

准"成为欧盟援助"附加条件"政策的真实写照。"哥本哈根标准"是指入盟候选国必须达到三项标准：（1）以民主和法制国家为保证的制度稳定、保护人权、尊重并保护少数民族；（2）能够承受欧盟内部竞争压力的有效运行的市场经济；（3）接受欧盟法业已取得的成果，包括《欧洲联盟条约》中关于政治联盟和经济货币联盟的规定。① "哥本哈根标准"本来是为申请加入欧盟的中东欧国家设立的门槛，由于欧盟对这些国家的援助目的是帮助这些国家加入欧盟，因此"哥本哈根"标准也就自然而然地成为欧盟"法尔计划"的援助标准，或者可以说"法尔计划"成了帮助中东欧国家达到"哥本哈根标准"的工具。

　　和欧盟此前各种援助方案相比，附加在"法尔计划"中的"哥本哈根标准"是刚性的、单向的，不是可以通过谈判妥协让步的，因此这种援助完全摒弃了国际援助界提倡的以受援国为"主人翁"的原则。哥本哈根标准要求"法尔计划"的受援国严格按照欧盟标准，根据达标的措施和程度获取援助。欧盟还帮助受援国进行改制规划，派专家检验改制标准，使"哥本哈根标准"的原则落实到很多细节上，例如商品贸易、服务贸易、人员和资本的自由流动，对公司法、竞争政策、能源、工农渔业和交通政策、税收、统计、社会和就业政策的改革，对中小企业、科学研究、教育培训、电信和信息技术、文化和视听媒体、环境、消费者政策和健康保护、司法和内政方面的合作/刑事案件方面的警务和司法合作、关税联盟等方面制度的全面转型，甚至在外交关系、金融监督、金融和财政规定、公共机构等领域都要根据欧盟的方式实施彻底变革，而"法尔计划"提供的资金和技术援助正是给这种社会大转型上的润滑剂。2004—2007年，中东欧十个国家完成转型加入欧盟，是欧盟对外援助政策最感自豪的成果。这个后来被欧盟称为"东部邻国政策"的经验后来屡屡被欧盟政策文件提及，成为欧盟南向地中海政策的重要参考。

　　（五）社会党国际的作用
　　刘立群教授曾经梳理过欧洲社会党团与国际发展援助的关系，发现在国

---

① http://ec.europa.eu/enlargement/enlargement - process/accession - process/criteria/index - en.htm.

际发展合作领域，社会党国际是一支十分独特和十分重要的力量。社会党国际以西欧各国社会党为基础，于战后重新建立。在 1962 年《奥斯陆声明》中，社会党国际提出了"工业化国家应至少提供 1% 的国民收入作为捐赠性援助"的主张。从 1976 年起，德国社会民主党主席、联邦德国前总理勃兰特当选为社会党国际主席，以后一再连任，直至 1992 年去世。1977 年成立了以勃兰特为主席的"国际发展问题独立委员会"（又称"勃兰特委员会"），1980 年成立了以社会党国际副主席、瑞典首相帕尔梅为主席的"裁军与安全问题独立委员会"，1984 年成立了以社会党国际副主席、挪威首相布伦特兰夫人为主席的"环境与发展问题独立委员会"，1992 年成立了以社会党国际副主席、瑞典首相卡尔松为主席的"全球治理委员会"，1997 年成立了以社会党国际副主席、西班牙前首相冈萨雷斯为主席的"全球进步委员会"，这些委员会均与社会党国际直接有关，它们相继提出了一系列报告，在国际发展合作领域里产生了导向性的影响。例如，"勃兰特委员会"于 1980 年发表的第一篇报告题为《北方和南方：争取世界的生存》；1983 年发表的第二篇报告题为《共同的危机：南北合作争取世界经济复苏》；1985 年社会党国际经济政策委员会又发表了题为《全球性挑战——从危机到合作：打破南北僵局》的报告，提出"我们需要一种新的发展模式，其基础应为通过重新分配求得经济的复苏和增长"。1991 年 4 月，社会党国际在勃兰特主持下通过了《斯德哥尔摩倡议书》，主张召开最高级国际会议，取代战后以来的旧金山体系和布雷顿森林体系，加强联合国的职能和力量。

社会党国际不断地发布《宣言》和《议程》，如《世界经济宣言》、《21世纪人权议程宣言》等，高调塑造国际发展领域里话语，例如从 20 世纪 80 年代中期开始，把环境保护的概念带入发展合作领域。1985 年社会党国际维也纳会议上第一次通过了《关于环境问题的声明》，社会党国际的副主席布兰特伦夫人领导了一个独立委员会于 1987 年向联合国提交了环境与发展报告，首次使用了"可持续发展"一词。在勃兰特等的提议下，1992 年 9 月成立了以社会党国际副主席、瑞典首相卡尔松以及圭亚那前外交部长、英联邦秘书长兰法尔为两主席的"全球治理委员会"，该委员会于 1995 年发表了题为《我们的全球邻居》（*Our Global Neighbourhood*）的长篇报告。报告"完全支持官方发展援助 0.7% 的目标"，但是认为，"对于大多数发展中国家来说，贸易要比援助重要得多"。社会党国际还提出过类似"争取更人道的社会，争取更公正的世界"，在国际法框架内进行"人道主义干预"等口号。

（六）小结

综上所述，欧共体/欧盟对外提供援助并不以"发展"为初始目标，也不以"平等互利"为最终目的。欧共体/欧盟外援虽然在对外施加影响、主导发展议题以及实施方式方面有一定之规，但在不同时期和不同地区也有不同的目标和标准，援助动力包括了维系经济贸易联系、施加传统影响、开发资源潜力和市场发展潜力、保持边界稳定、推广欧盟规则、吸纳新成员国等，同时也关注援助效果的可见度和公众对援助的支持度。这些不同的目的性就决定了欧共体/欧盟多面复杂的对外援助政策。虽然"附加条件"是欧共体/欧盟援助的基本方法和主要特性，但是在不同时期对不同受援国的"条件"要求和优先目标却并不都一致。因此，欧共体/欧盟援助不仅不是"全球主义"的，而且是有截然不同的政策框架，体现在"欧洲发展共识"（European Consensus）[①]、"巴塞罗那进程"（Barcelona Process）、"欧洲邻国政策"（European Neighbourhood Policy）、"欧盟非洲伙伴关系战略"（EU - Africa Partnership Strategy）等欧盟对外援助和发展合作政策框架中，成为理解欧盟外援乃至外交政策的一条捷径。

从欧盟对外援助的资源分配来看，直到 20 世纪 80 年代末期，欧共体的受援国主要是非加太集团的贫困国家，主要目的是维持发达的欧洲工业国家与欠发达的欧洲前殖民地国家之间的贸易联系。这一倾向在 90 年代发生了变化。1996 年欧共体向低收入国家提供的官方发展援助，占欧共体总援助额的 53%，这个比例低于许多欧共体的成员国。从地缘的角度看，20 世纪 90 年代欧共体的对外援助资源明显向中东欧国家和地中海国家倾斜。欧共体对外援助的战略取向凸显。欧共体对中东欧国家的援助成为中东欧为加入欧盟而进行体制转型的助推器。欧共体加大对地中海区域的援助力度则以 2010 年在地中海地区建

---

① 2000 年 11 月，欧盟为整合欧盟及成员国的对外援助资源，在已有原则（协商性、互补性和一致性）基础上发布了"发展政策战略文件"（The Development Policy Strategy, DPS）。2005 年，欧盟委员会修订了该战略文件并提出"欧盟发展共识"（European Consensus on Development），用发展合作替代对外援助概念并将减贫作为欧盟发展合作政策的重点。欧盟委员会主席、欧洲议会和 25 个欧盟成员国签字通过该共识，成为欧盟和成员国达成的第一份有关发展合作的共识文件。

成自由贸易区并减缓北非移民对欧洲的压力为主要目标。

可以说，在欧盟的对外政策工具中，国际援助占据着重要而不可替代的地位。欧盟理事会曾在2001年通过哥德堡《主席结论》承诺尽早达到联合国的官方发展援助目标（即发展援助占国民生产总值的0.7%），这种表述代表了欧洲对冷战后世界格局的一种自信。当时欧盟相信，通过援助工具可以改造世界，法尔计划不仅支持了中东欧国家的国营企业改造，扶植了私营企业，而且更注重于经济社会制度的转轨，推动了中东欧国家在政治理念和政治机制方面与西方的对接。援助具有的强大而屡试不爽的同化能力，帮助欧盟介入邻国的政治与安全、民主与治理、经济与财政、社会与文化，乃至宗教、教育、传媒、劳资关系，甚至移民等广阔而深入的领域。

三　欧共体/欧盟如何提供援助

（一）欧共体/欧盟援助的构成

在国际发展援助俱乐部中，欧共体/欧盟不仅是一名独立而特殊的成员，而且对国际发展援助产生了重要的影响。在半个世纪的发展援助历程中，欧盟提供的援款一直呈逐年增加的态势，直到2009年欧洲受到国际金融危机和主权债务危机双重打击之后才有些许降低（见图4—1）。

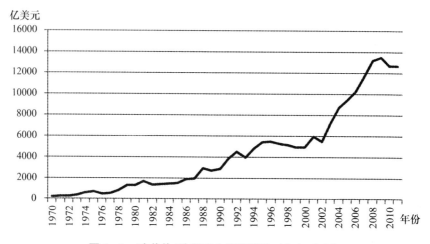

图4—1　欧共体/欧盟官方发展援助（I. A + I. B）

数据来源：http：//stats. oecd. org/Index. aspx？datasetcode＝TABLE1#。

欧盟用于对外援助的资金来源主要分为欧洲发展基金（EDF）、欧盟预算和欧洲投资银行（EIB）的自有财源等几类，前两个来源占了欧盟援助资金的90%以上。欧洲发展基金由各成员国分摊，欧盟预算来自欧盟委员会，而欧洲投资银行是欧盟的一个金融机构，可以从资本市场筹集资金用于发贷。

欧盟对外援助以赠款为主要形式，赠款占总援助额的90%以上。在援助方式上，欧盟在援助形式上主要采取财政支持（budgetary support = BS）方式，分为"一般性财政支持"（GBS）和"部门财政支持"（SBS），前者用于支持民族国家发展或改革政策或战略，后者用于针对某个部门提供援助。赠款和财政援助使欧盟援助特点鲜明。赠款无须偿还，等于给受援国政府增加了岁入，而且是硬通货岁入。受援国为了获得赠款往往可能做出在其他情况下不会做出的让步或妥协，而欧盟在赢得慷慨声誉的同时，也可以收获很高的"杠杆率"，使欧盟在受援国中的话语权和主导权得到提升。提供财政援助一方面可以节约援助项目基层实施过程中的行政开支，另一方面则可以使欧盟在受援国的预算系统和政策制定领域获得更大的权力。[1] 因为财政援助是直接提供给受援国财政部的，这就使得欧盟援助者成为"不请自来的客人"（inviting himself into the kitchen），成为直接对受援国的决策和预算发挥影响的力量。此外，在很多敏感的领域里，欧盟向政治对话活动或公共财政管理提供援助，使援助成为实施政治影响力和意识形态影响力的重要渠道。[2]

（二）欧盟发展援助的共识、主张及政策重点

2005年12月20日，欧盟委员会、欧洲议会和欧洲理事会的首脑们签署了欧盟发展政策的共同新文件，即"欧洲共识"（European consensus）。[3] 这是欧盟50年来首次定义其发展援助政策的共同原则框架，框架要求欧盟成

---

[1] *Whither EC Aid?*, Compendium, coordinated by Gwenaelle Corre, European Centre for Development Management, Maastricht: ECDPM, September 2009, pp. 193 – 194.

[2] Ibid., p. 33.

[3] http://europa. eu/legislation_ summaries/development/general_ development_ framework/rl2544_ en. htm.

员国以互补的精神，分头贯彻实施欧洲发展合作政策。欧盟在"欧洲共识"中公开接受联合国"千年发展目标"的指标，[①] 要求各成员国将援助方向侧重在可持续发展的框架下消除贫困，而欧盟机构的援助将集中于"贸易和地区一体化"、"环境和自然资源的可持续管理基础设施"、"水和能源"、农村发展、农业和食品安全、治理、民主、人权和经济体制改革、预防冲突和国家脆弱、人类发展和社会包容及就业等领域。除了传统的经济社会目标定位以外，"欧洲共识"还特别强调了要使"民主、善治、人权、儿童和弱势群体权利、性别平等、环境可持续和反艾滋病等"目标"主流化"。[②]

　　从管理的角度看，欧盟外援机构每支出 1000 万美元所使用的人力要远远低于所有的欧盟成员国，[③] 但这不仅仅是效率问题。从很多角度看，欧盟外援都不能称为高效率：欧盟对外援助人员不仅人数少，而且质量也与期望不符，特别是缺少经济学家和发展问题专家的参与，加上复杂的制度体系和决策实施程序，以及体制原因造成的分工模糊和监督无力，这些都使得欧盟外援在具体成效方面乏善可陈。欧盟虽然以协调力见长，但是却主要体现为向欧盟成员国提供活动信息，以求共享经验，协调步骤，避免无序竞争，与此同时具有庞大财力的国际性组织，例如世界银行、联合国开发计划署却在宏观战略和国际话语权方面掌握着更大的主动权，甚至可以引导用于发展投资的方向。[④] 欧盟及其成员国虽然在初期贡献了世界银行 21% 的捐款，但是世界银行的领导权却一直由美国掌握。即使是在以欧盟成员国为主体的经合组织发展援助委员会中，美国和世界银行也比欧盟更为高调。不过经过多年努力，在欧盟内部，对外援助的协调性已经初步形成。欧盟经常性地公开宣示对外援助的经济和政治目标，提供援助的强制性资格和条件也起到了潜移

---

　　① 欧盟宣布执行联合国"千年发展目标"的八项指标，即：消灭贫穷饥饿、普及初等教育、促进两性平等、降低儿童死亡、改善产妇保健、与疾病作斗争、环境可持续力和全球伙伴关系。

　　② http：//europa. eu/legislation_ summaries/development/general_ development_ framework/r12544_ en. htm.

　　③ 丹麦每援助 1000 万美元需使用 5.5 名员工，德国 4.2 名员工，英国 3.1 名员工，法国 3.0 名员工，荷兰 2.7 名员工，而欧共体第八总司才用 2.1 名员工。Aidan Cox, John Healey and Antonique Koning, *How European Aid Works*. Overseas Development Institute, 1997, p. 19。

　　④ Aidan Cox, John Healey and Antonique Koning, *How European Aid Works*. Overseas Development Institute, 1997, p. 106.

默化的作用，使得欧盟成员国在提供援助的原则方面逐渐趋同。1994 年的一份研究证明，所有欧盟成员国都将援助的重点调整到促进人权和法治上，多数成员国偏向资助与"善治"相关的援助项目。不过，援助民主政府的目标并没有被欧盟国家广泛接受。多数国家的援助目标仍然侧重于社会、民生和环境保护领域。①

前面讲到，欧盟出于不同的原因向各个不同的国家和地区提供援助，因而导致欧盟援助在各个不同的地区呈现不同的政策重点。这里要讨论的是，欧盟作为一个特殊的国际行为体，其对外援助政策中带有普遍性的重点和议题，这些重点和议题包括减贫、促进私营部分发展、支持社会参与、促进区域一体化、支持民主、善治、两性平等、人权对话，促进可持续发展等等，涉及经济、政治、社会、环境等主要领域。

欧共体外援在早期受到一些成员国历史的影响，例如法国的影响。但是，欧盟毕竟不是一个主权国家，因此一则不需要像主权国家那样，将外援作为表达国家利益和诉求的工具。二则需要在多元多样的欧盟社会民众中间寻求对外援助的共识。这就是欧盟突出强调"减贫"作为欧盟外援的主要目标，"成效"作为欧盟外援的主要标准的内在原因。

《里斯本条约》规定，"减少贫困，并最终消除贫困"是欧盟与第三国开展发展合作的"首要目标"。② 这一目标的制定，符合欧盟及其成员国对联合国和其他类似国际组织的承诺，因此在分散的欧盟社会上也最具有号召力和感召力。同时，对减贫目标可以比较容易进行测量，作为"成效"的衡量标准。例如，经济合作与发展组织在 1995 年提出，发展中国家的特别贫困人口数量到 2015 年减半，这既是一个减贫标准，又是一个可以证明"有效性"的尺度。

对于"有效性"和度量标准的强调往往导致对外援助的转向。例如，欧盟的受援国以周边国家优先，而且中等收入国家居多，如土耳其。这里既有战略上的谋划，同时也有效绩方面的考虑。后者不包含鲜明的国家特色，

① Aidan Cox, John Healey and Antonique Koning, *How European Aid Works*. Overseas Development Institute, 1997, p. 103.

② 《欧盟联盟基础条约》经《里斯本条约》修订，程卫东、李靖堃译，社会科学文献出版社 2010 年版，第 126 页。

具有一定的普遍性意义，例如减贫、社会发展、促进法治、两性平等、民主、人权、政治对话等，都最容易打动欧洲议会和欧洲媒体，因而得到更多的传播和大众支持，并形成了一系列的效果评估指标。

指标化的援助评价机制使得欧盟外援缺少共同的远见（a lack of common vision）和清晰定义的目标（clearly defined objective for EC aid），因此常常受到批评，认为欧盟主导的发展援助已经被降格成一种技术性措施（technical exercise），[①] 变成一些只有专家才能解释的程序。事实上，欧盟援助虽然长于技术设计，但也并没有失去宏观的战略策划，特别是一直都没有忘记将欧盟的基本经验设计进援助项目。例如，欧盟在 1993 年提出反贫困的政治维度，认为社会不平等是经济增长的制约因素，并在援助政策框架中设计了多重政策和综合任务，将减贫目标分解为刺激经济增长、支持相关社会部门、保障受援人群的积极参与、对脆弱群体的特定帮助，例如支持妇女在诸如教育、保健、卫生以及其他相关的基本服务等方面享有平等获取资源的权利等。

欧盟援助的突出特征是政治维度。"良好治理"（又称"善治"）与维护人权、促进民主同为欧盟援助的主要目标，因为欧盟认为，没有对公民负责的，遵纪守法的民主治理（democratic governance），减贫的目标是无法实现的。[②] 1998 年 3 月，欧盟委员会曾经发布了一份有关"民主、法治、尊重人权及良好治理：欧盟与非加太国家伙伴关系面临的挑战"的沟通文件，提出与非加太国家在推进民主和法治等方面建立更加深入和系统的对话方式。此外，欧盟在援助预算中设立专栏，用于资助"促进发展中国家的人权与民主"的活动。在 2000 年 6 月欧盟与加非太国家签订的《科托努协定》协定中，也有专章讨论如何通过援助推动"良好治理"。在实践中，欧盟主要通过支持社会行动组织和团体，资助和监督民主选举、推动行政和政治体制改革，例如帮助有关司法独立和地方分权的制度建设等方式进行政治援助，援助的项目还包括反腐措施、人权意识促进、脆弱群体（特别是妇女、儿童、

---

① *Whither EC Aid?* Compendium, coordinated by Gwenaelle Corre, European Centre for Development Management, Maastricht：ECDPM, September 2009, p. 11.

② http：//ec. europa. eu/europeaid/what/governance/index_ en. htm.

流亡者）扶助和出版自由促进。

在经济领域里，欧盟的基本价值和理念是鼓励和帮助市场经济的发展，通过支持发展中国家的私营部门的成长并强化它们的能力，让市场发挥创造就业、减少贫困的作用。因此，欧盟援助始终对扶持发展中国家的私营部门情有独钟。促进私营部门发展是欧盟援助的主要方式。欧盟通过技术援助和培训帮助受援国开发人力资源，在技术援助和财政援助项下设计"改善工商环境以利于私营部门运营"，提高金融机构向中小企业放贷的能力，推动中小企业的自身发展等内容。欧盟在改善私营企业的经济环境，帮助它们争取外资的机会，发展竞争性的市场等方面投入了大量的援助资金。欧洲投资银行还在布鲁塞尔设立"产业发展中心（CDI）"，向非加太国家的产业性企业（主要是制造业和农业）提供免费的业务服务，为私有化运营的企业提供支持，为投资者做金融咨询等。

与促进私营部门发展相关，欧盟援助着重支持公民的社会参与，并形成了"参与式发展"、"分权性合作"（decentralized cooperation）等概念。欧盟援助中还设有专门的预算栏，用于支持在发展中国家建立非政府组织，向它们提供活动经费和人员培训，让它们照搬欧洲社会的历史经验，动员受援国的社会、团体和个人根据各自的需求参与援助项目的制定、实施和评价，并将这种方式确定为衡量发展有效性的重要指标。

在环境领域里，欧共体20世纪80年代开始关注可持续发展问题，支持在环境保护和发展之间建立联系，从第四期《洛美协定》起开始向干旱和沙漠化治理提供资助，从1986年至1989年向230个治沙项目提供了1.7亿埃居的资助，并且将环境保护作为对外援助与合作的优先领域之一，在各种官方文件中系统阐述了欧盟可持续发展的理念。①

还有一些议题起源于个别成员国的动议，得到了欧盟的普遍认可而成为欧盟政策，例如瑞典在1995年入盟时要求欧盟接受瑞典的政策重点，即在发展合作中体现两性平等。1995年12月20日，欧盟发展部长理事会就此问

---

① 1993年3月，欧盟委员会在一份关于协调发展合作政策的沟通文件中提出将环境合作作为政策协调的优先领域之一。1997年4月，欧盟部长理事会发表了题为"发展中国家可持续发展中的环保措施"的法规性文件（OJ. NOL 108, 25. 4. 1997）。1996年5月和1997年4月，欧盟部长理事会分别发布了"发展合作中的环境评价"与"发展中国家可持续发展中的环保措施"等决议。

题通过了一项决议，将两性平等作为主题纳入欧共体的发展合作政策框架中，并且制定了在亚洲、拉丁美洲、地中海地区和非加太国家贯彻实施的政策目标、具体行动以及政策工具和工作程序。1995 年，欧盟援助预算中出现了"妇女与发展"专栏，欧盟将两性平等作为衡量援助结果的关键标准之一，欧盟对两性平等的援助预算从 1990 年的 50 万埃居上升到 1997 年的 500 万埃居。

（三）欧盟援外的决策和管理机构

欧共体/欧盟设有专门机构，负责制定援外政策并执行援外任务，不过欧共体/欧盟援助的决策方式和管理体制与其他援助方相比有所差别。欧共体/欧盟援助的法律依据是部长理事会通过和颁布的条例与指令，而这些条例和指令通常是先由欧盟委员会提出方案，而后修改形成。超国家的欧盟委员会负责欧盟援助的管理，欧盟委员会内有关援助的专责机构要对欧盟发展部长理事会和外交事务部长理事会负责，这两个机构都是政府间的。《阿姆斯特丹条约》签订以后，欧盟的"共同决策程序"（Co‒decision Procedure）适用于发展合作领域，欧洲议会在欧盟外援预算方面获得了最终否决权。因此欧盟对外援助政策不仅要对理事会负责，而且还要对欧洲议会负责，同时，从理论上说要对成员国议会负责。在欧盟对外援助预算过程中，欧洲议会与部长理事会共同参与，但前者拥有更大的权力。《里斯本条约》以后，随着欧盟在外交领域获得更大的权力，特别是由于欧盟对外行动署的建立和欧盟发展署的重组，欧盟外援的实施越来越具有超国家的性质。

超国家的欧盟外援预算草案需要经欧洲议会审批，发展援助开支在欧盟预算的"非强制性开支"（non‒compulsory expenditure）项下列支，欧洲议会有权就"非强制性开支"提出增减修正。《洛美协定》是个例外，因为《洛美协定》是欧盟成员国参与谈判制定的，因此欧洲议会对其中的欧洲发展基金（EDF）的开支并无决定权，该权力仍属各国议会所有。《洛美协定》的组织结构也与欧盟其他发展援助计划不同。在欧盟成员国和非加太国家之间成立了部长联席理事会（Joint Council of Ministers）和大使联席委员会（Joint Committee of Ambassadors），分别由欧盟成员国和非加太国家派部长或大使出席，联席大会（Joint Assembly）由非加太国家的代表和欧洲议会同等数量的代表共同组成，联合议员大会（Joint Parliamentary Assembly）由数量相等的欧洲议会议员和非加太集团各成员国议员或议会指定代表组成，双方各自选派 13 人组成总务委员会，其中双方各派一人担任共同主席，其余 24 人为副主席。但有关财政支持的真正权力在欧洲发展基金委员会，该委员会由欧盟各成员国派代表组成，每月举行一次会议，投票权重依据各国提供资金多少确定，资金分配的根据是欧盟委员会递交的援助计划或项目计划书。所以，虽然在层层叠叠的机构中可以体现受援国的意愿，但是最终的决定权还是在提供援助的一方。

在欧盟委员会内部的对外援助机构很分散，而且机构调整频繁。1985年以前，欧共体的所有援助项目都归当时的欧共体委员会下属的发展总司管理。1985 年，对地中海地区、亚洲和拉丁美洲的援助划归到专门负责欧共体对外政策的另一个总司管理，该总司在 20 世纪 90 年代初期并入第一总司（DGI），发展总司调整为第八总司（DGVIII），专门负责管理欧共体与非加太国家的关系以及粮食援助。第一总司不仅负责处理与南北关系相关的事务，也负责管理欧共体与中东欧和独联体国家的关系，包括 90 年代初期创设的"法尔计划"和"塔西斯计划"。1993 年，成立第一 A 总司（DG IA），专门负责欧盟对外政治关系，而第一总司（DGI）则改为负责对外贸易和南北关系。1995 年，欧盟再设立第一 B 总司（DG IB），负责管理与地中海沿岸国家及亚洲、拉丁洲国家的关系。

2007 年《里斯本条约》签署以后，新成立的欧盟对外行动署负责欧盟涉外事务，自然也对欧盟外援进行了整合，复杂的整合过程于 2011 年结束，经过整合的欧盟外援机构合并了负责援助非加太国家的发展总司和欧洲援助合作办公室，以发展与合作总司为核心，下辖 9 个总司，其中 4 个非地区总司，第 A—D 总司分别负责总政策、质量、影响及部门政策，如可持续增长政策、人类与社会发展政策等。第 E—H 总司分管各个不同的地区，第 9 个总司，即总司 R 负责管理布鲁塞尔和欧盟外派机构的资源。

整合过的欧盟援助事务统一由"欧洲援助"（Europe Aid）总司负责设计政策并通过计划和项目向全世界提供援助，将过去多部门协调的机制融合为一个"一站式"的欧盟机构。欧盟委员会可以用有关发展与合作议题发表意见、发出声音。

表4—1　　　　　　　　　　　　欧盟委员会关于发展与合作议题

发展与合作总司——欧洲援助（EuropeAid）①（2011年1月）	负责制定欧盟对外援助政策，协调欧盟与成员国外援，与非欧盟双边援助国和多边援助方对话，确定对外部门援助战略及工具②
DG Enlargement扩大总司	负责邻国政策
A总司	负责欧盟发展政策，包括总体方向、经济分析和财政支持、发展的政策协调、援助有效性、为发展提供财政支持、脆弱性和危机管理。该总司还让智库和研究者合作参与政策建议
B总司	负责质量和影响力控制。除了增进外界对欧共体发展合作的理解，提高欧共体发展合作的可视度以外，还负责协调欧盟内部与发展政策相关的各个部门
EIB欧洲投资银行	负责欧盟减让性贷款的操作
Court of Auditors欧盟审计院	负责欧盟对外援助的财务审计
SCR（1998）对外关系共同服务署	负责欧盟对外援助中除政治性援助之外的援助项目的具体实施，工作范围包括援助项目的确认、评估、执行与评价。上述其他相关总司负责制定政策和多年期计划，而对外关系服务署则负责实施
EuropeAid（2000）Cooperation Office欧洲援助合作办公室	实际上是SCR的升级版。该办公室负责包括欧洲发展基金在内的大多数对外援助项目的技术与财务工作，其管理业务涉及项目确认、评估、执行、评价等全过程
ECFINE经济和财务事务总司	负责管理一些带有特别性质的项目
DG Enlargement扩大总司	负责管理欧盟候选国的入盟准备项目

此外，欧盟还设置了一些主题机构，例如负责可持续增长和发展（含农村发展、食品安全、气候变化、环境和金融工具）的 C 局，负责人类和社会发展（治理、民主、人权、公民社会、就业和教育）的 D 局，以及四个根据地理分布设立的司局：E 局负责前非加太国家（现在重点转移到撒哈拉

---

① Directorate General for Development and Cooperation – EuropeAid. Main missions of DEVCO Directorates & Units. Draft edited and translated on 21/12/2012 on the basis of the 14/03/2012 version http：//ec. europa. eu/europeaid/who/about/documents/devco – mission_ statement_ en. pdf.

② 包括欧洲邻国和伙伴关系工具（ENPI）、发展合作财政工具（DCI）、全球促进民主和人权财政工具（EIDHR）、核安全合作工具（INSC）等，但是不包括人道主义援助、入盟前援助工具（IPA）等。

以南非洲），F 局负责邻国，G 局负责拉美和加勒比，H 局负责亚洲、中亚、中东/海湾和太平洋国家。R 局负责管理"欧洲援助"的资源，包括人力、资金和技术资源，从事规划、预算、审计、法律实务和人事。由于国家众多，机构重叠，因此欧共体/欧盟在发展援助的政策协调和机构沟通进行了大量的投入。早在 20 世纪 90 年代，欧盟就要求各成员国在对外援助方面聚焦于各自的比较优势领域，限制重复投入，以尽量缩小外援行政开支，同时也降低受援国政府的负担。

叠床架屋的制度体系和内部协调耗去了欧盟大量的援助资源，也使"援助有效性"成为一个欧盟外援的讨论主题。欧盟虽然往往被看作"国际发展援助领域里的关键角色"[1] 和"发展政策的开发者"（a developer of development policy），以及举足轻重的捐助者，但是由于欧盟自身财力的限制，[2] 机制和专家的消耗占去了欧盟的很多援助资源，还有决策程序复杂等原因，在国际援助体制内，欧盟的话语权明显少于美国及其主导的多边援助机构，如世界银行。由于欧盟的援款不直接来自各成员国，没有历史包袱和传统政治影响，也不直接承受各国纳税人的压力，因此欧盟履行的援助责任就变成一种"受信托的责任"（Fiduciary accountability），一种需要通过取悦公众的责任，同时欧盟外援还要在形式上、技术上和名义上获得广泛的认可并证明其"有效性"，这些因素制约了欧盟的对外援助，使其受制于各种有关"发展的意识形态"。

---

① http：//europa. eu/legislation_ summaries/development/index_ en. htm.
② 欧盟的直接援助远远低于美国、日本，有时甚至低于一些重要的欧盟成员国，如德国、法国和英国。

第五章

从国际人道主义到区域主义
——瑞典外援的欧盟化[①]

    2001 年上半年，瑞典第一次担任欧洲联盟主席国，随即为欧洲联盟的发展提出了三个"E"的政策目标，即东扩（Enlargement）、就业（Employment）和环境（Environment），从而表明，瑞典并不因为国小民寡，就在欧洲联盟中扮演被动成员的角色，而是积极主动地影响欧洲联盟的政策，使本国的优势通过欧洲联盟得以发挥。这种主动性特别突出地表现在瑞典的外援政策上。

    冷战结束以前，瑞典的外援政策以国际人道主义著称。冷战结束以后，瑞典调整了外交政策，与此同时也调整了外援政策，在传统的"官方发展援助"之外，增加了对中东欧的"官方援助"。随着瑞典加入欧洲联盟，瑞典外援的"国际人道主义"进一步向"区域主义"靠拢。与此同时，瑞典又利用自己在外援领域里的经验和知识，影响欧洲联盟的外援决策，在欧洲联盟中体现"全球主义"。

一　瑞典外援的国际人道主义倾向

    瑞典在援助国俱乐部中素以慷慨大度和崇尚道德而著称。早在 1975 年，瑞典就超过了联合国倡导的，将国内生产总值的 0.7% 用于发展援助拨款的指标。自 1975 年以来，大多数瑞典发展援助都以赠款的方式拨付，而瑞典

---

    ① 原文为英文，2001 年发表于中国社会科学院欧洲研究所英文工作论文系列。

的"捆绑性援助（tied aid）"数额则比较低，一直停留在低于20%的水平线
上。①瑞典的外援拨款仅占经合组织发展委员会对外援助总额的2%，而日本
占到9.44%，美国占到9.38%。②但是瑞典外援的特色不是它的总量，而是
它的"国际人道主义"特征。③

　　瑞典早期的国际人道主义大体表现在瑞典的对外援助政策上，例如瑞典
将大约33%的外援拨款提供给国际多边援助组织，在这33%中又有60%是
提供给联合国各下属机构的，④也就是说，瑞典并不注重通过双边援助谋求
国家私利，而是支持联合国的国际发展工作。此外，瑞典的对外援助还被认
为是"中立"和"利他"的典范，因为瑞典是世界上第三大紧急人道主义
援助的提供者，它把近10%的外援拨款用于人道主义援助，在总额上仅次
于美国和德国，在平均额上是其他援助国的近3倍。所有这些行为都为瑞典
赢得了一个具有"人道主义特性"的援助国的名声。

　　瑞典有足够的自然资源，所以它并不依赖第三世界国家的原料。但是，
瑞典却是一个依赖贸易出口的国家。尽管瑞典的主要贸易伙伴都在西欧和北
美，但是发展中世界也还是占到瑞典出口的20%左右，当然瑞典对最穷国的
贸易比例还要小得多，大约只有10%。所以很难说，瑞典的外援与贸易促进
有多大的关系。这当然进一步加深了瑞典外援给人的"利他主义"印象。

　　另外，瑞典人具有一种"对国际性价值的敏感"⑤。他们相信生活在工
业国家中的公民对于超越他们自己国界之外的人民和事务也赋有道德责任。
同时，瑞典在国内实行福利国家政策，所以往往推己及人，更加关心域外民

---

　　① *Development Cooperation Review Series*：*Sweden*，OECD Development Assistance Committee，1996，No. 19，p. 13.

　　② *Development Cooperation Review Series*：*United States*，OECD Development Assistance Committee，1998，No. 28，p. 90.

　　③　斯托克将"人道的国际主义"定义为：（1）将解脱全球的贫困和促进第三世界的社会和经济发展看作自己的义务；（2）坚信一个更加平等的世界是最符合西方工业国家利益的；（3）假定履行这些国际义务与保持民族经济和社会福利政策的社会责任是相匹配的。见 Stokke, Olav（ed.）*Western Middle Powers and Global Poverty*，The Scandinavian Institute of African Studies，Uppsala，1989，p. 11. See also Pratt, Cranford（ed.），*Internationalism under Strain—The North - South Policies of Canada*，*the Netherlands*，*Norway*，*and Sweden*，University of Toronto Press：1989。

　　④　这是在1995年衰退的30%增长上来的，但是仍然低于20世纪70年代和80年代初期的40%高比率。

　　⑤　Stokke, Olav（ed.），*Western Middle Powers and Global Poverty*，pp. 10 - 11.

众的生活状况。瑞典政府的《1962 年第 100 号法案》后来被称为"瑞典发展援助的福音书"。在这部为瑞典外援政策奠定了原则基础的文献中，我们看到当时瑞典人强烈的国际主义意识：

> 和平、自由和福利都不可能是排外的民族关怀，而是某种越来越全世界性的和不可分割的关注。①

综上所述，不论从什么角度上讲，瑞典在援助国俱乐部里都占有一席并非不重要的地位。瑞典在国际对外援助中倡导"'人道主义因素'，这个传统使得 Sida（瑞典国际发展合作署）成为 IDB（美洲发展银行）的一个现成的合作伙伴，而合作的基础正是这两个机构各自的比较优势：瑞典国际发展合作署表示，美洲发展银行的雄厚的资金和瑞典国际发展合作署在社会发展领域里的经验，可以通过这种伙伴关系得到更好的利用，从而达到它们"共同的目的"：使通向"冷血"市场的道路，从过多地接受"新自由主义"的影响，变得更加人道和平稳。②

瑞典还是经合组织发展援助委员会执行机构的成员，它与该机构的其他 7 个国家一道为制定塑造 21 世纪的发展合作纲领性文件出谋划策。瑞典与北欧国家一道，促进联合国项目在受援国层面上的协调合作，促使联合国、国际多边开发银行和双边援助国进行分工，并且提倡高质量和高效率的援助。瑞典在很大程度上能够发起，或者参与发起外援执行领域里的管理程序，并且成功地利用国际援助组织去贯彻瑞典的发展合作观念。据瑞典国际发展合作署的官方文件称，瑞典对《欧洲联盟的发展援助》和世界银行的《2000/2001 世界发展报告》都作出了"重要的贡献"③。

瑞典外援的国际主义传统可以追溯到瑞典历史上的传教时代。瑞典裔耶稣会士的足迹曾远及东非大陆，他们在瑞典社会发表文章和见闻，使得有关

---

① Andersson, Christian, " Breaking Through. Politics and public opinion in the period of rapid expansion", Fruehling, Pierre（ed.）, *Swedish Development Aid in Perspective*, Faelths Tryckeri AB, Vaernamo：1986, p. 29.

② *Sida* 1998—*Looking Towards* 2000, p. 20.

③ Ibid. , p. 17.

非洲和亚洲一些贫困国家人民的生活状况对瑞典普通人来说并不陌生。有些瑞典的传教士在非洲国家成了政界要人和社会名流，他们利用自己在传教地的名望和在母国的关系，从事游说活动。正是由于这些瑞典传教士的努力，坦桑尼亚和巴基斯坦成了瑞典的第一批受援国。瑞典在对外援助方面的"利他主义"传统也与它的非殖民主义传教士遗产密切相关。

早在 1962 年，瑞典为对外援助政策设定了一整套目标，其中包括促进受援国的经济增长、社会公平、政治独立和经济自主以及民主发展。随着时代的发展，1988 年瑞典又在这套目标中增加了环境保护，1996 年更增加了性别平等。[①]瑞典国会将这些瑞典对外援助的目标最后定义为：

（1）经济增长；

（2）经济和政治独立；

（3）经济和社会平等；

（4）社会上的民主发展；

（5）长期的自然资源可持续管理和环境保护；

（6）性别平等。[②]

在这 6 个目标中，最后 3 个目标在近年来受到了特别的强调。大量的研究证明，世界上穷人中有 70% 是妇女，媒体的发展更是将外部世界环境急剧恶化的状况真实地带到瑞典广大民众的面前，加上世界上的政治动荡和军事冲突此起彼伏，显得十分不安定，瑞典的外援政策也因之而受到影响，开始转向重视妇女权益保护、环境保护和社会稳定等领域。

二　变化中的瑞典外援政策

瑞典政府负责对外援助的官员们否认瑞典在 1995 年加入欧洲联盟以后曾经对瑞典的外援政策做过任何调整和改变。[③]但是，在加入欧洲联盟前后，瑞典的外援政策的确出现了一些明显的变化。

第一，瑞典外援款的投向发生了变化。瑞典给国际发展组织的投资有所

---

① See：*Development Cooperation Review Series*：*Sweden 1996*，No. 19，p. 13，also：Olav Stokke（ed.）*Aid and Political Conditionality*，EADI Book Series 16，Frank CASS. London：1995，p. x.

② Sida On – line information：www. sida. se.

③ 根据笔者对瑞典国际发展合作署和瑞典外交部官员的电话采访整理。

减少，特别是给联合国和世界银行系统的份额减少了，给非洲的援助紧缩了。与此同时，瑞典政府增加了一项新的预算，专门拨给中东欧国家，特别是波罗的海国家。由于这项外援拨款带有明显的战略意图，所以并没有纳入传统的"发展援助"范畴，而是被经合组织称为"官方援助"，以示区别。即使是在传统的发展援助领域里，瑞典外援的区域特征也日渐明显。1982年欧共体制定了关于发展政策的备忘录，其中突出地强调了地中海国家是欧共体要"利用所有可能的条件"进行帮助的地区。[①]后来，瑞典积极地参与了援助地中海国家的欧洲集体行动，以表示愿意和欧洲联盟其他成员国共同承担责任和负担。

第二，瑞典外援的目标和指导原则也出现了明显的改变。尽管瑞典从一开始就提出，促进民主是外援政策的主要目标之一，但是促进民主只是在最近几年才成为瑞典外援的政治条件和优先考虑的目标。[②]从1994年起，瑞典对非洲的一些传统的受援国提出了更加严格和具体的外援附加条件，其中包括发展市场经济、切实实施民主、改进人权、提高效率和降低军费开支在政府开支中的比例等。[③]

在瑞典对外援助的指导原则中有一个突出的现象，就是将政治战略思维引入外援政策，例如对中东欧的"官方援助"目标就包括了：

（1）促进共同安全；

（2）深化民主文化；

（3）支持社会可持续的经济转型过程；

（4）支持环境可持续的经济发展。[④]

这套政策目标虽然仅限于中东欧地区，但也已经充分而清晰地表明了瑞典外援政策的政治目的。上述在对外援助方面的方向性转变，与冷战后欧洲

---

① Quoted by Enzo Grill, *The European Community and the Developing Countries*, p. 70.

② Elgström, Ole: "Giving Aid on the Recipient's Terms: the Swedish Experience in Tanzania", *Agencies in Foreign Aid—Comparing China, Sweden and the United States in Tanzania*, ed., by G. Hyden & and R. Mukandala, MacMillan Press Ltd.: 1999. Also Mushi, Samuel S. "Determinants and Limitations of Aid Conditionality: Some Examples from Nordic – Tanzanian Cooperation", in Stokke, Olav (ed.) *Aid and Political Conditionality*, 1995.

③ *Development Cooperation Review Series*: Sweden 1996, No. 19, p. 7.

④ Sida On – line information: www. sida. se.

戏剧性的地缘政治变化密切相关。有一位瑞典的外交官说："在冷战结束以后，我们突然发现波罗的海并不很大，在波罗的海彼岸发生的事情与我们的家园密不可分、息息相关。波罗的海彼岸的人只要有决心登上海船，一天以后就可能成为瑞典的新移民。"言外之意，瑞典从自身的利益出发，需要通过外援，保持波罗的海对岸的政治、经济和社会稳定，一则以防止移民的外流，二则以事先将可能成为移民的人教化为适应瑞典民主制的候选公民。

种种迹象表明，瑞典正在改变其长期以来就奉行的"有信誉的中立"和"不结盟"的外交政策。与此同时，也在重新调整它的对外援助政策，而改变的方向是更加靠近以欧洲联盟为代表的西方主流社会。

第三，瑞典政府在20世纪90年代发起了一场对于瑞典外援机构的革命性重组。五大相对独立的机构：瑞典国际开发署（SIDA）、瑞典国际技术和经济合作机构（BITS）、瑞典发展中国家研究合作机构（SAREC）、瑞典国际发展教育中心以及瑞典开发公司（Swedecorp）合并成为新的瑞典国际发展合作署（Sida），以便使决策更加集中。这场机构改革先于瑞典外交部的重组。结果使新组建的外交部获得了在对外援助政策方面更多的决策权。这样一来，瑞典的对外援助就可以更好地为瑞典的国家利益和外交政策服务了。[①]

第四，瑞典的对外援助官方机构，也就是瑞典国际发展合作署，发起了一个新的、针对各个受援国的国别援助战略。瑞典国际发展合作署认为，每个不同的社会都有不同的发展需求和发展战略，发展合作工作需要更多的有关受援国的知识和对受援国实际情况的更加深入的理解。

第五，瑞典比以往任何时候都更加提倡援助国和受援国在发展问题上的相互合作，瑞典并且批评说，"援助"并非一个恰当的名词，因为援助代表单方面的给予，而没有考虑到给援方和受援方双方共同的努力和相互的责任。[②]

"官方援助"和"发展援助"固然是分账管理的不同项目，但是由于它们同是援助国的政府拨款项目，所以仍然存在着资金竞争的问题。关键的问题还在于，上面谈到的那些瑞典外援拨款方向，以及政策原则的变化，是否

---

① See for example, *Development Cooperation Review Series: Sweden*, p. 7.

② *Sida Looks Forward*, 1997, p. 13.

是经济危机引起的短期现象？还是代表了由欧洲地缘政治变化引起的瑞典外交政策的改变？或者两种因素同时存在？一个简单的结论是很难作出的，我们经常地看到政府发言人自相矛盾和言不由衷的现象。事实上，瑞典外援政策仍然处在重新评价、重新调整并重新建立其世界和区域地位的过程之中。这些变化开始于80年代末和90年代初，从那些变化中可以看出世界格局此消彼长的变化。不仅瑞典的外援反映了动荡不已的欧洲政治格局，就是瑞典加入欧洲联盟的举动本身，也是这种政治格局变化的结果。

三　瑞典对外援助的欧盟化

瑞典加入欧洲联盟已经是第6个年头了，而瑞典仍然在根据这个新的成员资格调整自己的政策。一些最新的瑞典国际发展合作署的出版物对于瑞典外援与欧盟外援的关系讳莫如深，而外交部的出版物则详细地介绍了瑞典对于欧共体对外援助的观点。

瑞典外交部的出版物提到，"欧共体在对外援助的地理重点"方面有"重要的变化"——对撒哈拉以南非洲国家的援助有所削减，"主要是因为大量的援助款拨给了东欧、前苏联和前南斯拉夫，同时在地中海地区的发展合作在增长"[1]。这个趋势与瑞典的双边援助拨款大体类似。而且，瑞典向欧共体外援计划的缴款份额也在增长，从1997年的大约相当于欧共体外援款总额的5%，增加到了1998年的6%。此外，瑞典还单另拨付了一笔特别基金，专门支援中东欧地区。这笔基金也通过欧洲联盟来执行（见表5—1）。

表5—1	经过欧洲联盟的发展合作	单位：10亿瑞典克朗
欧洲联盟发展合作基金	707	68%
与中东欧的合作	335	32%
总额		= 1042

资料来源：*http：www.sida.se*。

---

[1]　*Sweden's International Development Cooperation*, 1999 *Yearbook*, p. 49.

可以理解，随着冷战的结束，瑞典的地缘政治状态发生了变化。前苏联的解体和北约势力的强大使得中立地位失去了价值。随着瑞典加入欧洲联盟，瑞典的疆界拓宽了，北非、中东以及中东欧都成了新邻居。"瑞典和这些地区的关系更要通过发展合作来体现。"①

涉及瑞典外援的目标与原则，在瑞典加入欧盟的前后也发生了意识形态上重新定位的现象。瑞典已经不是像 20 世纪 60 年代和 70 年代那样，力主民族独立，而是更加认同于西方的价值观，接受民主和人权的一般性概念，并且认为法制是任何真正意义上的发展的前提。瑞典还特别积极地运用外援，达到在波罗的海国家实现地区安全的目标，几乎成了欧洲联盟内部波罗的海国家的代言人。

有一个明显的征兆，可以证明瑞典外援与欧盟外援之间存在着亲缘关系：瑞典的官方文件把瑞典给欧盟的外援捐款称为"份额"，表示一种内部的义务，而把给予联合国机构的赠款称为"贡献"，以表示出于自愿。有数据表明，瑞典经过欧盟实施的外援表现出一种强烈的地区安全取向，而瑞典通过国际发展组织实施的援助则具有更多的"发展"取向（比较表 5—1 和表 5—2）。瑞典在国际组织中保持着国际主义的传统，而在欧洲联盟中则表述了对于地区性问题的关注。对于地区安全的关切使瑞典悄悄地放弃了长时期的中立政策，成为欧洲联盟的一个成员。

表 5—2	通过国际组织进行的发展合作	单位：10 瑞典克朗
UNDP 联合国开发计划署		470
UNCDF 联合国资本开发基金		42
UNICEF 联合国儿童基金		250
UNFPA 联合国人口基金		125
WFP 世界粮食计划		180
UNHCR 联合国难民署		260

---

① Sida, *Progress and Poverty—Swedish Development Cooperation with Asia.*

续表

UNRWA 联合国巴勒斯坦难民署	145
贸易促进援助	8
通过联合国系统的反毒品工作	45
UNAIDS 联合国艾滋病计划	37
UNIDO 联合国工业发展基金	8
世界银行、发展银行和基金	1102
其他多边援助计划，包括环境和儿童的专业援助	339

　　尽管如此，瑞典在为欧共体提供"份额"方面并没有显示出任何的勉强和被动。相反，在入盟以后，瑞典获得了参加欧洲联盟发展合作计划的"机会和义务"。①瑞典外援中的地缘变化就是这种参与的结果之一。

　　变化其实发生在瑞典入盟之前。在 90 年代的前半期，申请加入欧共体的国家——芬兰、奥地利和瑞典，都改变了它们在联合国大会中的投票方式，向欧洲联盟的核心国靠拢。这种行为方式在欧盟的一些老成员国申请加入欧盟时也曾经出现过。②毋庸置疑，欧洲联盟像一个旋涡，当它开始旋转的时候，就会产生一种不可抗拒的引力，将周围的邻居裹胁进去。

　　瑞典态度的转变开始时很可能是非常勉强的。当德洛尔在 1992 年实现内部大市场的目标逐渐临近时，"许多的政治组织和商界领袖们都感受到了一种压力，恐怕瑞典会变成一个小型的、边缘化的国家，被搁置在具有活力的欧洲大陆北方边境上"。③ 瑞典人感到，他们的国家正处在一个夹缝地带，要么就冒在战略和经济上边缘化的风险，要么就放弃瑞典式的"独特外

　　① *Sweden's International Development Cooperation*, 1999 Yearbook, p. 49.

　　② Strömvik, Maria, "Fifteen Votes and One Voice? —the CFSP and Changing Voting Alignments in the EU", in *Statsvetenskaplig tidskift*, 1998, Vol. 1010, No. 2, pp. 181 – 196.

　　③ Ekengren, Magnus & Sundelius, Bengt "Sweden: The State Joins the European Union", Hanf, Kenneth & Soetendorp, Ben (ed.) *Adapting to European Integration: Small States and the European Union*, Addison – Wesley Publisher, 1998, p. 134.

交"，以及它的"独特的发展援助计划"。① 最后，他们找到了一个折中的方式，这就是瑞典首相卡尔松在 1990 年 10 月 2 日议会上的讲话中所陈述的政策。卡尔松用了很含糊的语言，称瑞典的选择结合了"瑞典的欧共体成员身份和传统的中立政策"。②

时间证明，瑞典在"中立"和"欧盟化"中间的徘徊实际上是更加偏向欧盟化。瑞典作为不结盟运动代言人的地位，以及它作为在国际事务中倡导政治自治和不干涉主义的地位，已经为瑞典各项政策迅速的欧盟化所取代。瑞典在 1995 年以前就表现得像是一个积极的欧盟非成员国。这种靠近欧盟的新取向被解释为对"欧洲均势戏剧性变迁"的反应。

美国人也许会将这种现象称为欧洲一体化的"溢出作用"，但是在瑞典人看来，他们对欧洲内部团结的承诺与其说是一种被动地接受欧盟程序的过程，倒不如说是相反。在发展合作事务中，瑞典国际发展合作署保持着固有的自豪和专业方面的相对优势。在瑞典加入欧盟之后不久，瑞典对于欧洲联盟的尖锐批评就变得公开化起来。在瑞典的官方文件中，出现了"欧盟对外援助支离破碎、互不协调、没有效率，欧盟委员会的组织和管理发展合作项目的能力受到了质疑"等评语。③甚至欧盟委员会 1998 年的腐化丑闻也被提及，因为受到指控的腐化现象牵涉到了人道主义援助项目。

马格努斯·艾肯格林试图解释说，由于在瑞典社会中存在着对瑞典加入欧盟的不同意见，所以瑞典政府就需要在欧洲联盟事务中扮演一种积极和前瞻性的角色，使瑞典公众在转变中感到自豪和满足。瑞典政府要让公众相信，瑞典"未来的任务是为联盟的其他部分注入经过长期考验的、瑞典式模范社会的进步价值和正面经验"。④在政策领域里，瑞典感到有足够的实力影响欧盟，使之更加注重环保标准和全球团结。用卡尔松首相在 1994 年 10 月内阁会议上的话说，瑞典加入欧洲联盟的目的之一就是要帮助欧洲联盟改变

---

① Proposition（1987/88）Regeringens proposition om Sverige och den västeuropeiska integrationen（Stockholm：Parliament Printing Office）.

② Document on Swedish Foreign Policy 1990. "Should the EC choose to proceed toward such a far-reaching goal?" *Dagens Nyheter*, 27 May 1990.

③ *Sweden's International Development Cooperation*, 1999 Yearbook, p. 49.

④ Ekengren, Magnus & Sundelius, "Bengt Sweden：The State Joins the European Union", *Adapting to European Integration：Small States and the European Union*, p. 140.

成为一个"世界事务中的进步力量"。①

　　瑞典大约可以通过两个渠道影响欧共体的外援政策，其一是从外部使瑞典的外援作为一个为其他成员国效仿的楷模；其二是从内部积极地参与共同体在援助问题上的决策过程。

　　怎样做才能使瑞典外援成为楷模呢？这里的难点在于瑞典外援在冷战结束后出现了和其他给援国趋同的现象。如前所述，瑞典减少了对撒哈拉以南地区非洲的官方发展援助（ODA），并且开始对波罗的海沿岸国家实行官方援助（OA），原因主要是战略和安全的考虑：因为移民的拥入和环境的恶化也关系到瑞典的"安全"。在20世纪80年代后期和90年代前期，抵达瑞典的移民成倍增长，现在每20个瑞典居民中就有一个是移民。②来自南斯拉夫联盟共和国的越来越多的移民成为瑞典第二大移民群体，因此，除了波罗的海之外，瑞典也成了前南地区重要的援助国。

　　观念上的变化总是晚于事实上的变化。瑞典人民半个世纪以来一直生活在一种国际道德义务感里。那些有关全球人民团结合作的术语和心态仍然鲜活，而国家利益则不经常被用来为对外援助政策正名。一位瑞典议会的专家说："在奉行了几十年的'有信誉的中立'和'人道的国际主义'之后，瑞典的公众还不习惯接受这种价值观（指国家利益）。"③所以，对于瑞典的对外援助来说，非常需要更有说服力的正名。在瑞典，这套正名体系是分层次、分地区的。在对中东欧的官方援助方面，瑞典设立了一套与60年代的官方发展援助总目标不尽相同的分目标。由于瑞典在中东欧，特别是波罗的海地区有更加直接的利益关系，所以共同安全、民主、社会稳定和环境保护就被列为瑞典对该地区援助的主要目标。对此，瑞典民众可以理解。与此同时，瑞典针对其他地区，甚至针对个别受援国，都设立了不同的优先政策目标。这种做法淡化了"国家私利"，突出了"不同情况不同对待"的务实精神。

　　另外一个使瑞典援助成为楷模的方式是通过国际援助组织，继续保持瑞

---

① Ekengren, Magnus & Sundelius, Bengt "Sweden: The State Joins the European Union", *Adapting to European Integration: Small States and the European Union*, p. 140.

② *Fact Sheets on Sweden: Population*.

③ Based on interview conducted on August 29, 2000.

典的"人道主义面目"。除了在救灾救急方面表示出慷慨以外，瑞典还继续保持其在发展援助领域里的知识优势和经验优势，并且继续加强瑞典在多边援助机构中参与管理和决策的作用。瑞典其实也并不满意联合国系统的援助工作，而且还曾公开地批评联合国援助机构的官僚化和低效率。但是瑞典继续支持联合国的援助工作，主要原因是"没有更好的替代机构"①。此外，由于联合国发展组织的结构不突出大国地位，所以瑞典可以凭借文化、知识和经验的优势，在其中享有不小于大国的发言权。瑞典的这种实力已经受到了欧洲联盟的重视：在瑞典刚刚加入欧洲联盟的时候，欧盟内部就表示出广泛的期待，希望瑞典的成员国资格会有利于欧共体对外援助工作的改善。

至于通过欧洲联盟的内部渠道来体现瑞典在对外援助方面的优势，情况就要复杂得多了。马斯特里赫特条约规定，欧共体提供外援是为了补充和支持由各个成员国经双边渠道提供和实施的对外援助。欧共体对外援助资金虽然也是来自成员国，但是由欧盟第一根支柱直接提供，并且由欧盟委员会的几个总司具体执行。这样可以集中部分共同体的资源，达到欧共体的主要目标，而且还可以显示欧洲联盟的内部团结。共同体对外援助的传统目标是撒哈拉以南非洲，后来移到了地中海地区和中东欧国家。假如用国家利益的标准去衡量，瑞典上缴欧共体对外援助基金的份额中有些是假欧洲联盟之手，满足了瑞典的国家利益，例如欧共体在援助地中海的同时，也加大了对中东欧援助的力度。由于瑞典在援助中东欧方面的利益和欧洲联盟一致，所以它上缴的份额就有了合理的补偿。

像许多其他欧盟成员国一样，瑞典也力图通过欧共体的对外援助政策，实现本国的原则和目标。但是这种努力并不容易实现。过去，欧共体对外援助微不足道，其作用只是补充和支持成员国的双边对外援助。②近年来，欧共体的对外援助资金和项目快速增长，成为一个资金雄厚、举足轻重的援助实体，在多边援助组织中仅次于世界银行，排位第二，所以任何成员国都希望能够更好地利用这笔财富，都不会小觑它的独特地位。

---

① Based on interview conducted on August 29, 2000.

② Enzo R. Grilli, *The European Community and the Developing Countries*, Cambridge University Press, 1993, p. 50.

瑞典在入盟之后就自然而然地对欧共体的外援政策产生了影响，其最主要的影响领域是迫使共同体对外援助进一步从"区域主义"转向"全球主义"。① 在 70 年代，欧共体外援政策受到法国和比利时的影响，倾向于区域主义，将援助款集中投放在几个成员国的前非洲殖民地国家。1972 年成员国首脑共同宣布，欧共体的对外援助将不会被"一种尚未制定的世界性的政策所替代"，② 就是这种区域主义的明确信号。随着欧共体向南方的扩大，西班牙和葡萄牙之间的均势作用使得欧共体的对外援助项目扩大到了地中海地区。从 1978 年开始，欧共体建立了一个 5 年期的"地区援助框架"，结果就形成了 1995 年的欧共体对地中海共同政策。③长期以来，欧共体的区域主义受到了其他成员国，如德国和荷兰的反对。欧共体援助开始向世界其他地区延伸，亚洲和拉丁美洲（ALA）发展中国家因而成为欧共体援助的享受者。随着欧盟的继续扩大，北方新成员（如丹麦和瑞典）加强了欧共体对外援助政策中的全球主义。当然，这种发展都有很好的名目，都是"民主力量与周边国家团结的象征，而且是出于共同体自身利益的考虑"。④

尽管瑞典认为，欧共体外援政策原则与瑞典自己的原则没有根本性的冲突，但是这并不能排除它们之间存在着矛盾。事实上，瑞典参与欧盟工作的第一年就感觉到"欧盟方式和瑞典行政结构之间的冲突"。瑞典虽小，但是却注定要通过显示比较优势来表现其独特性，而瑞典在外援项目的执行和管理方面的确具有文化优势、"进步价值"的优势以及"瑞典式社会典范"的优势。⑤

像其他一些欧盟的北欧成员一样，在适应了欧盟准则几年以后，瑞典就开始公开地对欧盟规范进行批评，特别是在发展合作领域里。与共同外交和

---

① Enzo R. Grilli, *The European Community and the Developing Countries*, p. 65.

② Supplement 1/73 to the *Bulletin of the European Communities*, 1973, p. 5.

③ *Sweden's International Development Cooperation*, Yearbook 1999, p. 51.

④ Commission, *Implications of Recent Changes in Central and Eastern Europe for the Community's Relations with the Countries Concerned*, 1990, p. 6.

⑤ Kenneth Hanf & Ben Soetendorp (ed.), *Adapting to European Integration: Small States and the European Union*, Addison – Wesley Publisher, 1998, pp. 138, 140.

安全政策（CFSP）不同，①欧共体对外援助政策的制定是由欧盟委员会、发展合作委员会和欧盟委员会的特别工作小组提出动议、条例和决议。在这个过程中，专业知识可以起更大的作用。

即使是在欧洲联盟内，瑞典也是一个比较小的国家。但是它在对外援助方面，或者用瑞典人乐意用的词："发展合作"方面，并不缺乏专业知识和技能。瑞典一方面与主管外援的丹麦籍欧盟委员会委员密切合作，另一方面积极地准备提案，不仅是为了积极参与每6个月一度的发展委员会会议，而且更是为了瑞典在2001年担任欧盟主席国时有所建树。在瑞典的动议中，我们看到：

（1）为每个受援国建立国别发展战略；

（2）更大的透明度；

（3）加强对项目的审评；

（4）协调和简化规则和程序；

（5）加强和受援国伙伴的对话。

瑞典的这些观点具体地体现在1999年5月欧盟发展委员会的决议中：

> 伙伴国家的发展战略是协调各个援助国的主要工具。依照决议，在共同体代表团的驻外使节和成员国的驻外使节之间，应协商草拟欧共体对驻在国的发展援助战略。此外，还应该在欧盟层面上采取措施，增加互补的机会——例如协调规则和程序，从项目计划向部门计划过渡，以及加强合作和在各个领域里共同使用成员国的专家。②

瑞典的立场是将成员国的作用引入欧共体的决策程序，平衡传统上的狭隘区域主义，并使欧共体外援的规则和程序专业化。这两项措施都将加强瑞典在欧共体外援决策和执行中的作用。瑞典工作的重心是改进欧共体对外援助的管理。1999年，瑞典政府让瑞典外交部与瑞典国际发展合作署一道制定对欧共体外援的战略。根据这个战略提议，瑞典要在以下领域里进行工作：

---

① 在共同外交与安全政策中，欧盟委员会和成员国都可以提出动议。

② See：*Sweden's International Development Cooperation*, Yearbook 1999, p.55.

（1）集中共同体的援助；

（2）委员会的组织；

（3）制定和实施政策；

（4）评价、信息和透明度。①

瑞典不是一个人口众多的国家，在加入了欧洲联盟以后，由于大量的专业人员已经为欧洲联盟的机构，以及国内与欧洲联盟有关的机构所吸纳，所以瑞典突出地感受到了专业人员的紧缺。为什么瑞典仍然愿意将其作用集中在管理领域里呢？一个答案是，瑞典相信，它本身具备了和受援国伙伴对话的技巧；另一个答案是瑞典有发挥非政府组织作用的传统和经验。瑞典非常愿意看到这些经验和优势同样为欧洲联盟所接受，特别是因为欧洲联盟"人手明显紧缺"。此外，如果能让更多的非政府组织参与发展工作，那将调动成员国的社会参与，从而加强欧洲议会的作用，降低布鲁塞尔的官僚主义。②成员国将能够找到更多的舞台和渠道去平衡它们在欧共体中的利益。

四　欧盟化——瑞典外援的战略选择

瑞典的对外援助政策以欧洲联盟为标准进行重新定位，这一现象因冷战后欧洲地缘政治戏剧性的变化而引发，是瑞典对新的地缘政治环境作出的战略反应。

跨越国境的国际人道主义，伴随着对发展中穷国在财政上的慷慨援助，特别是对社会主义国家的越南和古巴的援助，曾经为瑞典赢得了"真正的中立"的名誉，这种中立地位是瑞典在冷战时期的政治和战略选择。对于中立的选择在冷战时期为瑞典赢得一个安全的空间。这种政治地位还有利于瑞典的很脆弱的经济，如果当时瑞典和任何一个政治和军事阵营结盟，都不会为瑞典带来那样大的世界市场。"只要欧洲战后的均势是被定义为两个比较均衡的军事集团，那么瑞典传统的避免公开卷入任何一个军事/政治阵营的态

---

① See *Sweden's International Development Cooperation*, Yearbook 1999, p. 55.

② 在欧洲预算中，主要非政府组织的融资额已经从 1976 年的 250 万埃居增加到 1995 年的 1.74 亿埃居，并且主要地是由于议会的努力，这个数额仍在不断地增长。

度就被广泛地看作一种审慎的国家安全政策。"①

　　根据这样一条规律，瑞典在 60—70 年代的主要舞台就在联合国系统。联合国发展组织中，国家的作用可以通过知识和经验而强化。瑞典对外援助政策中有关政治和经济自主的目标，以及瑞典的不结盟原则和不干涉内政原则，曾经加强过瑞典在世界政治和经济体系中的地位。这种瑞典式的"国际主义"，与瑞典国内的社会福利模式遥相呼应，并且受到瑞典国内社会主义和利他主义理想的影响。

　　但是随着石油危机以后世界经济状况的恶化，国际货币基金组织带头批评第三世界国家的发展战略，质疑援助国在发展中国家的作用。瑞典的国际主义援助受到了来自国内外的改革压力，其国际团结的理想和信念受到了挑战。在这种情况下，瑞典早在 80 年代就悄悄地放弃了不干涉原则，并且私下里和其他西方援助国一道，开始提倡"援助的经济附加条件"。②

　　在冷战结束以后，瑞典进一步认同了"援助的政治附加条件"。③ 利用对外援助干预受援国内政的现象也越来越明显。"以外援促进贸易"慢慢地为"没有民主就没有外援"所取代，对外援助拨款越来越变成"胡萝卜 +大棒"。1990 年以后，瑞典外援的一个最重要的因素就是日益加强的区域主义倾向，向欧盟靠拢。这种倾向既表现在瑞典的双边援助中，也表现在瑞典的欧盟成员国资格上。在申请加入欧盟的整个阶段，瑞典证明了它对欧洲联盟具有积极的反作用力，而不仅仅是单纯地向欧洲联盟靠拢。尽管瑞典是一个比较小的国家，但是瑞典不乏知识遗产和对国家利益的有意识的理性探索。瑞典在加入欧洲联盟之前调动了很大的力量和资源，致力于对瑞典与欧盟关系的战略思考和理性探索。欧洲联盟成员国各自对于国家利益的理性判

① Bengt Sundelius, "Changing Course: When Neutral Sweden Chose to Join the European Community", in: Walter Carlsnaes & Steve Smith (ed.) *European Foreign Policy. The EC and Changing Perspectives in Europe*, SAGE Publications Ltd: 1994, pp. 177 – 201.

② Ole Elgstroem: "Giving Aid on the Recipient's Terms: the Swedish Experience in Tanzania", in Goran Hyden (University of Florida) and Rwekaza Mukandala, (ed.), *Agencies in Foreign Aid—Comparing China, Sweden and the United States in Tanzania*, MacMillan Press Ltd., 1999, pp. 116 – 134.

③ Olav Stokke said once that he origins of today's foreign aid—with its many open and hidden motives and objectives—are not easily traced. (…) gifts have more often than not been used to buy and maintain friendship, forge alliances (…) to pursue various objectives with a short – or long – term perspective. *Aid and Political Conditionality*, 1995, p. 3.

断使欧洲联盟作为一个整体变得更加具有活力，而成员国根据各自的比较优势，共同分享利益和共同承担开支，又加大了欧洲联盟的共同力量。

在欧洲联盟内部，对外援助的双层结构没有发生明显的结构性变化：欧盟委员会仍然掌管着一部分共同对外援助资金，而成员国们也继续根据各自国家的对外政策目标，分别提供双边援助，这使得欧洲联盟加上成员国这样一个有合有分的外援整体成为世界上的第一大援助方，向受援国提供着占世界外援总额约55%—60%的巨额援助。①一方面，欧洲联盟为双边援助留下了空间，承认出于不同的国家利益可以制定不同的外援助政策；另一方面，欧洲联盟又主张在成员国之间就对外援助进行更多的协调，以提高效率。欧洲联盟还和经合组织合作，就整个世界的发展援助制定目标和规则，从而不仅影响和规范了欧洲联盟的援助国，而且影响着整个援助国俱乐部。瑞典理解如何利用这种力量，因此不断地提出有关改进欧共体的外援管理的动议，并且不仅在欧洲联盟内部，而且在整个援助国俱乐部中，力争表现本国的比较优势。

瑞典在不同的环境中采取不同的对外援助政策：在国际组织中，瑞典的立场是解决全球性的问题，例如贫困、社会和人类发展、环境恶化和性别歧视。这些目标可以针对所有的国家，同时又体现瑞典在环境技术和减少贫困方面的知识和技术优势。在区域的层面上，瑞典是更加直接的国家利益追求者，当瑞典提出对中东欧的外援重点是共同安全、环境保护和社会稳定及政治民主的时候，考虑的正是国家利益。在这里最关键的词是"安全"。在欧洲联盟内部，瑞典主张效率、透明度和项目评估，再次最大限度地利用了它的成员国资格。

就经合组织的定义来说，这种援助已经不是传统意义上的"发展援助"了。瑞典对华援助的资金有一部分来自官方发展援助拨款，因为中国毕竟是发展中大国，同时还有其他方面的资金来源，从而形成所谓的"混合贷款（mixed credit）"。这种援助强调的不是救济和扶困，而是"造血"，是广泛和"拓展的合作"。在技术合作方面，瑞典对华双边援助为欧洲联盟对华援助确立了一个典范。

---

① See Commission, "Community Development Cooperation Policy", 1971, p. 11; Also Enzo R. Grilli, *The European Community and the Developing Countries*, p. 56.

第六章

外援①在中国②

第一节　现代外援活动的历史背景及理论概述

一　历史背景

现代大规模的外援活动起始于 1947 年的《马歇尔计划》，但是要想真正理解对外援助的性质和作用，还要往前追溯：1944 年年初，苏军发起了反法西斯战争的总反攻，同年 6 月，盟军在诺曼底登陆，德国法西斯政权及其制度的瓦解指日可待。劫后余生的人们开始反思人类历史上那场最惨烈的战争，筹划着建立一种能够长久维持和平的体制，他们之中当时已经有人想到，这一维持和平的机制与促进发展的方式有着十分密切的关联。

也是在 1944 年，卡尔·波兰尼（Karl Polanyi）出版了他的经典之作《伟大的转折》（又译：《大转折》）。他在书中指出，19 世纪西欧的文明史建筑在四大机制上，它们分别是：（1）防止强权相互征战的势力均衡机制；（2）使市场机制能够向国外发展的国际金本位机制；（3）创造了前所未有的物质财富的市场机制；（4）鼓励市场扩张的自由主义国家机制。对于这种文明来说，金本位固然重要，但是起决定和规制作用的是市场。③这四大

---

① 这里指"对外援助"，为行文方便，文章中有时简称为"外援"或"援助"。
② 本章曾作为《外援在中国》（周弘主编）的前言发表于 2007 年。
③ Karl Polanyi, *The Great Transformation*, New York and Toronto：Rinehart & Company, Inc., 1944, p. 3.

机制又分为两大经济机制和两大政治机制，它们在国内和国际层面上的相互作用使得西欧在拿破仑战争后维持了百年（1815—1914）的相对和平，其间，西欧和北美的强权在发展国内资本主义秩序，强化民族国家竞争能力的同时，忙着去征服欠发达的国家和地区，在那里扩大市场，直到这种征服和资本主义国家间的恶性竞争带来了征服者之间的严重失衡和矛盾。1914 年的第一次世界大战，1919 年的十月革命，1929 年的经济大萧条，以及 1931 年金本位制的崩溃，动摇了西欧的制度模式和文明基础，导致西方国际安全体系的瓦解。1926 年凯恩斯宣告了"自由放任的终结"[①]，10 年后又发表了他的《就业、利息和货币通论》，主张国家干预经济，实现社会再分配。凯恩斯经济学不仅丰富了欧洲的公共政策理论，而且在后来影响了整个资本主义制度的走向，第二次世界大战正是将凯恩斯主义化为新的资本主义制度模式的催生剂。波兰尼认为，大战的起因不是别的，而是市场和有组织的社会要求之间发生的冲突。[②]由此推论，恢复和维持世界和平的关键固然在于重建被战争摧毁的国家，但是重建起来的国家不应再是自由主义的国家，而是能够有效地平衡竞争性的劳工市场，大众民主的政治制度，并且能够对社会进行保护性干预的国家，[③]是经济机制、政治机制和社会机制相对平衡、相互制约的国家。

还是在 1944 年，布雷顿森林会议召开。布雷顿森林机构，以及同时期出现的联合国系统的机构的目标是一致的，都是为了帮助成员国实现战后重建，但是它们的方式却因为设计者的不同而有所差别：联合国的主要机构采取的是成员国政府间的决策机制，可以说，它强调的是代表成员国（by the member states），虽然这种代表是分层的；相对独立的布雷顿森林各机构虽然也采取政府间主义的决策机制，但却以国际资本市场为后盾，以辅助成员国政府为基本原则，所以，也可以说它强调的是服务成员国（for the member

---

① 凯恩斯 1926 年 6 月在柏林的讲座，后载于 1972 年由伦敦麦克米伦出版公司的《凯恩斯文集》第 9 卷（John Maynard Keynes, *Collected Writings*, Vol. IX: *Essays in Persuasion*, London: MacMillan, 1972, pp. 272 – 274）。

② Karl Polanyi, *The Great Transformation*, New York and Toronto: Rinehart & Company, Inc., 1944, p. 249.

③ Ibid., p. 223.

states），其服务方式是利用西方控制银行系统的优势，调动世界资本市场，帮助成员国解决就业问题、保持价格稳定、促进经济增长和收支平衡。在布雷顿森林机制的设计者们看来，推动凯恩斯主义国家经济向前发展的真正动力来自企业和企业家，所以，布雷顿森林机构这种国际多边机制应当支持国家为企业和企业家提供必要的发展条件，在超出国家能力的情况下，由国际多边机构直接提供这些条件。在这种以企业为核心的西方市场体系之内，非工业国家和殖民地的发展当时并没有受到特别的关注。①

苏联没有加入布雷顿森林体系，因为布雷顿森林会议的发展理念与社会主义苏联的发展理念相互矛盾。在联合国体系内，苏联在联大发挥着重要的政治作用，但是由于联合国的一些专门援助机构更多地接受西方的资源和理念，常常有意排斥苏联的影响力，所以苏联在整个世界多边援助体系中的作用都是有限的。它通过"共产党情报局"，以及"经互会"等组织，在社会主义阵营内部进行援助活动。这样一来，第二次世界大战后的世界经济和政治格局就分为两大部分，分别代表着两种不同的发展模式和政治制度，也分别向欠发达国家和地区提供种类、内涵和执行方式都不相同的援助。

结果，在第二次世界大战结束之后不久，以主权国家为主体的国际体系很快就恢复了起来。但是主权国家内的体制并不是一样的。在西方，《马歇尔计划》致力于在重建国家的同时重建市场；在东方，国家重建伴随着对苏联计划经济体制的复制。在西方（这里主要指西欧），国家内部结构形成了政府、企业和社会之间的相互作用和制衡；在东方，中央政府在规划企业和社会时发挥着巨大的作用。

和主权国家体系同时建立起来的是东西方两大阵营，它们由于内在结构的不同而分别代表着不同的国家发展道路、方式和国家间关系。美苏的对外援助活动分别服务于各自阵营的建设。在东方，苏联在援助了其他社会主义国家的重建之后，又在 1949 年到 1959 年的 10 年间，向中国提供了总额约为 56.76 亿旧卢布的巨额援款，对于中国的社会主义制度建设和世界社会主

---

① Sixto K. Roxas, "Principles for Institutional Reform", in: Griesgraber and Gunter (eds.), *Development: New Paradigms and Principles*, Pluto Press, 1996, pp. 5 – 6.

义阵营的壮大起到了重要的作用。①在西方，美国通过《马歇尔计划》重建战后的西欧，在那里巩固了资本主义的经济和社会秩序。

随着东西欧经济的恢复，通过接受外援而选择发展道路的情况又出现在刚刚脱离殖民统治的广大发展中地区。第二次世界大战后，亚非拉前殖民地获得了独立，成为两大阵营中间的"灰色地带"，随即由于其战略地位的重要而陆续获得了来自东西双方的援助。在有些发展中国家，甚至还出现过美苏竞相提供援助的情况。接受西方援助的国家往往同时引进资本主义的制度模式，而接受东方援助的国家则学习社会主义的制度模式。由于东西方的战略和制度对峙，南、北朝鲜曾经一度成为美苏分别予以援助最多的国家。中国先后从东西方两种体制获得援助，其利用外援的经历正好反衬了世界发展的路向。

二　理论概述

第二次世界大战后关于外援问题的理论探讨门类繁多，其中有两种视角占据了主导地位，并对外援的实践活动产生了重要的影响，一是经济学的视角，主要是发展经济学的理论；二是国际政治学的视角，主要是分析援助作为对外政策工具的特性。

经济学的分析主要讨论"如何通过外援推动发展？"争论的焦点是：发展应该更多地倚仗国家干预，还是应该依靠自由市场机制。主流经济学理论的变化直接影响到对官方发展援助活动的看法。在20世纪50年代，倡导国家干预的凯恩斯主义是主流经济学理论，当时的发展经济学也打上了这样的时代烙印。《马歇尔计划》在欧洲取得了巨大的成功，奉行凯恩斯主义经济政策的西方经济持续繁荣，学术界因而对于国家干预主义抱有普遍的乐观情绪。发展经济学的主要代表人物瓦尔特·罗斯托（Walt W. Rostow）②

---

① 1949 年 6 月刘少奇访问莫斯科时，斯大林向他表示了要给中共提供 3 亿美元贷款，利息 1%，为期 5 年。见沈志华《建国初期苏联对华援助的基本情况》，http://www. shenzhihua. net/zsgx/000140. htm。1959 年苏联单方面终止了对华援助活动，并于 1960 年撤走了在华工作的苏联专家。王泰平主编：《中华人民共和国外交史（1957—1969）》第二卷，世界知识出版社 1998 年版，第 257—258 页。

② See Walt W. Rostow, *The Stages of Economic Growth: A Non - Communist Manifesto*, Cambridge University Press, 1960.

和陈纳瑞（Hollis B. Chenery）[1]等人强调，外援帮助不发达国家解决经济发展中遇到的资金、技术、管理经验和制度方面的瓶颈，对受援国的经济发展会起到重要的推动作用。不仅如此，向受援国转移的资金、技术和经验还可以"替代"西方经过数百年的原始积累、漫长的技术革命和消耗时日的人才成长过程，带动发展中国家用比较快的速度发展起来，同时可以将发展的经验和繁荣的成果自上而下地向发展中国家转移，如涓涓溪流般滴入发展中国家的土壤，产生带动发展的效果。[2]根据这个逻辑，更多的投入必然带来更快的发展，因而国家干预和资金转移是发展所必不可少的因素。这种资金转移的理论也就成了早期发展援助的主要理论依据。

然而，通过国家干预实现的资金转移在一国之内是弥补市场缺陷、提供公共服务的手段，但是如果跨越了国境，特别是作用于不发达的受援国，就可能成为一国干预他国的工具。这种工具所实现的政策目的不仅限于弥补市场的缺陷和提供公共服务，而是可能夹带着其他许多非经济目的。

由于早期的援助活动并没有像预期那样，带动不发达国家的经济发展，同时也由于20世纪70年代石油危机之后自由市场经济理论的复兴，发展经济学的理论受到了自由市场经济支持者的严厉批判。[3]这些评论认为，影响发展有诸多的因素，政府拨款并不能解决发展问题。这种意见直接影响了国际领域里发展援助政策的嬗变，导致了80年代大范围的"结构调整贷款"（Structural Adjustment Loan）的出台。

与发展经济学者不同，国际政治学者把官方发展援助看作一种重要的外交政策工具。这种分析力图揭示外援活动所确立的权力关系，即：谁主导了援助活动？谁从援助中获益？以及外援活动如何加强了援助国与受援国之间原本存在的不对等关系。这些分析认为，在外援实践中，提供援款的主要目标往往不是推动受援国的经济和社会发展，而是服务于援助者的政治和经济

---

[1]　陈纳瑞出版了一系列关于外援的著作，如：*Comparative Advantage and Development Policy*，1961，AER. *Foreign Assistance and Economic Development*，with A. Strout，1966，AER. *Foreign Aid and Economic Development: The case of Greece*，with I. Adelman，1966，REStat，etc.

[2]　参见经合发组织发展援助委员会自1960年以来（特别是1980年）的年度报告。

[3]　其中比较有影响的人物有：Friedman、Bauer、Yamey以及Krauss。见 Riddell，Roger，C.，1987，*Foreign Aid Reconsidered*，the Johns Hopkins University Press，pp. 86 – 87。

利益；其次，由于援助活动的特殊性质，它可以覆盖受援国几乎所有的国内政策领域，并能够深入受援国社会的最深处，带动自下而上的变化。由于这些原因，讨论谁主导发展援助活动就具有非常明显的现实意义。目前讨论的一些焦点问题，例如外援活动的所有权（ownership）与伙伴关系（partnership）[1]、外援的附加条件论（conditionality）[2] 以及一度盛行、至今仍然发挥影响的"依附论"等，[3] 就从不同的角度回答过上述问题。

近年来，国际援助组织热议援助有效论（effectiveness），尝试将发展理论与国际关系理论结合起来，但最终还是离不开"谁是援助主体"和"以什么样的标准判断援助效果"等根本性问题。

第二节　作为跨国财政转移的对外援助

一　对外援助的基本性质

凯恩斯的国家干预理论为西方社会内部的财政转移提供了一整套理论基础。第二次世界大战以后，欧美各国频频动用财政转移工具，加强国家对于经济和社会生活的干预，规范市场行为，弥补市场缺失。这种干预机制在西方国家也得到了多数民众的认同，形成西方制度模式的重要支柱之一。这些国家干预的机制、领域和方式都影响了国家对外行为方式。

第二次世界大战之后，苏联的战略空间大大地扩张了，但是诞生在资本主义敌对势力重重包围之中的苏维埃国家早就选择了优先发展重工业，高速推进工业化的国家战略，形成了一套以生产资料公有制、计划经济和按劳分配为基本特征的苏维埃社会主义模式。第二次世界大战后，苏维埃国家的领导人强调社会主义模式在"两个平行的也是互相对立的世界市

---

① Jerve, Alf Morten (2002), "Ownership and partnership: does the new rhetoric solve the incentive problems in aid?" in *Development Studies Forum*, NUPI, December 2002, pp. 389 – 407.

② Stokke, Olav (1995), ed. *Aid and Political Conditionality*, FRANK CASS & CO. LTD, London, and Killick, Tony et al. (1998), *Aid and the Political Economy of Policy Change*, Routledge.

③ 周弘：《对外援助与现代国际关系》，载《欧洲》2002 年第 3 期，第 1—11 页，以及 Riddell, Roger, C., 1987, *Foreign Aid Reconsidered*, the Johns Hopkins University Press, pp. 129 – 156。

场"中的独立作用,① 并且通过对于其他社会主义和友好国家的经济和军事援助,保护并发展这种模式。

由于对外援助的资金来源于援助国的政府财政支出,并依靠援助国的政府机构或通过体现援助国的国家间关系的各类国际援助机构执行,所以,没有人否认,外援从本质上来说是一种国家干预形式,是国家行为,② 而且是跨国的国家行为,是援助国的国家利益、形态和方式在边界之外的延伸。

国际政治学界对于这种跨国的国家行为的分析因而深入对援助国国家特性的分析,其中比较典型的批评认为,由于西方援助国的国家是资本家的代理人,所以这些国家利用外援活动,为资本的全球流动与扩张创造更好的条件。③根据这个逻辑,来自社会主义阵营的援助就有两种动机:一种是代表国家的社会主义制度性质,另一种则是优先代表民族利益。从苏联早期对华援助的实践中分析,苏联对华援助同时包含了这两种性质。由于提供援助的国家优先考虑本国的国家利益,而这种国家利益又可以拆分为不同性质:有些国家是资产者统治,有些国家则是劳动者优先,它们所体现的国家利益当然具有不同的内容。所以,外援虽然代表的是援助国的国家利益,但是国家利益之间却是既有共性,又有特性的。它们之间的共同点在于,援助国都希望通过提供援助获得利益,但是从不同的国家形态中产生出来的对于利益的理解是不同的。自由资本主义的国家需要通过外援寻找并获取资源和市场,并且利用海外资源和市场发展自己,挣脱国内对于资本的社会和政治约束。其他形态的国家在提供外援的时候虽然也可能考虑到资源和市场的因素,但却不以私利为提供援助的唯一出发点,而是各自根据不同的国家特性,选择有特点的国家战略,有些是为了自身的整体发展,当然也不乏为促进均衡发展而提供的援助。

这样一来,对外援助资金作为一种跨国财政转移就有了至少三种主要的

---

① 斯大林:《苏联社会主义经济问题》(1952 年 2 月),《斯大林选集》(下卷),人民出版社1978 年版,第 561 页。

② Roger C. Riddell, *Foreign Aid Reconsidered*, the Johns Hopkins University Press, 1987, pp. 86 – 87.

③ Middleton, Neil and O'Keefe, Phil, *Disaster and Development*, Pluto Press, 1998, pp. 16 – 31.

性质：一是国家的工具，二是资本的工具，三是发展的工具，而判断外援资金到底属于哪一种或哪几种具体的性质，需要考察援助方提供援助的目的和方式，更需要考察受援方的立场和作用，因为对外援助在实施的过程中涉及提供援助方和接受援助方的意志、能力和作用，是双方深层合作和相互作用的结果，所以外援最终的形态往往是双方关系结构的体现。

如前所述，第二次世界大战以后建立起来的凯恩斯主义国家与以往的自由主义国家不同，它的力量来源和服务对象不仅是资本，还有迫使国家规范资本的社会团体。市场经济是西方制度的基石和出发点，但是有组织的民众通过选举决定国家的政策，国家则通过宏观调控干预市场，通过社会再分配服务民众。在这种"三合一"的体制内，"国家是唯一最重要的中介"。① 资本力量和社会力量的相互作用赋予凯恩斯主义国家以干预经济和社会的行政、立法和财政手段，使得它能够建立税费机制，重新分配资源，通过转移支付，创造投资环境，弥补市场缺失，促进稳定发展。但是，在进行跨国转移支付的时候，外援资金的缴费主体和支付对象是分离的。资金来源于援助国的公民，而支付对象却是受援国的国民。由于国家的对外政策是相对独立和不透明的，所以资本和社会对于国家在这个领域里的约束程度同时降低。国家可以根据自己对于国家利益和国家形象的理解，决定外援的投向和政策。因此，对外援助这种"国家行为"作为"国家对外干预的一种形式"与对内财政转移相比较，就表现出"供给导向"的基本特征。②

供给导向主要表现在两个方面。第一，援助国或援助方以自身发展的历史经验为摹本去引导受援国的发展，例如苏联援助提供计划经济的经验，而西方援助则提供市场经济的方法。第二，援助国除了向外输出用于发展的资金、技术和经验以外，必然将本国的国家利益和民族特性附着在外援活动中。对外援助作为向外国提供的财政转移，必然在转移资金的同时使国家利益和国家特性得以延伸，所以西方援助国的官方文件对于外援作为特殊的外交工具的作用也从不讳言。

---

① OECD, *Income Distribution in OECD Countries*, Paris, 1995, p. 12.

② Roger C. Riddell, *Foreign Aid Reconsidered*, the Johns Hopkins University Press, 1987, pp. 86 – 87.

二 外援作为国家的外交工具

外援能够行使特殊的外交使命是因为这种财政转移不仅是各国领导人为树立国家形象和获取国际友谊而常常赠送的"礼品",而且是可以超越传统外交领域的对外交往工具。

首先,外援可以直接或间接地实现援助国在受援国的经济利益。在很多情况下,援助活动起到了为贸易和投资开路的作用。除了在外援项目协议中附加购买援助国产品的条件之外,援助国往往与受援国进行生产技术标准等方面的战略性合作,或投资于改善受援国的贸易和投资政策和法规,用以改善贸易和投资的软环境,为本国的投资和贸易做前期的准备。

其次,外援活动还可以通过资助受援国就敏感问题进行与援助方之间的政策对话,加强双方政策立场的协调,促进援助国在受援国的政治利益的实现。例如,援助国在要求受援国提供项目意向计划的时候承诺在贸易、投资、公共政策等关键的政策领域进行改革,实现国际收支的平衡,其目的不是进行局部的修修补补,而是推动受援国全面的改革,使受援国接受援助国的价值观念和政策立场。

由于上述这些原因,外援成为第二次世界大战以后一个无法替代的战略工具,它不仅会实现援助国短期的经济和政治利益,还可能长期地影响受援国的经济和政治制度,乃至影响受援国对于发展道路的选择。外援还是观念传播和文化输出的重要载体,它创造了观念交流和碰撞的机会。通过人员交流培训等项目,援助方的思维方式、工作方式和行为方式潜移默化地影响着受援国的观念、制度和行为方式,在受援国培养了一大批"志趣相投的"(like‐minded)政府官员、项目执行者、技术人员和学者等。在援助活动结束后,这些人员仍然会继续在受援国发挥影响。因此,外援助输出的绝对不仅仅是资金,在援助项目结束后,援助方的那些"软力量因素"仍然会持续地发挥影响。

外援活动涉及的范围极其广泛,往往包括了国计民生的所有方面,没有任何其他一种外交政策渠道能够与之相比。中国接受的苏联援助涉及了中国社会的所有领域,而西方援助则涉及了除军事安全、体育(指体育比赛等)和文化(主要指文艺演出)之外的其他所有领域。通过在这些领域里与中国的各个阶层进行合作，援助国的影响力渗透受援国最边远的角落和社会的最深处，使一国之内的微小变化产生超越国界的效应，极大地扩展了外交的范围，丰富了各国人民之间交往的内涵。

三　外援作用于发展和发展道路的选择

在苏联大规模削减乃至基本停止了对外援助活动以后，西方援助继续活跃在国际援助领域里。苏联援助提供的是如何制定"五年计划"，怎样发展重工业，以及在计划经济体制下管理大工业生产的具体操作方法，西方援助则先是提供适应市场的人力资源开发培训，传授市场基础设施建设的经验，而后转移用于经济基础设施建设的资金和技术；继之投资社会发展领域，从事扶贫减贫、投资基础教育、支持环境保护，用以弥补市场的缺失，提供企业能够平稳发展的市场环境；最后通过"能力建设"项目，关注受援国的政策转变和制度建设，在政策观念转变、市场机制建设、法律法规制定和社会分配体制改革等许多被称为"政府治理"和"法制建设"的上层建筑领域里发挥着影响。

这些通过外援在生产力水平的提高，生产关系的调整重组，国家管理治理的改革建构等各个发展阶段和层次上产生的潜移默化的影响逐渐被固化为受援国的内部机制之后，一般能持续地发挥作用，使受援国的发展道路在制度、观念和方式上趋同于援助方，成为发展中国家逐渐接受国际标准和"融入国际社会"的保证。这种供给导向的援助并不总能产生良好的效果，因此出现了有关受援国"所有权"（ownership）和"自主权"（或平等的"伙伴关系"）等方面的讨论。

在苏联和东欧国家基本上停止了对外援助以后，西方主要的援助方都倾向于将西方文明的发展历程看作唯一成功的经验，并且努力在发展中的受援国推广这些经验。这些努力并不总是成功的。自20世纪80年代以来，发展中受援国在援助方的影响下持续不断地进行宏观经济政策和制度环境的改革，但是这些措施并没有普遍地改善它们在国际经济秩序中的地位，特别是撒哈拉以南的非洲国家在世界经济和国际贸易中的地位不断恶化，通过外援而对它们实施的政策干预往往由于没有充分考虑到当地情况，没有能够建立健康的市场秩序和有序的市场竞争，结果导致受援国国门洞开，跨国公司如入无人之境，并形成国际资本垄断的结果。[①]

在这种情况下，受援国的自主导向，它们对于发展项目的决定权，设计权和所有权就成为发展领域里一个至关重要的因素。发展中受援国争取"所有权"的斗争体现在给援和受援双方关于援助项目的谈判、决策和实施的过程中。在这个方面，中国提供了为世界瞩目的成功经验。

由于发展中国家在接受援助时对于援助方有反作用力，援助领域里的主导概念正在发生变化，从"发展援助"变成"发展合作"。这里体现了受援国在选择发展道路和方式方面的参与，[②]而外援在发展方面的经验和作用也随之而丰富起来。

四　外援与国际发展的不平衡

援助方在全球范围内调动国际资本、扩大世界市场，为资本的快速增长提供了方便。国际社会外援活动的"辅助性原则"随着跨国企业的发展和国际社会力量的国际化而转换为"参与式原则"，多种国际行为者的出现进一步削减了主权国家的影响力，但是国家作用的减弱却未能带来国际社会的平衡发展，相反，贫富悬殊和数字鸿沟却日趋严重。要了解外援活动与这种国际现象之间的关系，需要从援助和受援两个方面进行考察。

从援助方的角度来看，问题的关键在于是否承认世界发展道路的多样性，是否能够从观念到策略都承认受援方的平等国际地位。第二次世界大战之后的援助方，无论是多边机构还是双边援助国，都把发展援助的失败归咎于受援国政府的失败，而不从市场规则的无序和跨国企业的无度中去寻找原因。它们甚至忘记了，即使是在西方援助国内，第二次世界大战以后能够同时运用"看不见的手"和"国家干预"来规范资本、规划发展的有效力量也是政府而不是社会，社会力量是通过影响政权才达到了建立社会分配机制，参与发展规划的目的。削弱受援国政府，抨击"失败国家"，进而资助反政府力量的种种作为，最终只是有助于资本的扩张，而不是社会的发展。

---

① Pronk, Jan P., 2004, "Aid as a Catalyst: A Rejoinder", in Pronk, Jan P. et al., 2004, *Catalysing Development? A Debate on Aid*, Blackwell, pp. 191–208.

② 见 2006 年 11 月 24 日姚申洪访谈记录。

如果外援的初衷不是根据发展中国家的自身特点去与受援方一道平等地设计并执行发展方案，即使援助方根据自身发展的规律，将外援资金投入基础教育和公共卫生等社会领域，也只是把援助国和受援国之间在经济和政治领域的不对等关系带入了社会领域，在经济和政治资本之外，使社会服务成为"社会资本"，使得援助国对受援国的干预从经济和技术层面向社会和文化层面深入，[1]使世界的不平等和不均衡状态加重。

从受援方的角度来看，自主地选择发展道路，自主地制定发展规划，自主地争取外来资源不是一件容易的事情，这里主要的原因是提供援助和接受援助双方力量对比的严重不对等。援助国将十分有限的国内资源用于极端贫困的国家，在那里转化为各种经济和政治力量。受援国出于不同的目的去争取这些对它们来说是数额可观的资源，甚至不惜为之付出一定的政治代价。由于力量对比的失衡，掌握了资源的援助国就获得了一种超越传统主权国家的政治力量或筹码，用以实现对于弱国的政策干预，甚至政治干预和渗透。而且，这些干预或渗透往往是在受援国自愿的基础上发生的，因为它们急需资金、技术和设备等"硬件"，而同时缺乏抵制不良影响的"软件"。因此，外援活动跨越国界的渗透力实际上给资本提供了机遇，如果外援活动不能像其初始原则那样，尊重并加强可以约束、规范和利用资本的政府力量，国际发展不平衡的现象是不可能改善的。

五 外援作为全球治理的工具

外援的提供者是多元的，包括双边援助国、多边援助组织和非政府组织，在它们之间正在形成融资合作，构成国际性交流平台，并通过这些合作与交流，形成对于外援作用、投资方向和附加条件等一系列与发展援助相关的重大问题的讨论，形成规范各个援助提供者行为的国际舆论环境和国际援助体制。这个国际援助体制的存在，对于全球治理的方式和方向产生了巨大的影响。

（一）外援与全球秩序的改变

外援活动的发展与经济全球化的大潮几乎同步，是全球化进程中重要的

---

① Van Ufford, P. Q., Giri, A. K. and Mosse, D., 2003, "Interventions In Development", in Van Ufford, P. Q. and Giri, A. K., ed., 2003, *A Moral Critique of Development*, Routledge, pp. 3 – 35.

跨国流通渠道之一。1994 年，斯科斯托·洛克塔斯（Sixto Roxas）在回顾作为主要多边援助机构之一的世界银行半个世纪的发展历程时承认，这个机构建立之初的"辅助性原则"其实暗含着一种深谋远虑的哲学理念：这个原则的核心概念是："决策应当在尽可能最低的层面上做出。"因为最低层面可以是社区的，可以是民族国家的，也可以是全球的，所以"辅助性原则"就包含了一种"在多样性组织中相互作用的方式"。① 在战后初期，作为政府间的多边机构，布雷顿森林机构"辅助性原则"的对象当然是各国政府。但是因为"辅助性原则"的初始理念并不忽视非国家的行为者（包括跨国企业和非政府组织），所以在战后 50 年的发展过程中，随着跨国公司和非政府组织向国际层面的发展，世界银行和布雷顿森林机构理所当然地把它们作为全球行为者来对待，使之成为主权国家的挑战者。事实上，代表着国际资本力量的布雷顿森林机构自成立伊始就认为，"持续的经济发展和转型的核心动力"来自"新的一族经济人"，他们不是企业的所有者，却是巨型企业的领取薪水的管理者。②多边和双边援助为这种企业和企业家在全世界打开市场付出努力的同时，帮助造就了一个以市场为主导的，由主权国家、跨国公司、地区和国际组织以及各类非政府组织构成的多层、多元、多行为者的新的全球秩序。

国际援助方为建立这个世界市场体系所付出的努力不胜枚举。它们通过提供类似结构调整贷款、技术援助以及各种各样的外援项目，鼓励受援国进行宏观经济政策调整和经济体制改革，不厌其烦地教授受援国的政府和企业如何习惯市场思维方式，掌握市场管理工具，建立市场监管体制，培养市场管理人才，甚至投资与市场经济配套的社会服务设施，使市场和跨国企业的引进不会引起社会的动荡。成熟的市场机制在西方经济的发展史上经历过无数的社会动荡，而通过外援投资建立的市场竞争机制与相应的社会服务配套设施却可能在短时间内以较小的社会震动完成经济和社会转型的"历史性替代"，进而进行市场经济的全球性建构，使跨国企业能够不利用"火炮加国

----

① Griesgraber and Gunter（eds.）Introduction. In：*Development：New Paradigms and Principles*，Pluto Press，1996，p. xv.

② Sixto K. Roxas，"Principles for Institutional Reform"，in：Griesgraber and Gunter（eds.）*Development：New Paradigms and Principles*，Pluto Press，1996，pp. 7–8.

旗"也可以进行无国界的建设。

随着新型企业家的成长和跨国巨型企业的出现，国际舞台上的行为者群体就不再是主权国家独大的天下了。外援资金不仅为跨国企业打通了国界，也为各种各样的社会力量提供了国际舞台。无论是以发展为目的的官方发展援助，还是用于救灾的人道主义援助，受援的人群多是受援国的弱势群体，这些人或是处于受援国的不发达地区，或是处于社会底层。援助方调动了各级政府和非政府的组织资源，直接参与到对受援国的基层援助活动之中，通过项目执行，在基层社会传播援助方提出的计划、方案、观念和方法，在那里，通过与受援方的合作，形成了社会工作规则和人际网络，再通过援助方提供的国际网络资源，使那些地方经验能够传播到世界各地，让"想全球问题，从地方做起（think globally and act locally）"的口号响遍全球，也让各地社会基层的工作者成为国际性论坛和舆论的参与者。

（二）外援对于全球性挑战的回应

随着各种要素在全球范围内的流动，全球性问题也日益突出：空气污染、土地退化、瘟疫流行、毒品泛滥等都产生了跨国性的后果。经济全球化带来了全球性问题，也带来了实现全球治理的现实要求。但是，主权原则仍然是不可撼动的国际政治体系的基石，治理活动也大都局限在主权国家的疆域之内。随着跨越国界的需求的出现，外援资金的国际性流动和外援机构及人员的跨国工作就成了弥补现状和需求之间差距的一个重要工具。

从国际援助体制半个多世纪的实践来看，它不仅帮助了跨国企业的发展，也通过它在世界各地的网络关系，将局部的发展经验传播到更大的范围，并且通过对于资源的导向性利用，促成了对全球问题的共识，推动了全球范围内的合作。国际劳工组织 1969 年关于就业问题的报告曾引发了相关援助机构和援助方的一系列相关的研究，并导致了"世界就业大会"在1976 年的召开和援助方对于创造就业和就业转型问题的关注；位于美国首都华盛顿的非政府组织"海外发展委员会"曾经在 1979 年提出了全面的人类基本需求指标，迫使整个外援世界的观念和方式，援助国与受援国之间的援助关系发生了变化；世界银行和联合国开发计划署联合对于中国"卫 VI"

（碘缺乏症）项目的支持起源于世界卫生组织的一项研究结果；而艾滋病等全球公共卫生问题和环境保护也通过外援润滑剂的作用而成为全球共同承诺要解决的问题。"可持续发展"、"参与式管理"、"小额信贷"等新的概念和新的方式，也都是先在国际援助体制内进行试验，得到认同，而后风靡全世界的。

第三节　外援在中国

在当今世界上，提供外援的目的和方式，执行援助项目的结果，以及外援对于发展的影响，不仅取决于援助方和受援方的分别努力，更取决于援助方和受援方之间的关系结构。这种关系结构也并不是一成不变，而是在相互影响的过程中转化的。在现代外援活动半个多世纪的实践活动中，无论是援助方，还是受援方，都发生了重大的变化。在中国，这些变化表现得十分明显。

中国共产党的历代领导人对于国际援助都采取积极审慎的态度。毛泽东早就指出："不要国际援助也可以胜利"是一种错误的想法。[①] 在毛泽东看来，世界上的许多力量都是可以利用的，需要根据整个世界的力量对比和力量变化来确定中国的战略和策略，调动一切可以调动的力量。第二次世界大战结束伊始，面对世界形成两极格局，而中国积贫积弱的历史条件，毛泽东和中共领导人争取到了苏联的经济援助，在非常短的时间内，使中国恢复了发展，并且开始了社会主义工业化建设。中国实行改革开放政策以后，邓小平提出，应当主动吸收外国资金、外国技术，甚至外国的管理经验，作为中国社会主义社会生产力的补充。[②] 中国政府据此而开始了接受西方援助的历史。目前，活跃在中国的援助方包括了国际多边援助机构、为数众多的经济合作与发展组织/发展援助委员会（OECD/DAC）援助国、大中小型基金会以及规模和形式各异的非政府组织。

---

① 毛泽东：《论人民民主专政（1949年6月30日）》，载《毛泽东选集》第4卷，人民出版社1991年版，第1473页。

② 邓小平：《在武昌、深圳、珠海、上海等地的谈话要点》（1992年1月18日—2月21日），载《邓小平文选》第3卷，人民出版社1993年版，第370—383页。

中国接受的多边援助来自四类多边援助机构：世界银行集团、联合国发展援助系统、地区性发展银行（主要是亚洲开发银行）及全球性基金体系。由于中国在多边援助机制中既是出资国，同时又是受益国，所以，从一开始就在援助资金的投向方面享有一定的主动权。中国接受双边援助来自日本、德国、欧盟、英国、瑞典等许多援助国和援助组织，它们在援助动机、宗旨、策略、方式和目标地区以及目标人群等方面存在着较大的差异，但是由于它们都是 OECD/DAC 的成员，其中有许多是欧洲联盟的成员，因此，在它们之间存在着密切的交流和协调机制，这些又使得它们在方向、目的和方法上存在着雷同、趋同和合作。由于中国幅员辽阔，人口众多，可以容纳各类的援助方，同时中国在开始接受西方援助的时候就确立了"以我为主，为我所用"的原则，因此比其他受援国更加能够有意识地引导外援向有利于自己的方向发展，并通过渐进式的改革，形成有中国特色的发展模式。

中国接受外援可分为两个不同的历史阶段：20 世纪 50—60 年代，中国大规模地接受苏联的经济援助，1978 年实行"改革开放"政策以来，中国接受的援助主要来自由西方发达国家构成的 OECD/DAC 成员国和由这些西方国家主导的多边援助机构（联合国援助机构和世界银行等）。在这两个时期里，中国根据不同的时代挑战，选择了不同的援助方，解决了不同的问题，其中的经验是丰富的。

一　中国接受外援的两个不同的历史阶段

（一）来自苏联的援助

新中国诞生前夕，以美苏为首的东西方两大阵营之间出现了意识形态和政治社会制度的尖锐对立。在当时的国际格局条件下，毛泽东和其他中共领导人主动选择站在苏联一边，并且通过努力，争取到苏联大规模的经济援助。苏联援助以低息贷款、援建重点项目、提供技术资料、派遣苏联专家、培养中国专家和协助编制五年经济计划等多种方式支援中国建设，提升了中国工业的整体水平，也为中国社会主义建设初级阶段带来了宝贵的资金、技术、专家和经验，与此同时，为中国社会主义工业化和经济制度的雏形注入了"苏式基因"，成为中国社会主义计划经济体制的一个源头。

苏联对华援助以中苏两国之间的友好同盟关系为基础，是典型的双边援助。作为苏联对华外交的重要工具，苏联援助直接服务于中苏同盟关系，并且因中苏同盟关系的破裂而终止。中苏同盟关系和苏联的国家性质共同决定了苏联对华援助的内容和形式：在苏联对华援助中，军事援助占了很大的比重，援助项目集中在现代化重工业领域，并且扩展到包括文艺和体育的所有社会生活层面。在整个援助活动中，技术转让很少受到限制，技术转让除了科学技术以外，还包括了管理计划经济的理念和技术。

争取苏联援助是由中国方面主导的。战后中国的发展目标是：在落后的农业和手工业经济基础上建设现代化的工业国家。为了实现这个发展目标，中国需要引进包括资金、设备、知识和经验在内的外来援助。实践证明，中国当时对于知识和经验等软件的需求并不亚于对于对资金和设备等硬件的需求，虽然硬件和软件相互作用和影响，但是更为长久的影响力来自软件的引进。

在争取苏联援助的过程中，中国一直占据着主导地位。苏联援华的工程项目、机械设备和邀请的专家都是由中方提出清单，经过和苏方的磋商和谈判确定的。苏联援华的顾问和专家融入了中国的管理体制，接受中方的领导和管理。但是，方向的主导并不意味着方式的主导。在援助的过程中，由于中方缺乏计划和管理现代化大工业的经验，所以从编制"五年计划"到调配生产、管理企业都采取了直接从苏联引进的策略。苏联的计划方式和管理方式被固化为中国的计划经济体制与机制。

因此，苏联援华项目对中国发展的历史性意义远远超出了外交政策的范畴。苏联对华援助的影响并没有随着援助的终止、专家的撤离而消失。伴随援建项目转移到中国的不仅是硬件设备，还有技术、观念、管理方法、行为方式，以及一整套计划管理体制。这些因素，连同苏联援华的重工业机械，在苏联停止援华后继续影响着中国的发展道路和发展模式，直到中国开始接受来自西方的援助，才从方法和体制上进行了又一次渐进的，但是方向性的改革。

（二）来自西方的援助

1978 年中国实行的改革开放政策是一次对于发展道路和发展模式的重大选择，是"一场广泛、深刻的革命"。这次选择与革命的核心是"大幅度地提高生产力"、"实现四个现代化"。为此，中共中央要求"改变同生产力发展不适应的生产关系和上层建筑，改变一切不适应的管理方式、活动方式和思想方式"，①改革的方向是建设"社会主义的市场经济"。②

在大方向确定了之后，方式就成为关键因素。建设社会主义市场经济是一项史无前例的事业，中外都无经验可以参照，因此中国就只能采取"摸着石头过河"的办法，在改革和发展的过程中不断总结经验、调整政策和策略，在发展生产力的同时，认识并发展生产关系，在推进经济基础发展的过程中，逐步完善上层建筑。为了能够完成这个历史性的转折，邓小平也像中国共产党的第一代领导人一样，积极地寻求外来资源，并通过资源的获取，学习各国的先进观念、方法和机制。

早在1974年，邓小平复出未久，就在联合国大会上宣布："自力更生决不是'闭关自守'，拒绝外援。我们一向认为，各国在尊重国家主权、平等互利、互通有无的条件下，开展经济技术交流，取长补短，对于发展民族经济，是有利的和必要的。"③只是由于他再度被迫离开领导岗位，中国接受西方援助的日期才又推迟了5年。

1979年，中国正式与联合国开发计划署签订"合作基本协定"，接着又和世界粮食计划署签订协议，开始了迄今连续30余年的接受西方援助的历史。在这个过程中，不仅多边援助机构活跃在中国的各个领域，而且双边援助国纷至沓来，非政府援助组织也不甘示弱。根据中国方面的统计，1979—2006年，中国共接受多双边无偿援助63亿美元，实施了1000多个项目，④其中多边无偿援助额为11亿美元，⑤占总额的19.7%，双边

①　《中国共产党第十一届中央委员会第三次全体会议公报》（1978年12月22日通过），摘自人民网。

②　邓小平：《社会主义也可以搞市场经济》（1979年11月26日），载《邓小平文选》第2卷，人民出版社1994年版，第236页。

③　邓小平联大发言见《新华月报》1974年第4号，第10—11页。石林主编：《当代中国的对外经济合作》，中国社会科学出版社1989年版，第497—498页。

④　这组数据由商务部2004年12月7日在京召开的第五届捐助国协调会议正式发布。资料来源：人民网2004年12月7日。

⑤　这里的多边援助机构仅包括联合国三大筹资机构：联合国开发计划署、联合国儿童基金和联合国人口基金组织。双边援助包括澳大利亚、德国、荷兰、加拿大、挪威、欧盟、日本、瑞典、意大利、英国和比利时。联合国工发组织、国际粮农组织、世界粮食计划等国际组织也对我国提供了相当数量的援助，但未包含在上述统计中。

无偿援助额为 45 亿美元,占总额的 80.3%。对华提供无偿援助额最高的分别是日本、德国和欧盟。① 根据 OECD/DAC 的最新统计,从 1979 年到 2010 年,中国接受的官方发展援助总额为 518.66 亿美元,是在同一时期接受和吸收官方发展援助最多的国家之一,从 1993 年到 2000 年间,中国是世界上最大的受援国,超过埃及和印度等传统受援大国。1995 年,中国接受各方面的援助达到峰值,成为世界最主要的国际援助试验场。此后,对华援助一路走低,与中国发展成为反向趋势:中国越发展,对华援助越少。②

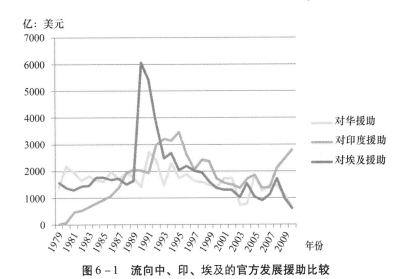

图 6-1 流向中、印、埃及的官方发展援助比较

在中国这个试验场上亮相的外援项目经过了一个由硬变软,由东渐西,由国内及全球的发展过程。在发展的每个阶段,都可以看到援助方和受援方的相互作用。中国作为一个特殊的受援国,其最主要的特征就在于:这个外援试验场不是由援助方左右的。

所谓"由硬变软"是指在中国改革开放之初,外援主要集中在农业和

---

① 商务部最新统计资料,德国为 1983—2004 年的援助总额,欧盟为 1985—2005 年的援助总额,2005 年为部分援助额,日本为 1981—2005 年的援助总额,UNDP 为 1979—2004 年的援助总额。

② http://stats.oecd.org/Index.aspx?datasetcode=TABLE2A#

工业生产领域，主要用于农业技术开发和工业基础设施建设。市场的扩大和生产的发展带来了一系列社会和环境问题，外援的投向随之逐渐转向投资可持续发展、环境保护、妇女发展和基础教育等领域。再后，援助项目开始介入意识形态和上层建筑，出现了大量的政策咨询项目。最近，中外双方又开始了立法和司法领域里的合作，人权领域里的对话和民主建设领域里的交流。目前，援助项目集中在两头，一头达到高层政策制定和制度建设领域，如司法合作、村民选举等；另一头维持在基层工作领域，如综合扶贫、环境保护等；还有就是开展在艾滋病防治、大气污染治理和防止跨国犯罪等领域里的跨国合作。

所谓"由东渐西"是指援助重点地区由东部省份向中西部地区转移。中国的"九五计划"提出"……中西部地区，要积极适应发展市场经济的要求，加快改革开放步伐……"①援助方迅速调整援华政策重点，将更多的项目投向中国中西部落后地区。目前，大约70%的外援资金用于中西部地区的开发。一些援助方明确划定了云南、甘肃、四川、辽宁和西藏自治区为重点援助省份。②

所谓"由国内及全球"是指对华援助越来越关注全球性问题，鼓励艾滋病、大气污染、跨国犯罪等领域里的国际合作，支持中国目标人群和境外同行的交流与合作。例如，欧盟的对华援助项目要求中国人和欧洲人同时受益，福特基金会的有些援助项目要求中方受益者联络其他发展中国家的合作伙伴。与这种合作同时出现的还有援助方之间相互融资，共同支持一个跨国发展项目的现象。中国选择了走社会主义市场经济体制的道路之后，经济快速发展，外汇储备不断增加，对华直接投资迅速增长，针对市场体制建设和生产发展的对华发展贷款随之下降，用于市场配套设施、弥补市场失灵、改革上层建筑的无偿援助则逐年递增。在1995年出现首个高峰值后，最近几年又有大幅增加的态势。2000年以来，对华无偿援助由升趋稳，渐入稳定期。基础教育、良好治理、环境保护、体制改革、性别平等、人权对话乃至

---

① 《中华人民共和国国民经济和社会发展"九五"计划和2010年远景目标纲要》（1996年3月17日第八届全国人民代表大会第四次会议批准）。

② 根据商务部2004年12月7日在京召开的第五届捐助国协调会上发布的数字。

民主法治成为援助方的投资重点。

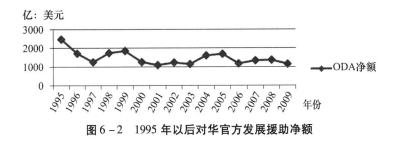

图 6 - 2　1995 年以后对华官方发展援助净额

二　外援在中国的作用：方向与方式的互动

中国接受的外援总额并不多，但是却产生了巨大的效果，其中主要的原因在于中国作为受援国和各个援助方之间的特殊的关系结构，或者可以说是一种"作用互动"结构。在中国接受外援的过程中，有些时段是"方向决定方式"，有些时段是"方式决定方向"。

前面已经提到，接受西方援助和吸取资本主义市场经济有用的经验，用于发展中国的生产力，这是邓小平的重要战略决策，要将这个重大战略决策落实在现实工作中，中国缺乏经验和知识。之所以要"摸着石头过河"，就是因为缺乏架桥的技术和材料。在接受苏联援助的时候，中国不仅通过接受苏联先进的设备，建设了自己的工业体系，而且通过学习如何制定"五年计划"，如何管理大工业，而接受了一整套计划体制和适应计划体制的管理方式。在中国从农业和手工业经济向现代化工业经济发展的过程中，苏联援助起到了很大作用；而后来在中国将计划经济体制改变为有活力的社会主义市场经济体制的过程中，外援也起到了很大的作用。

改革开放初期，中国很少有了解西方市场经济的人才，更加缺乏懂得如何运用市场技术的专家。因此，西方援助方一进入中国，就开始投资于组织涉及金融、财政、收支等方面的专门人才的培训，填鸭式地灌输有关市场经济运作的知识和技能，培训班立即出现了"洛阳纸贵"的现象，反映了中国人当时对西方经济学的"饥渴"。由于西方经济学基础知识的匮乏，在 20 世纪 80 年代初举办的一次培训班上，中方办会人员竟然将"边际效用"和

"边际成本"（marginal utility/marginal cost）翻译成了"边角料的用途"和
"零碎材料的成本"，将"收支平衡点"（break even point）翻译成了"破碎
了摸平的一点"。①

　　在传播基础知识的基础上，援助方开始帮助中国大批量地向西方发达国
家派遣培训人员，让他们去实地考察市场经济在西方社会的运作。同时，援
助方又利用自己丰富的知识储备和强大的国际网络，在计划经济影响力最薄
弱的农村投资技术改造和市场发展，取得了实效。不少农业品种、耕作技术
（如大棚、地膜等）直接来自援助方，农业生产效率为之提高。在城市里，
援助方通过持续大批量地培训各个领域里的专门人才，不仅使中国人接触市
场经济的原理，而且掌握改变管理经济的手段。从可行性研究、招投标程
序、一直到财务监督、过程管理、意见反馈和成果推广，中国执行外援项目
的过程就是逐一汲取援助方经验和方式的过程。新方法的引进提高了效率，
扩大了购销的规模，缩短了购销周期，引入了国际竞争标准，突出了竞争原
则，使资源运用合理化。

　　正像援助方所希望的那样，在华外援项目成功的"示范作用"不仅引
入了"新的技术和管理方法"，而且"引入了政策改革"。② 中国在1979年
以后大量地接受来自世界银行、联合国援助机构和双边援助国的政策咨询，
把他们的领导人作为资源专家来讨教，世界银行针对中国的第一份报告甚至
成了"中国高官的入门读物"。③ 世界银行也由于为中国的经济改革提供了
大量的政策咨询而获得了"知识银行"、"经验银行"的称号。这些来自援
助方的政策意见和市场知识运用于中国的经济改革中，产生了政策变革的效
果，例如，"企业住房与社会保障体制改革"项目帮助企业改变了企业办社
会的状况，转变了政府职能，解决了部门和条块之间的"无形壁垒"、"福
利屏障"和大大小小的"属地原则"，使统一国内市场进而发展全国性的劳
动市场成为可能。再如，外援资金调动了中国的财政转移从投资企业转向投

---

　　① 彭运鹢：《知识胜于资本——我所认识的世界银行》，载《当代金融家》2005年第12期。

　　② 世界银行业务评价局：《中国：国别援助评价报告》，中国财政经济出版社2005年版，第7—
8页。

　　③ 《中国：国别援助评估报告》，世界银行业务评估局，2004年，见 http：//www. worldbank. org/
oed。

资社会、扶贫和环保等领域，中国政府通过财政转移为外援项目配套的资金比例逐年增加，外援项目因之而越来越"本土化"、"合作化"。

外援还带动了中国的机制改革。接受西方外援与接受苏联外援的一个差别是中国为了适应新型管理的需要而在各个机构成立了相对独立的"外资办"或"项目办"。这些外资办和项目办以英文为工作语言，按援助方和受援方协议中规定的工作程序办事，直接使用外来的观念和方法，并且在受援国本土培育消化这些观念和方法的能力。这种嫁接产生的机制随着外援项目的建立而在中国各地各部门复制，不仅影响着人们的工作方式和行为方式，而且通过这些方式的转变而直接或间接地导致了"渐进的"体制转轨和体制创新。例如外援项目逐级地在外援受益单位建立"项目办"，使其逐级向下延伸，与政府的行政形成平行机制，久而久之，原行政管理就受到项目办技术管理的影响，改变了财务管理和其他管理方法。在有些部门，这种"双轨制"成为新的管理方法和机制的先导。政府的计划管理机制随着市场的发展而逐步削减，以致取消，中国的企业也因此而摆脱了"多个婆婆"管理的局面而成为真正的市场力量。

通过外援资金引进的市场管理方式影响了国家改革目标的制定和体制改革的方向。在重新接受外援短短 5 年之后，中共中央于 1984 年认真总结了中国实行计划经济以来的利弊，提出"改革计划体制"，"自觉运用价值规律"，"发展社会主义商品经济"的思路，并且强调要"建立合理的价格体系，充分重视经济杠杆的作用"。[1] 此后，根据邓小平在许多场合的讲话精神，根据他关于"社会主义和市场经济不存在根本矛盾"，"把计划经济和市场经济结合起来，就更能解放生产力，加速经济发展"[2] 的提法，也根据历年来政界、学界和社会各界通过多种渠道获得的关于市场经济的知识，1993 年 11 月，党的十四届三中全会正式通过了《中共中央关于建立社会主义市场经济体制若干问题的决定》，决定大量地吸收资本主义市场经济的企业管理方法和社会分配机制，标志着中国从社会主义计划经济体制向社会主

---

① 《中共中央关于经济体制改革的决定》（中国共产党第十二届中央委员会第三次全体会议一九八四年十月二十日通过），摘自人民网。

② 邓小平：《社会主义和市场经济不存在根本矛盾》（1985 年 10 月 23 日），载《邓小平文选》第 3 卷，人民出版社 1993 年版，第 148—149 页。

义市场经济体制的转变已经基本完成。

可以说，中国首先选择了走改革开放建设社会主义的道路，这个方向性的选择决定中国对于外资和外援的引进，而外援在中国的活动和外援的方式为中国提供了解决具体问题的具体方案和方法，推动着中国社会主义市场经济的发展。

三　外援在中国的国际意义

外援在中国的实践是否具有国际意义？回答这个问题需要从以下三个方面来考察：（1）从中国的实践中是否可以看到世界发展的脉络？（2）中国是否借助外援走出了自己独特的发展道路？（3）中国的发展道路是否证明并丰富了世界文明的多样性原则？

（一）从外援在中国的实践可以透视时代的变迁

外援在新中国半个多世纪的实践经历了两次大的时代变迁：社会主义阵营的建立和世界市场的形成。中国对于苏联援助的吸收和使用，在战略上巩固和扩大了社会主义阵营，在体制和机制上探索了社会主义计划经济方式，在长达近 30 年的时间里，中国以其对于发展模式的选择，一方面奠定了国家工业经济力量的基础，另一方面在客观上限制了市场经济在全球的扩张。

更加值得总结的是中国改革开放以来对于西方援助的吸收和利用。西方援助不仅为中国带来西方发展的经验，也带来了西方的资源和利用资源的方式，并且借助这些力量使中国进入了快速发展的经济全球化轨道。当然，这个过程尚未结束。就像 2006 年 5 月世界银行的《2006—2010 国别援助政策》明确提出的那样，援助方要通过"促进中国经济与世界经济的融合"，进一步"深化中国对多边经济机构的参与，降低对内和对外贸易和投资壁垒"，最终使中国成为没有边界的世界市场的一部分。①

从中国的角度来看，中国抓住了外援带来的接触巨大资源和广阔市场的机会。来自世界市场的源源不断的资金、技术、设备、订单带动着中国经济以令人难以置信的速度发展起来。市场力量摇撼着中国国内的体制：从思维

---

① 世界银行业务评价局：《中国：国别援助评价报告》，中国财政经济出版社 2005 年版，第 7—8 页。

观念到社会服务，都开始树立起"市场化"的标准。不仅工业和农业生产采用市场化管理，在扶贫和环保工作中也引入了市场竞争、市场信息和市场服务，甚至文艺、体育，乃至教育和卫生等行业都引入了市场机制。市场冲破了区域、部门、行业的壁垒，重新塑造着中国的社会生活。虽然这种重新塑造的利与弊还有待进一步的考察，但是，重新塑造已经开始，这是一个不争且难以逆转的事实。

中国不仅从引入中国的世界市场获取资金和技术，更向世界市场提供了大量物美价廉的商品，吸引着世界 500 强纷纷在中国落户，在中国找寻资产增值的机会。外援帮助了中国的发展，同时加强了世界市场的力量。外援在中国的实践正是市场力量在全世界扩张的时代写照，也是以单一市场为基础的各种世界力量快速发展的时代写照。

（二）中国借助外援走上了一条"渐进型"的独特发展道路

中国的发展令人目眩，也令世界震动。中国为什么会这样快速，而又相对平稳地发展起来？来自世界各地的专家学者有着不同的解读。据美国经济学家莱斯特·瑟罗的观察，中国的快速发展曾经触动了俄国人最敏感的神经。这个曾经仰赖苏联援助的贫穷国家是否因为选择了非社会主义道路才发展起来？如果是，俄国人也想尝试一下。[①]他们放弃了社会主义，选择了"休克式"的变革，结果却没有看到预期的增长。

中国选择了"渐进型"改革，在社会主义制度条件下，从引进外援项目开始，学习市场知识、引进市场导向的经营方式，带动相关公共产品和公共服务的市场化发展，影响着政府职能一步步地从计划式管理向市场化管理的方向改革。在接受外援的整个过程中，中国政府是唯一最有效的中介。无论是主管多边援助的财政系统，还是主管双边援助的商务系统，都以邓小平提出的"以我为主、为我所用"的方针，根据中国改革发展过程中出现的资金短缺、知识短缺、技术短缺、人才短缺和观念、体制陈旧等问题，引导援助方在上述各个领域里进行投入，使外援能够直接地为中国的发展战略服务，从而保证了外援在中国服务于中国改革和建设的大政方针。即使随着中国社会的发展，不少援助方开始绕过主管部门，直接辅助中国的基层建设和

---

① 根据莱斯特·瑟罗 2000 年访华时的一个晚餐会谈话。

社会发展，但是在援助的总方向上，外援活动也必然受到中国政府历次"五年计划"的引导和制约。

与援助方谈判援助项目的过程既是利益相互砥砺的过程，也是思想相互沟通，观念相互影响和人员相互学习的过程。在接受外援初期，中国方面对于改革发展的需求认定并不总是和援助方相一致，谈判桌上的唇枪舌剑和签约仪式上的觥筹交错是过去只有在争城夺地的外交谈判中才可能看到的场面，现在也出现在关于接受外援的谈判中。中国的相关部门开始在许多领域里直接面对来自援助方的谈判代表，通过他们对于自己国家和对援助方利益的理解，在各个具体的发展领域里，引导援助方提供中国改革和发展需要的物质和精神财富，同时消除援助方带来的消极影响。

1979 年以后的外援项目并不都是加强政府权力的，但即使是在政府改革领域里的外援项目，也往往是由中国政府提出来的，是为了转变政府的职能，改善政府的能力而设立的。例如援助方引进了通过"参与式"方法进行扶贫工作的经验，导致了以社区为主导的自主发展，政府从社区扶贫工作的决策者和经营者变成了服务提供者。再如中央组织部的干部培训项目引进了现代公务员概念，导致了政府内部的分权和独立于政党的国家人事部门的建立，对于中国政府的职能转变和现代化的国家建设起到了重要的作用。中国引进的以改革观念和改革体制为目的的外援项目恰恰是一些中国用来进行"社会主义制度的自我完善"[1] 的工具。改革和引进的目的不是要进行全盘的自我否定，而是在"强有力的""社会主义的国家机器"[2] 的保障下，进行制度的自我完善。改革和引进始终坚持"以我为主"，引进的先进技术、先进方式和先进机制首先用于"促进生产力的发展"，进而促进"经济生活、社会生活、工作方式和精神状态的一系列深刻变化"，[3] 并逐步替换了过时的旧观念和旧体制，使中国政府在改造自我的同时改造外部世界，这就

---

① 邓小平：《在中国共产党全国代表大会上的讲话》（1985 年 9 月 23 日），载《邓小平文选》第 3 卷，人民出版社 1993 年版，第 142 页。

② 邓小平：《改革是中国发展生产力的必由之路》（1985 年 8 月 28 日），载《邓小平文选》第 3 卷，人民出版社 1993 年版，第 139 页。

③ 邓小平：《在中国共产党全国代表大会上的讲话》（1985 年 9 月 23 日），载《邓小平文选》第 3 卷，人民出版社 1993 年版，第 142 页。

是中国"渐进型"发展模式能够成功的关键。

总而言之,相对于中国的规模和幅员来说,各类援助方所能够提供的援助是十分有限的,外援的总金额也是微不足道的。因此,没有任何一个援助方能够利用外援施加的压力来左右中国的发展道路和政策。同时,由于利用外援的动力来源于中国自身的改革和建设要求,因此中国能够比较有效地引导外援活动,利用援助方在知识、经验和其他方面的优势,将内在动力与外来资源有机地结合在一起,走出了一条渐进式的发展道路。

(三)中国的发展模式是人类文明发展多样性的财富

外援在中国已经取得了成功,它在帮助中国解决世界上 1/5 人口的温饱,维持一个幅员辽阔的大国的稳定发展方面发挥了作用。它也作用于协助中国与外界开展合作,共同解决全球性问题。但它是否具有深层的世界意义?如果有,意义何在?

经过外援渠道流入中国的资金数量虽然远不能与外资相比,但是其影响力却超越了经济领域,涉及远及经济以外的社会和政策领域,影响了中国的经济技术标准、经济管理方式乃至思维方式、政策取向和制度建设。因此,可以说,外援作为一种国与国之间的财政转移,是援助国向受援国施加影响的一种"温和的"方式,同时也是受援国利用援助国资源的一种"沉默的"方式。

中国的发展为世界提供了主动利用外援的成功范例,中国经过外援的渠道影响世界的方式首先是知识上的,外援在中国建立起的是一种双向的"学习过程"。中国接受援助的过程一方面是中国了解国际规则、融入国际体制的过程;另一方面也是国际社会了解中国的发展规律和发展进程的过程。中国这个世界上最大的发展中国家,由于成功地实现了发展目标,为"发展"这个概念的规律性增添了不少新的内容,对于其他第三世界的发展,以及国际上关于"发展"的认知作出了贡献。因此,中国的发展经验丰富了世界发展多样性的内涵。世界银行多次总结中国发展的独特经验,并且在国际上加以传播,有些经验被用于其他国家,成为人类文明的财富。

从外援在中国的实践中既可以看到中国发展模式的独特性,也可以看到中国发展与世界其他文明发展之间的共通性。从共性的角度看,发展生产力是一个关键。就像邓小平多次指出的,任何社会制度,如果不能有效地解放和发展生产力，就会丧失自身的优越性和合理性。中国接受的外来援助作用于发展生产力：苏联援助通过对基础投资和对大生产的组织提高了中国的生产力水平，西方援助则通过资金的投入，带动市场的建设，促进了中国的改革事业，使中国巨大的生产能力释放出来。因此，中国发展模式为人类提供了一个优先发展生产力的共识。

中国消化吸收西方发展经验，结合自己的国情，走出的发展道路对于援助方的援助政策和措施产生了反作用力。当援助方对上层建筑领域里的投资趋之若鹜时，中国政府提出，发展基础设施、解决经济发展中的瓶颈问题，仍是促进经济增长的关键，也是推动减贫的重要手段。在中国、印度等发展中国家的推动下，世界银行等援助方从 2004 年开始重新肯定加强基础设施建设对于扶贫的作用，并强化了对这些领域的支持力度。再比如，当国际援助体制在美国的引导下讨论"失败国家"导致发展援助失败的问题时，中国则在 2005 年世行/国际货币基金组织年会的讲坛上提出，受援国的政府能力建设和自主发展能力培育是保证国家长久稳定发展的关键，应当得到特别支持。中国的意见得到许多参会代表的支持，重视"国家能力建设"（building state capacity）也因此而被写进了会议公报，并影响了世界外援的走向。

外援通过多重渠道将中国和国际社会相连接，在世界上形成了各种新的力量组合。作为受援国，中国与援助方就发展问题进行了前所未有的深层合作。中国的发展经验使得中国和援助方之间的关系组合发生了关键性的变化，从接受发展援助变为进行发展合作。作为发展中大国，中国不但为广大发展中国家提供了可资借鉴的经验，而且这些经验由于加进了发展中受援国自身的因素而对其他发展中国家更具参考价值，并可能使中国在发展问题上与其他发展中国家形成更紧密的合作关系。总而言之，外援改变了中国，外援也会改变世界。

第七章

中国对外援助的政策与机制[①]

　　新中国的对外援助事业始于1950年，迄今已有60多年的历史。60多年来，中国对外援助在中国对外关系领域里起到了潜移默化和润物无声的作用，是其他外交工具无法替代的。1949年新中国成立伊始就面临西方世界的全面封锁和禁运，"一边倒"的外交政策曾经帮助中国获得了来自苏联的经济援助，中国不仅借助这些援助走上了快速工业化的道路，而且遵循无产阶级国际主义原则，开始向其他社会主义阵营的国家，如朝鲜、越南、蒙古国等提供军事和经济援助。后来，为了顺应亚非拉国家谋求民族独立和经济发展的需要，新中国又开始向这些国家提供经济技术援助。改革开放以后，中国对外援助规模稳步扩大，影响力日益增长，受到世界越来越多的关注。

　　在过去的60多年中，中国对外援助的政策与机制随着时代的变化而变革调整，这些调整变革可以大致分为三个主要阶段：第一个阶段始于新中国成立初期，第二个阶段始于改革开放初期，第三个阶段始于21世纪初。[②] 在这三个不同的历史时期里，中国对外援助的政策、机制和方法都呈现出一些迥然不同的特点。在中国援外的第一阶段，国际主义毫无疑问是中国援外的主导思想，中国对外援助的各项政策措施都密切围绕着国际主义而制定；在

---

　　① 本章曾作为《中国对外援助60年》（周弘主编）2013年版中的一章发表。

　　② 原商务部副部长傅自应将中国对外援助划分为五个阶段：20世纪50年代、20世纪60—70年代、20世纪80年代、20世纪90年代和21世纪。笔者根据中国基本体制特征，将20世纪50、60和70年代合并为一个阶段，将80和90年代合并为一个阶段，而第三阶段在笔者看来也是第二阶段的自然延伸，之所以作为第三阶段来看，主要是取其前瞻之意。参见傅自应《继往开来，进一步做好我国对外援助工作——纪念我国对外援助工作60周年》，载《中国经贸》（中国对外援助60年特刊），北京2010年8月，第10页。

第二阶段，调整和改革成为时代主题，围绕着这个主题，中国援外的体制机制乃至部分政策都在坚持基本原则的基础上经历了大幅度的改革调整；在中国援外的第三阶段，发展合作开始向更深层次和更宽领域推进，中国对外援助不仅在数量上有所增加，在方式方法和体制机制等方面也出现了多重和深层合作的特点。

第一节　新中国对外援助的初始阶段

一　20 世纪 50 年代的新中国对外援助：原则与体制

新中国以国际主义和人道主义作为提供国际援助的主要出发点，而不是将对外援助事业作为权宜之计。这一出发点主要表现为中国承诺对人类自由和平等的事业提供援助，特别是对和中国人民有着同样经历的受剥削和压迫的人民承担援助义务。毛泽东主席后来总结说："已经获得革命胜利的人民，应该援助正在争取解放的人民的斗争，这是我们的国际主义的义务。"[①]

20 世纪 50 年代，新中国对外援助的主要目的是帮助正在争取民族解放的人民实现政治和经济独立。具体来讲，就是帮助朝鲜、越南等周边国家人民的独立解放战争。这一宗旨后来也用于援助亚非拉，特别是支持非洲人民为摆脱殖民主义统治、争取民族独立的斗争。在这些国家获得了解放以后，中国援助集中于帮助这些国家从事经济建设，以获得经济上的独立。周恩来总理对中国对外援助进行过诠释，他说：

　　我国对外援助的出发点是，根据无产阶级国际主义精神，支援兄弟国家进行社会主义建设，增强整个社会主义阵营的力量；支援未独立的国家取得独立；支援新独立的国家自力更生，发展民族经济，巩固自己的独立，增强各国人民团结反帝的力量。我们对兄弟国家和新独立国家进行援助，把他们的力量加强了，反过来就是削弱了帝国主义的力量，

---

① 《毛泽东主席接见非洲朋友的谈话》，《人民日报》1963 年 8 月 9 日。

这对我们也是巨大的支援。①

　　由此可见，新中国成立之初，中国是从两个角度确立对外援助政策的：
一是作为刚刚摆脱了殖民统治的国家，中国在自己获得了独立以后，必然支
持其他被压迫民族争取民族独立、发展民族经济的事业，因为只有这样才能
打破西方世界对中国的经济和政治封锁，同时也帮助摆脱了殖民统治的国家
从政治独立走向经济独立；二是作为经济落后的国家，中国对于公平合理的
世界政治经济秩序的诉求和广大发展中国家是一致的，帮助发展中国家，也
就是改善自己的外部条件。

　　毛泽东和周恩来是从中国对外关系的总体格局和基本原则角度来论述中
国对外援助政策的，其中既包含了对中国援外政策的国际主义性质的认定，
也兼顾了中国国家利益，并且说明了中国对外援助的基本目的是通过开展与
广大发展中国家的平等互助，最终达到共同发展的目的。

　　要实现中国对外援助的上述目标，还需要体制和机制上的保障。刚刚走
出连年战乱的新中国是一个积贫积弱、百废待兴的农业国，工业建设刚刚起
步，工业基础相当薄弱，工业基地十分分散，要想有效地提供对外援助，就
需要一种强有力的组织体系来支撑，而这种体系的建立与援助内容的扩展和
转变相辅相成。

　　新中国成立初期，中国对外援助的主要形式是物资援助和少量的现汇援
助，由中央政府通过直接下达援外任务给相关部委得到实施，因此管理结构
十分简单。1952 年 8 月，新中国成立了对外贸易部，统一管理对外援助项
目，并组织下属各进出口公司实施物资援助项目。后来，中国开始向外提供
成套项目援助，并通过成套项目为越南、朝鲜修复战争破坏的铁路、公路、
港口、桥梁和市政交通等设施，援外工作的内容和程序因此变得复杂起来。
1954 年，为了适应新的形势的要求，中国援外管理开始实行"两部委"的
管理体制：外贸部统一负责对外谈判和签订协议，并通过各进出口公司实施
物资援助项目，国家计划委员会则按照不同的专业向国务院各有关部门下达

① 周恩来：《在第三届全国人民代表大会第一次会议上周恩来总理作政府工作报告》，《人民日报》
1964 年 12 月 31 日。

任务。

新中国成立初期的对外援助体制的标志是"总交货人部制"和"协作交货部制"。1958 年，中国援外项目的数量和种类明显增多，中国政府决定实施"总交货人部制度"，以确保援外项目按期和保质完成。所谓"总交货人部制"是指国家计划委员会按照援外项目的专业性质，指定一个相关部委（如轻工业部或农业部等）担任"总交货人"，由该部委根据援外的具体项目选调人员、准备资料、勘察援建场地、编制援助预算、提供设备材料、进行设计安装，并负责调试机器和培训人员。例如铁路援建项目由铁道部担任"总交货人部"，其他相关部委担任该援外项目的"协作交货部"。"协作交货部"的产生也是为了顺应援外工作的需要，例如一些受援国提出要中国提供外文资料，而翻译、审定等项工作都需要不菲的成本，受援国多数长期处于西方的殖民统治之下，所使用的电器设备与中国标准也不相同。要解决翻译、零部件等细节难题，就需要其他部门的协作和配合，所以，"协作交货部"应运而生。"总交货人部"或"协作交货部"也可以委托省、市、自治区负责完成部分或者全部援建工程。"总交货人部"和"协作交货部"接受外贸部和国家计委的双重领导。1960 年，中国成立外经总局，取代双部委实施直接管理。以"总交货人部"和"协作交货部"为基本结构的中国对外援助管理体制基本确立。[①]

在一个工业基础薄弱，但国土广袤，同时资源分散的国家里，"总交货人部"和"协作交货部"的援外体制有利于快速调动资源，有效实施对外援助，保障国家对外战略目标和国际主义义务的实现，而这种体制的基本特点是高度的计划性和各部门之间的有效协调。

二　20 世纪 60—70 年代的中国对外援助："八项原则"及其落实

20 世纪 60 年代，苏联停止了对华援助并从中国撤走专家，使中国的对外经济关系进入了一个转折期：中苏之间的经济贸易往来大幅缩小，而中国与亚非发展中国家的经济技术合作却在中国对外援助的有力推动下获得了长

---

① 参见石林主编《当代中国的对外经济合作》中有关"总交货人部制"和"协作交货部制"的有关论述，中国社会科学出版社 1989 年版。

足的发展。这一发展与中国对外援助事业的发展同步并互为补充，对于打破西方世界对中国的封锁和禁运，发展与亚非国家的外交战略都起到了重要的作用。

为了有效开展并改善中国对外援助工作，周恩来总理在大量调研的基础上，亲自制定了中国对外援助的"八项原则"，并且在 1964 年 1 月 14 日与加纳总统恩柯鲁玛会谈时正式提出，[①] 这"八项原则"包括：

1. 中国政府一贯根据平等互利的原则提供对外援助，从来不把这种援助看做单方面的赐予，而认为援助是相互的；

2. 中国政府在对外提供援助的时候，严格尊重受援国的主权，绝不附带任何条件，绝不要求任何特权；

3. 中国政府以无息或者低息贷款的方式提供经济援助，在需要的时候延长还款期限，以尽量减少受援国的负担；

4. 中国政府对外提供援助的目的，不是造成受援国对中国的依赖，而是帮助受援国逐步走上自力更生、经济上独立发展的道路；

5. 中国政府帮助受援国建设的项目，力求投资少、收效快，使受援国政府能够增加收入，积累资金；

6. 中国政府提供自己所能生产的、质量最好的设备和物资，并且根据国际市场的价格议价。如果中国政府所提供的设备和物资部合乎商定的规格和质量，中国政府保证退换；

7. 中国政府对外提供任何一种技术援助的时候，保证做到使受援国的人员充分掌握这种技术；

8. 中国政府派到受援国帮助进行建设的专家，同受援国自己的专家享受同样的物质待遇，不容许有任何特殊要求和享受。

同年 12 月 21 日，第三届全国人民代表大会作政府工作报告时，周恩来总理就"八项原则"做了进一步的解释：

---

① 《人民日报》1964 年 4 月 26 日。

　　这几年来，随着我国社会主义建设事业的发展，我国对外援助的规模日益扩大。在援外工作中，我们总结了多年来的实践，制定了对外经济技术援助的"八项原则"，按照这些原则，我们一贯克己助人，采取无偿赠与或低息、无息贷款的方式提供援助。今后，我们还将在实际工作中，补充和发展这些原则。①

　　"八项原则"一问世即成为中国对外援助的指导方针。据中国老一代援外工作者回忆说：当时从中央到地方，凡从事援外工作的单位和人员都认真贯彻"八项原则"，包括提供什么援助、建什么项目、规模大小、标准高低等等，都要先对照一下"八项原则"，所有从事援外的单位和人员都用"八项原则"统一思想，符合的就是正确的，就贯彻实施，不符合的就是错误的，就修改订正。有了这个标准，工作就比较好做。②

　　"八项原则"既是中国对外援助工作的试金石，又是中国与其他西方援助国之间的分水岭。它以强调平等、合作、互利而在国际经济合作领域中独树一帜，在发展中受援国中间产生了强烈的共鸣。发展中国家，特别是那些饱受殖民统治的前殖民地国家，通过中国援助更广泛地接触到中国政府和人民，因此也就更好地了解并理解了中国。例如"八项原则"提出，中国政府不把援助看作单方面的赐予，而认为援助是相互的，这种切合实际的表述将中国和受援国的平等伙伴关系很好地体现出来，而发达国家却难以摆脱居高临下的施舍者姿态。再如"八项原则"规定，中国政府在对外提供援助的时候，坚决奉行尊重受援国主权的原则，绝不附带任何政治条件，绝不要求任何特权。"八项原则"还承诺，中国向受援国提供中国所能生产的质量最好的设备和物资，无保留地向受援国转让知识和技术，援建投资少、收效快，便于受援国政府增加收入的项目，并且要求中国的援外专家享受和当地专家同等的物质待遇，不允许有任何的特殊化。这些表述真正体现了中国的国际主义精神，也因此深入受援国人心，受到受援国的欢迎。同时，受援国

---

　　① 周恩来：《在第三届全国人民代表大会第一次会议上周恩来总理作政府工作报告》，《人民日报》1964 年 12 月 31 日。

　　② 2007 年访问前援外司司长李承为的记录。

也帮助中国从西方的重重政治包围和经济封锁中走出来，走向世界。

要将"八项原则"贯彻落实到每个援助项目的管理和实施中，使之体现中国援外工作的指导原则和精神实质，保障平等互利、不干涉内政和国际主义原则的贯彻实施，就必须在许许多多的管理细节方面下功夫，就需要通过管理体制和机制加以保障。20 世纪 60—70 年代的中国对外援助体制在"总交货人部"和"协作交货部"相配合的基础上继续发展。1964 年，外经总局升格为对外经济委员会，而后又于 1970 年正式建立对外经济部，主导中国援外工作的管理。自 1971 年起，原来的"总交货人部"和"协作交货部"体制也正式更名为"承建部"和"协作部"，下辖筹建单位、协作单位、外贸公司等援外项目实施主体。承建部通常为国务院的一个主要相关部门（如果是农业援助则为农业部，如果是道路建设则为交通部等），在协作部（相关国务院部门）的配合下，向有关省、自治区、直辖市人民政府下达任务。承建部负责本行业援外项目的归口管理。

随着援外数量的增加，标准的制定提上日程。在这个阶段，中国援外主管部门出台了有关细节管理的大量文件和指令，例如有关受援国当地工人的劳动保护文件就细致到对安全带、安全帽、绝缘胶鞋、防护眼镜等的提供及标准。为了避免中国援外人员的盲目自大倾向影响"八项原则"中的平等精神的体现，进而给中国援外事业带来负面的影响，援外主管部门，甚至周恩来总理本人都不厌其烦地强调："参加借贷和培训工作的人员要谦虚谨慎、戒骄戒躁，坚决反对大国沙文主义，传授技术和介绍生产经验及科技成就，要实事求是，一分为二，既讲成绩，也讲缺点。讲成绩要留有余地，不要自吹自擂，讲缺点不要笼而统之。同时，要注意向对方学习，利用适当机会，交流经验。"在河内参观中国援建的肥皂厂时，周总理亲笔题下了：

> 我亲眼看到在这个厂内越中两国的工人和专家合作得很好，这是值得高兴的事。但是，我还担心，是不是所有从我国来的专家和工人都能够同越南的专家和工人合作得好，他们是不是还有大国主义情绪，还很骄傲自满，还不愿把自己的本事都教给越南同志，还不愿学习越南同志的长处和越南人民艰苦朴素的作风。这一切，希望中国的专家和工人好好注意和警惕，更望越南同志多多给他们教育和批评。我这段话不单是

对河内肥皂厂的中国专家和工人说的，也不单是对这个厂的越南同志说的，而是希望你们把这段话传达给所有从中国来的专家和工人，传达给所有与他们有工作关系的越南同志。①

在一些场合，周恩来总理严厉地批评个别中国援外人员以"恩人"和"专家"自居，不平等待人，不遵守所在国政府法令，不尊重当地人民的风俗习惯，无组织无纪律，擅自表态，不胜任工作等现象。对于违反"八项原则"的行为，周恩来总理会亲自过问，严肃处罚。曾经担任驻坦桑尼亚代办的周伯萍在他的回忆录中就记载了他安排让中国经援专家购买免税商品而受到周恩来总理严厉批评的经历。②

周恩来总理洞察到有些人好大喜功和不求实效的毛病，曾经再三再四地告诫说："友好重在精神，不在物质，尤其不在排场。"③周恩来总理的用意是朴实而深远的：友谊的形成是潜移默化的，不是能靠打造而得来的。在对外交往过程中，态度有时是至关重要的，因为态度可以传递比物质更多的善意和友谊。周恩来总理提示说，即使是受援国提出了不合理的要求或虽属合理，但中国办不到的，也要摆事实、讲道理，耐心说服解释，而不能操之过急，不能模棱两可。态度要诚恳，观点要明确。周恩来总理的这个要求也是从受援国的长远利益考虑做出的，因为，如果为了营造友谊而不讲究经济技术的合理性，就会给项目带来后患，最终会成为受援国的包袱，损害两国友谊。

总之，中国的援外工作是由物质和精神两个部分共同构成的，中国援外的效果之所以往往超出世人的估计，正是始于周恩来总理对中国援外人员态度和行为等现在被称作"软"领域的这种高标准和严要求。在周恩来总理的言传身教下，中国援外人员不辞劳苦、不畏艰辛，深入受援国基层调查研究，与当地人共商发展大计，为中国赢得了声誉和友谊。例如中国首任驻越

---

① 叶如根主编：《方毅传》，人民出版社 2008 年版，第 247—248 页。

② 周伯萍：《非常时期的外交生涯》（1964.9—1982.1），世界知识出版社 2004 年版，第 69—71 页。

③ 根据课题组对中国援外人员的访谈纪要。

南经济代表方毅就曾经被越南主席胡志明誉为"我的总顾问"①，还有很多中国援外人员获得受援国政府的信任和嘉奖。

在当时的条件下，中国援外还间接地促进了中国国内的生产。外经委（外经部）领导下的"承建部"和"协作部"相互配合的中国援外体制是计划经济的一部分。计划经济体制可以有效地调整对外援助实施过程中出现的问题，并依据对外援助的要求，安排国内生产，事实上也促进了国内生产，例如，对外援助机器设备的零部件如果从发达国家购买就十分昂贵，这种需求推动了中国自力更生的研发，再如对外援助的成套设备不仅要使用中国生产的最好的产品，而且还需要适应受援国的气候地理条件和特殊要求，需要在中国的优等产品的技术基础上进一步根据受援国的需要进行技术上的钻研和创新，这样也就形成了对外援助领域里生产和研发的动力和内外互动的局面。

三 援外促进外交

辽阔的幅员、悠长的历史、丰富的文化和繁复的体制，使得中国这个既年轻又古老的大国对于外界来说简直就是谜一样地难解，加上西方世界对共产党领导下的新中国的恶意中伤和无休止的反共宣传，倘若没有一整套长远的外交战略和针对具体事务的多种外交策略，中国很容易被外界符号化、标记化、简单化，乃至遭到怀疑、误解和攻击。中国早期的对外援助工作曾经成功地将外界对中国符号化的倾向扭转过来，而成功的秘诀不在于宣示和传播，而是通过中国对外援助工作人员们的一言一行，让受援国的政府和人民直接感受到并了解到中国这个巨型而遥远的国家的真诚和善意，并对中国萌生好感，最终真心诚意地帮助中国恢复在联合国的合法席位，并在许多国际场合给予中国热情的支持。

梳理周恩来总理在中国恢复联合国合法席位前发表的各种有关援外问题的谈话，可以看出，中国对外援助工作在政策细节上都透露出对受援国的理解和关切，时时处处表现了对受援国政府和人民的入微体贴。这使得中国外交不仅具有叱咤风云的一面，更呈现润物无声的温暖。对外援助使得中国外

---

① 叶如根主编：《方毅传》，人民出版社2008年版，第261页。

交可以将很多工作做在前面、做在人心，全无临渴掘井的功利迹象。

根据中国老一代援外人员的回忆，周恩来总理在会见受援国的领导时每每谈到中国的援外政策，而每次提到都表现出一种体贴入微的态度，一种从受援国的角度考虑问题的风格。他会关心中国援建的项目是否切合当地实际，是否会成为受援国的负担，是否真的对受援国有利，是否能够适合受援国的市场需要，中国的设备是否适合受援国当地的气候条件。周恩来总理常说，要把帮助朋友的事情当作自己的事情来做，要让受援国逐步做到自力更生，扩大自己的国内市场，而不是依靠外援。这里仅录周恩来总理 1970 年 7 月 9 日会见坦桑尼亚和赞比亚政府代表团时的一段原话：周恩来总理说，"帮助友好国家的建设项目……不仅要完成，而且一定要使受援国的人民掌握和使用全套技术和经营管理，训练好技术人员和工人，把项目交给受援国使用。这样才算是完全做到了援助。"①这种从对方的角度考虑问题的态度自然有着特殊的感人力量。

周恩来总理对中国工作人员的严格要求有口皆碑，他总是告诫中国的外交人员，要从大处着眼，不要总是挑对方的毛病。他多次批示，要求中国援外专家一切服从当地法律和关税制度，不搞特殊，免税购买的物品应当补缴税款，要谨防主观主义、大国沙文主义，甚至是新殖民主义的错误。

在谈判的过程中，周恩来总理又能够将原则性、务实性和灵活性有机地联系在一起，既坚持原则，又实事求是，还保持了友谊。一次，在与阿尔巴尼亚部长会议第一副主席科列加会谈时，针对阿方提出的要求，周恩来总理明确地要求："关于两国贸易和经济合作方面的问题，应该首先确定三个原则：（一）你们有权利要求我们帮助，我们有责任帮助你们。（二）你们根据自己的实际需要提出要求，我们根据我们的可能来满足你们。（三）要研究用什么方法来安排援助和合作，需要经过什么步骤。归纳一下这三个原则，第一叫做国际主义，第二叫做实事求是，第三叫做有办法。"②这样就给后来一些艰难的经济技术谈判开启了务实友好的氛围。

---

① 中共中央文献研究室编：《周恩来年谱》（1949—1976）（下），中央文献出版社 1998 年版，第 378 页。又见《党的文献》2012 年第 3 期，第 12—13 页。

② 叶如根主编：《方毅传》，人民出版社 2008 年版，第 289 页。

中国对外援助鲜明地反对殖民主义和大国沙文主义，突出国际主义的精神，而西方国家当时还在通过各种各样的"联系制度"和"有条件的援助"，力图保持其在受援国的影响力，控制受援国的生产和销售，并以新的方式延续殖民主义世界秩序；两者相比有云泥之别。除了政策差别以外，周恩来总理还以他的坦诚和无私的人格魅力为中国赢得了更多的理解和友谊，也树立了中国的外交品格。这种品格的特征是立场鲜明、态度明确、坦坦荡荡，一扫外交场中那种恃强凌弱、矫揉造作、文过饰非和言不由衷的积习，其精神的传导作用远远大于外援物资的提供。在这种外交品格的感召下，同时也是在中国最大的援外项目坦赞铁路的修建过程中，中国外交工作水到渠成。1971 年 10 月 25 日，第 26 届联合国大会 76 票赞成、35 票反对、17 票弃权的压倒多数通过阿尔巴尼亚、阿尔及利亚等 23 国提出的要求恢复中华人民共和国在联合国的一切合法权利的议案，超乎了很多人的预期。"两阿"（阿尔巴尼亚、阿尔及利亚）提案的 23 个国家中，除了南斯拉夫没有直接接受中国的援助外，另外 22 个国家都是中国的受援国，并通过中国援助了解了中国。①

多年主持中国对外经济合作工作的方毅总结了当时的中国对外援助工作，恰如其分地概括为八条经验，即第一，一切工作从整个国际斗争全局出发；第二，对外援助工作不仅是复杂细致的技术工作，而且首先是严肃的政治工作；第三，援外工作面向世界，面对许多尚未被我们认识的领域，所以需要不断学习；第四，积极承担和量力而行相结合；第五，掌握重点和照顾一般相结合，集中力量打歼灭战和瞻前顾后、细水长流相结合；第六，充分认识民族主义国家的特点，恰如其分地估计中国的作用；第七，援助方式既要着重帮助受援国自力更生，解决对方的长远需要，也要适当照顾当前急需；第八，援外工作面向世界、立足国内，也要促进国内生产建设和技术进步。②

---

① 《光辉的历程——程飞（前外经部副部长）谈外援》，《对外援助工作通讯》2008 年第 3—5 期连载。

② 《方毅文集》，人民出版社 2008 年版，第 73—77 页。

四　计划经济体制条件下中国对外援助管理体制

这一节的内容笔者曾经在过去的写作中多次提到，而且至今保持着最初的判断，即以"总交货人部制"和"承建部负责制"为基本制度框架的中国对外援助管理体制在特定的历史条件和制度条件下是适合中国的国情的。这个制度框架在新中国成立后的近 30 年间，为中国拓宽对外关系渠道，粉碎西方世界对新中国的封锁作出了重要的贡献。具体来讲，就是为了生存和发展，中国需要通过提供对外援助在第三世界发展中国家广交朋友，而与对中国援助的需求相比，中国当时的国力不逮。为了集中紧缺和有限的资源，完成一些援外项目的攻坚，实现外交战略的突破，一种能够协调各个机构，最有效地调动各种资源的体制就应运而生。这种以中央计划和各方配合为主要特征的体制随着中国国力的增长和对外援助需求的扩大而逐步形成由中央直接负责制定援外政策、相关部委负责援外政策的执行和项目管理的体制。

在这种体制下，中国对外援助的基本工作流程是：党中央和国务院对援外工作统抓统管，特别是周恩来总理亲自过问，研究并指导援外工作，各分管部委直接对中央负责，实行单位负责制，在"总交货人部制"下是交货人部和总交货人部负责，在"承建部负责制"下是承建部门负责，负责的内容涵盖考察工作、规划工作、计划管理、施工管理、设备材料的供应和管理，以及财务管理、出国人员选派和思想教育，实习生培训，项目竣工管理，总结和技术合作等很多细致的行政管理步骤，并填报统计报表。各交货人部和承建部之间，各省部专业援外机关之间，建立专业的行政责任网络关系和行政责任关系，通过遍布各省和部委的"援外办公室"，相互协调配合，上情可以下达，全局可以统筹，保障了援外政治任务的顺利执行。①

承建部负责制的出现是一种自然的发展。当时，中国与外方就援建项目达成协议后，通常由国务院发文给相关的部委，责成其按照援外"八项原

---

① 参见周弘《中国对外援助与改革开放 30 年》，载《世界经济与政治》2008 年第 5 期。王逸舟主编：《中国对外关系转型 30 年》，社会科学文献出版社 2008 年版等。

则"，按时、保质、保量完成任务，并对建设项目的技术和经济承担责任。但是，援外项目涉及很多领域，例如铁路、农业、轻工、广电、文化等。所以，国务院又要发文给其他相关部委，责成其作为协作部，配合承建部（可以是其中任何部委）工作。为了便于协调，承建部设"援外办公室"，抽调各类专家负责项目建设过程中及建成后的日常管理工作。各省市也设立援外办公室，承建部具体指定各省市落实援外项目中需要的设备材料、包装发送、国外施工、质量检查、设备安全调试等工作，由承建部对国务院直接负责。责任关系的清晰保证了中国在经济并不发达的条件下建成了一批质量一流的项目。

计划经济体制下的缺憾也是明显的。笔者曾经引述过一段摘自《当代中国的对外经济合作》的精辟论述：

> 承建部负责制和总交货人部制一样，单纯靠行政手段管理经援项目，财务管理实行预决算制，一切费用实报实销，项目投资多少，建设周期长短，工程质量优劣，同执行单位的经济利益没有关系，不利于充分调动项目执行单位和广大援外人员的积极性。这些弊病在七十年代末暴露得更为明显。[1]

除了行政管理手段的缺憾外，过度的行政管理还导致了只算政治账，不算经济账的弊端。由于中国领导人承诺将自己最好的技术和物资用于对外援助，执行人员有时出于政治考虑而勉强满足受援国不太合理的要求，犯了周恩来总理批评的"不结合当地实际"、"不调查研究"的错误。有时，中国为了完成任务而竭尽全力帮助一些受援国进行工业生产，越俎代庖地完成从设计、施工、安装到试运行的"交钥匙"工程，结果却造成了受援国的依赖，也种下了援、受双方不平等的种子。方毅部长曾生动而严厉地提出过批评，他认为，少数援外人员中的大国沙文主义和民族利己主义有所抬头，例如有些同志……认为我们援助民族主义国家，是"净交穷朋友"、"背包袱"。有些同志看到某些国家人民生活水平较高，工业技术水平也不低，就

---

[1] 石林（主编）：《当代中国的对外经济合作》，中国社会科学出版社1989年版，第89页。

认为我们援助他们是"穷帮富"、"低帮高"。有些同志不懂得援助是相互的道理，只看到我们援助别人，看不到人家对我们的支持。这些同志看问题有片面性；只看局部，不看整体；只看经济，不看政治；只看眼前，不看长远；因而都是不正确的。有些同志"居功自傲"、"自作主张"、"摆'专家'架子、不平等相待，极少数人不尊重受援国的政府法令和风俗习惯，虽属少数，但对外影响极坏"。有些项目设计标准偏高，脱离实际，甚至盲目追求先进，不适合受援国国情，造成浪费。有的国家天气很热，厂房设计却没有考虑有效的通风设施，反而开天窗，夏天阳光直射，室温很高。有些项目组人员对受援国的调研不深不透，考察和设计脱节，也有的对援外设计标准和质量审查把关不够，有些出国人员业务水平低，有些项目派遣人员偏多，贯彻勤俭办援外方针不够，管理制度不严格，以"援外特殊"为由，大手大脚、铺张浪费等。方毅对这些现象进行了逐一批评，并指出外经部宣传八项原则和勤俭办援外的力度不够，需要加强。①

事实上，中国的援外主管单位（即外经部）不间断地警示参与援外的人员和机构要实事求是、厉行节约、因地制宜，合理降低工程造价，反对宽打宽用、不讲经济核算和不计成本的现象，要求力争做到"投资少、收效快，充分发挥援外资金的效用"，② 要求援外各部门"加强计划管理，认真贯彻勤俭办援外的方针"，并加强调查研究，认真总结经验，③ 还出台了《援外成套项目设计总概算编制办法》等规定。但是在实施过程中，由于行政约束力大大高于经济约束力，所以导致行政管理也往往先于、重于经济管理，且缺少有效的经济管理手段，因此为了"完成任务"而不惜代价的情况从体制上看是难以避免的。久而久之，中国援外的规模超出了中国社会主义初级阶段的承受能力，在中国恢复了在联合国的合法席位，国际地位空前提高，因而发展中国家对中国的援助需求日益增多的情况下，中国对外援助规模急剧扩大。1971 年至 1975 年，中国对外援助支出增长过猛，占同期国

---

① 方毅：《突出重点、统筹兼顾、开创援外工作的新局面》，载《方毅文集》，人民出版社 2008 年版，第 91—95、99—104 页。

② 商务部对外援助司：《对外援助管理规章制度文件汇编》，2005 年，第 171 页。

③ 《突出重点、统筹兼顾、开创援外工作的新局面》，载《方毅文集》，人民出版社 2008 年版，第 91—95、99—104 页。

家财政总支出的比例高达 5. 88% ，其中 1973 年高达 6. 92% 。[①]所以，改革是必然趋势，关键在于改革的时机或发端，以及路向和方式的选择。在 20 世纪 70 年代，虽然中国的对外援助改革并没有成为明确的口号或目标，但是从对外经济联络部的多次全国性援外工作会议（1971、1972、1973、1975、1977）讨论的主题来看，改革已经呼之欲出。这些会议多次强调援外工作的要义是促进受援国自力更生，而且还明确指出，中国援外工作中存在大国主义的思想倾向，存在脱离实际、贪大求洋、铺张浪费的倾向，要求援外政策和执行机构要因地制宜、讲求实效、勤俭节约。

在实行改革开放政策之前，中国在援外体制方面已经进行了大幅度的规制建设，例如建立了援外工程的开竣工制度和程序，明确了仓库财务管理方法和经济援助设计费用计价方法，出台了援外人员的各项补贴和出国人员的教育和纪律等相关规定。在规章制度中，还细致地制定了援外工程的考察规范，规定了出国考察前的准备工作，细致到了对援外工作人员的专业、思想和身体情况都提出了具体的标准。根据援外工作的特殊情况，提出"专业配齐、专业对口、一专多能、有独立工作能力"等要求。此外，还提出了援外考察人员参与设计等规定，避免援外工程设计与现实要求脱节而造成设计不合理和浪费。

应当说，对外经济联络部的工作是细致入微的。根据周恩来总理的指示精神，具体地从尊重受援国的角度出发，研究并提出了有关受援国工业布局的规划意见，在有关项目的原材料供应、产品销售、动力和水源、自然地理、交通运输、协作关系等方面都规定要进行综合分析，权衡利弊，提出经济合理的方案。甚至对于如何应对受援国提出的不合理要求，也有明确的指示，即以诚恳的态度、耐心的说服和平等的协商等方式来解决分歧，既不可操之过急，也不模棱两可，以避免或减少执行过程中由于不坚持原则、不考虑能力、不讲究经济技术合理性，而给援外工程带来包袱和后患的情况发生。因为那样会最终损害中国和受援国之间友谊。对外经济联络部和外交部还曾经发文，要求中方人员劝说受援国，不要为中国援建项目修建纪念碑并防止类似的大国主义倾向。商务部要求各驻外机构在与受援国合作时，"以

---

① 石林（主编）：《当代中国的对外经济合作》，中国社会科学出版社 1989 年版，第 68 页。

对方为主，我方当好参谋"，处处注意尊重受援国主权，并于细节中体现中国的国际主义精神。正是这种精神成为令发展中国家信服的力量。应当说，当时中国的援外工作，无论从战略指导、原则制定，还是从工程设计、人员派出和后勤保证等角度看，都集中了中国的最高水平。换句话说，中国通过援外工作展现给受援国的是中国各领域中最优秀的一面。

中国对外援助中体现的高水平依靠的是全国一盘棋的组织和协作结构。在援外任务日益加重的整个20世纪70年代，根据周恩来总理的指示，在全国绝大多数省、市、自治区都成立了对外经济工作机构。这些机构负责宣传中国的国际主义，同时，负责组织落实中国的对外援助项目，管理、审查、协调、协助解决援外工作中出现的问题，形成了多层的援外积极性。

但是，如前所述，由于只算政治账而不算经济账，中国援外工作中不断受到重视，但始终无法纠正的不讲求实际、不因地制宜甚至大国主义倾向还是屡禁不止。单靠行政手段去解决行政体制内的弊端就如同临渊羡鱼、纸上谈兵。因此，尽管相关部门年复一年地强调，并采取各项行政措施，但是对外援助的体制、机制、政策、方式等方面的全面改革却一直拖到了全国实行改革开放政策以后。在国际政治领域里，中国的受援大国，阿尔巴尼亚和越南在新的国际形势下与中国反目，更给中国对外援助事业敲起了警钟，促使中国反思对外援助政策，并开始就援外问题进行战略性调整。

第二节　改革年代的中国对外援助

从中国共产党十一届三中全会开始，中国进入了一段如火如荼的改革时期，中国的各项工作都经历了史无前例的结构和政策变革，这些政策和机构上的调整变革必然影响到援外工作领域。不过，作为中国对外政策的一部分，中国对外援助政策却基本上保持了原则上的连续性。中国改革开放政策的设计师邓小平在"文化大革命"后期复出后，即亲自率团参加1974年4月召开的以"发展问题"为主题的第六届特别联大。在大会发言中，邓小平重申周恩来总理的援外"八项原则"，即对发展中国家的经济援助应当严格尊重受援国的主权，不附带任何政治、军事条件，不要求任何特权；对发展中国家提供的贷款应该是无息的或低息的，必要时可以延期还本付息，甚至减免债务负担；对发展中国家的技术援助应该实用、有效、廉价、方便，派往受援国的专家和人员应该向受援国人民认真传授技术，尊重受援国的法令和民族习惯，而不应该要求特殊待遇，更不得进行非法活动。① 这些原则精神在改革开放年代继续适用，一直延续下来。

从中国共产党十一届三中全会开始，中国进入了一段如火如荼的改革时期，中国的各项工作都经历了史无前例的结构和政策变革，这些政策和机构上的调整变革必然影响到援外工作领域。十一届三中全会公报对于中国对外援助工作来说，是具有重要指导意义的，其中的主要判断，如："积极发展同世界各国平等互利的经济合作，努力采用世界先进技术和先进设备"；"社会主义现代化建设要利用两种资源——国内资源和国际资源，要打开两个市场——国内市场和国际市场，要学会两套本领——组织国内建设的本领和发展对外经济关系的本领"等，② 都与中国同发展中国家之间的经济合作关系密切相关。从中国在改革初期对外援助的政策和机制调整来看，处处都体现着发展平等互利合作和利用两种资源、学会两种本领的努力。当然，这种努力伴随着一系列艰难的政策与体制的改革和调整。时至今日，这种改革和调整甚至也并没有完全结束。

一 改革的主题

中国实施改革开放政策前后，邓小平在关于国际援助的一系列讲话中着重讲了三个层次的意思：其一是对外援助是一项战略任务，作为发展中国家的一员，中国将一直会向其他发展中世界的朋友和伙伴提供力所能及的援助；其二是承认中国虽然很大，但是还很穷，要对人类作出更大贡献，首先需要集中精力发展国民经济，实现四个现代化，中国的对外援助需要改革;③其三是作为一个发展中大国，中国如同其他发展中国家一样，也需要借助西方发达国家的资金、技术、知识和经验，尽快地把自己的国家建设起

---

① 《当代中国》丛书编辑部：《当代中国外交》，中国社会科学出版社 1988 年版，第 263—264 页。

② 《三中全会以来重要文献汇编》，人民出版社 1982 年版，第 5 页。

③ 邓小平：《实现四化，永不称霸》，载《邓小平文选》第 2 卷，人民出版社 1993 年版，第 112 页。

来，这样才能对人类有更大的贡献。第一层意思强调对外援助工作的战略性意义和中国的地位和责任，第二层意思是讲中国的困难及在对外援助领域里实施改革的必要性，第三层意思是讲中国与发达国家和发展中国家之间的平等互利关系，中国和其他发展中国家一样，需要得到西方的援助。邓小平通过几句简单务实的讲话，就把中国的地位，以及中国与其他国家，特别是与第三世界发展中国家的经济援助关系讲清楚了。

为了获得党内同志和国际友人的理解，邓小平还不厌其烦地亲自进行解释和说服工作，他反复强调的中国对外援助的基本观点包括："我们过去援助第三世界是正确的。我们国家经济困难，但我们还得拿出必要数量的援外资金。从战略上讲，我们真正发展起来了，要用相当数量来援助。中国发展以后不要忘记这一点"，"等我们每人平均达到一千美元的时候，我们就多花一点力量来援助第三世界的穷国。现在我们力量不行"，"要缓一口气"。"在援助问题上，方针要坚持，基本上援助的原则还是那个八条，具体方法要修改。"① 要适当削减援外开支，"要少花钱、多办事"，要通过修改援外的具体方法，"真正使受援国得到益处"。与此同时，中国在邓小平的领导下，开始大量利用多边国际援助。1979 年，中国成为联合国开发计划署和世界银行的主要合作伙伴，很快又开始接受来自日本、德国等发达国家的双边援助，曾经一度成为世界上最大的受援国。②

削减对外援助开支，接受西方援助，并不意味着中国在对外援助领域的原则立场发生了本质的变化。邓小平同志及时地发现了党内和社会上出现的对中国援外政策的误解和怀疑，旗帜鲜明地指出："对外援助是一笔不可缺少的战略支出"，他要求对外援助工作部门："要对广大干部、群众加强国际主义和爱国主义的宣传教育，使大家对援外工作有一个正确的认识。"他语重心长地说："……要教育我们的子孙后代，尽管自己发展了，还是要把自己看作是第三世界国家，不能忘记全世界所有的穷朋友。""中国将来发

---

① 转引自石林主编《当代中国的对外经济合作》，中国社会科学出版社 1989 年版，第 70 页。

② 1994 年，中国获得了 32.25 亿美元的援助，成为世界最大的受援国。转引自 Davies, Penny. *China and the End of Poverty in Africa —towards mutual benefit ?* Sundbyberg, Sweden：Diakonia, August 2007, p. 33。

展了，但还是搞社会主义……还是把帮助穷朋友摆脱贫困作为自己的任务。"①中国要通过发展与援助国和受援国的正常关系来发展自己，以便对人类作出更大的贡献，这是邓小平的基本思路。

根据上述精神，国务院和有关部门在 1980 年重新确定了改革开放时期中国对外援助的总方针，提出了坚持国际主义、坚持援外"八项原则"，广泛开展国际经济技术合作，以及有出有进、平等互利等主张。1983 年年初，中央又提出了"平等互利，讲求实效，形式多样，共同发展"等四项原则，② 归纳起来就是在原有的国际主义原则基础上增加了"实事求是"的内容，既确认了中国作为社会主义大国进行对外援助的国际责任和义务，同时提出中国的对外援助要"量力而行、尽力而为"。量力而行是指钱，尽力而为是指精神，精神力量十分重要。③在对待国际援助资金和项目问题上，是既接受援助，又提供援助。为了保证有出有进，中国还建立起了一整套接受援助的管理体制和机制。④

根据邓小平的指示，中国对外援助的改革是在坚持"八项原则"的基础上进行的，因此不是颠覆性的，而是改革调整性的。也就是说，不否定过去的成绩，特别是充分肯定中国帮助发展中国家发展的目的是好的，但是在具体操作领域里寻找、检查并修正不足。例如，对外援建的工厂建成了，但是受援国的人不会管，也不会生产，还有些国家出现了贪污腐败现象，把援建的工厂搞垮了，没有达到中国援助的预期目的。因此，改革必须针对这些问题，找到更好的方式。

在《中国对外援助与改革开放 30 年》一文中，笔者认为，中共中央十一届三中全会以后，中国在对外援助方面的改革主要集中在对政策、方式、管理和机构的调整等几个方面。⑤ 所谓改革政策，主要是指削减援外开支，削减只是数量上的。在 1979 年至 1982 年间，中国严格控制了对外援助支出

---

① 《邓小平会见马里总统特拉奥雷时的讲话：中国将来发展了仍属第三世界》，《人民日报》1986 年 6 月 22 日。

② 陈慕华：打开对外经济贸易的新局面，《人民日报》1982 年 9 月 20 日。

③ 石林主编：《当代中国的对外经济合作》，中国社会科学出版社 1989 年版，第 70 页。

④ 周弘、张浚、张敏：《外援在中国》，社会科学文献出版社 2007 年版。

⑤ 周弘：《中国对外援助与改革开放 30 年》，载《世界经济与政治》2008 年第 5 期。

和新签援款，本着"实事求是、量力而行"的精神将援外的规模从占财政支出的6%—7%削减了下来。但在削减数量的同时，邓小平还要求援外不能影响质量，不能影响效果。量要少，效果还要更好。因此也就提出了改革援外方式的问题。

所谓改革方式是指改变了原有的一些做法，例如适当地要求受援国支付"当地费用"，一个主要原因是"当地费用"不好控制，常常因为工程拖期、费用上涨等不可预测的因素而使中国援建工程的价格大幅上涨。由当地受援方支付"当地费用"不仅可以使中方便于控制援外总支出；更重要的原因是由当地人支付并管理少量的援建工程或援建项目的"当地费用"，还可以使受援方从一开始就成为经济援助项目的真正合作者，并学习如何对援建项目进行"经济核算"，从而学习管理经济的基本方法，为受援国日后自力更生地发展经济打下能力基础。

援外方式改革还包括投资方向的转变。中国从受援国的实际生产和管理水平出发，减少了生产性项目的援建，转向援建标志性建筑，援建了一批纪念碑式的项目，如会议中心、人民宫、体育场和医院等。管理标志性建筑远比管理生产性项目简单，这种转变的目的是减轻中国的负担，同时增加项目的可持续性。

此后不久，中国调整了对大型项目的援建，改为因地制宜地援建贴近人民生活的中小型项目，如援建农业示范基地、乡村学校和一些必要的社会基础设施，派遣专家到受援国讲学、传授技术，提供小型的示范性设备，邀请并资助受援国人员到中国考察学习、进行技术培训等。

改革开放时期的中国援外除了将大型援建工程转为中小型化和多样化以外，还突出了平等合作的原则。在计划经济时期，中国援外的主要内容是成套项目援助，约占中国援外的60%—70%，通常由中国负责项目的考察、设计、提供全部或部分成套设备、建筑材料，派人组织或指导施工、安装和试生产，在项目建设过程中全面提供技术援助，采取就地培训等方式，将相关技术传授给受援国有关人员，被称为"交钥匙工程"或者"授人以鱼工程"。但是这种项目出现了持续性的问题。中国援建的设施一般都比较先进，但是需要受援国配备相应的管理和技术人才，制定合理的制度和程序，以维

持这些设施的运转，① 而培养人的工作绝非一朝一夕能够完成。因此，帮助
受援国获得自力更生的能力，即"授人以渔"，教会受援国的人民自己下海
捕鱼，就成为中国援外工作的一项难题，而化解这一难题的第一个步骤就是
加大和加深合作。

1984 年，中国对外经济贸易部发出《关于巩固建成经援成套项目成果
的意见》，提出加强项目建成后的技术合作，并且可以根据受援国的需要，
参与援建企业的经营管理。不仅与政府合营，共同管理建成项目，而且可以
与私人合营，搞合资经营，让企业有发言权，有经济责任。受援国还款可以
使用本国货币，把还款用于当地投资，作为中国在合营企业中的股份，参与
经营管理。实施这一新政策的典型就是中国援建马里的糖厂改制。

20 世纪 60—70 年代，中国对新独立的马里共和国进行援助。中国援外
人经过辛勤耕耘，在马里种出了甘蔗，并在塞古区的尼奥诺省建起了蔗糖联
合企业，1965 年又帮助马里建成了杜加布古糖厂，日处理甘蔗 400 吨，1973
年再建成西里巴拉糖厂，日处理甘蔗 1000 吨。但是由于经营管理不善，这
些糖厂严重亏损。1984 年，马里政府向中国提出援助请求。根据对外援助
可以实施各自经营的新政策，中国与马里签署"管理合作协议"，由中国轻
工业对外经济技术合作公司派员参与管理。中国管理公司一方面改变马里甘
蔗生产广种、粗管、薄收的现状；另一方面重视设备检修，改进工艺技术，
进行安全生产，改革管理体制，实行总经理、厂长负责制，提高职工技术操
作水平。当然，由于马里的总体经济体制落后、加上糖厂的设备老化，以及
资金匮乏、土壤退化、劳动生产力低下等原因，企业的经营状况改善程度有
限，最终实行了以贷转股、合资经营。

上述这些措施使得中国在 1979 年以后用于对外援助的支出比较 70 年代
前期有明显减少，但是与受援国的接触面却扩大了，提供援助的内容和形式
也比改革开放前更加丰富了，项目更加贴近受援国的人民群众。中国与受援
国之间的合作也从单纯的技术合作转向技术合作、管理合作以及其他多种形
式的合作，如技术服务、咨询服务、开办合营企业等。

---

① 2008 年 1 月 24 日与中国驻坦赞铁路专家组的会谈记录。

二 改革管理体制机制

援外内容和形式的变化必然引起援外管理方法和体制的变化。1979 年
10 月，中国外经部转发"关于管理经济合同若干问题的联合通知"，开始试
行以合同的形式规定企业之间的产、供、运、销的相互协作与责任关系，作
为提高企业经营管理水平、加强经济核算、用经济办法管理经济的一项重要
措施……经济合同制应用于工业、农业、物资、交通运输和商业等部门，这
些经济部门恰好是中国援外工作的主体。主体的行为规则改变了，对它们的
管理方式必然随之改变。因此，随着中国国内经济体制改革的深化，中国对
外经济援助也开始出现大幅调整。1980 年 8 月 11 日，对外经济援助项目试
行投资包干制。这是中国对外经济援助管理的一项重大改革。此时，中国已
经开始缩减援外规模，改变援助方式和内容，政府援外工作量随之减少。而
随着市场机制的引入，国家直接控制经济生活的方式发生了变化，企业转制
成市场行为主体，按照市场竞争规则和利润原则行事。援外的行政主管部门
难以通过行政命令调动专业部委执行援外项目，开始绕过承建部，直接到地
方寻找愿意承担项目的企业。承建部负责制的行政网络体系虽然没有正式宣
布解体，但是被逐渐打破。

自 1982 年 3 月起，归口管理中国对外援助的经贸部[①]开始根据市场化改
革的规律，继施行了"投资包干制"以后，又施行了"承包责任制"，主要
意图仍然是转变政府在援外执行过程中的职能。石林在《当代中国的对外经
济合作》一书中详细介绍了这两种体制的缘起、特点和管理方法。石林一书
认为，改革开放初期，"吃大锅饭"、不算经济账，不搞项目经济核算的弊
病十分明显，所以从 1980 年起，对外经济联络部按照国家经济体制改革的
精神，尝试用经济手段与行政手段相结合的方式管理经济援助项目。[②] 所谓
"投资包干制"，就是把各个经济援助项目的全部实施工作包给一个部门或
地区（承包单位），由它们全面负担该援外工程的经济技术责任。在国家援

[①] 1985 年以后新增添的援外医疗队、科技教育援助，以及后期的公安和安全合作等项目不在经贸
部管辖权内。

[②] 石林主编：《当代中国的对外经济合作》，中国社会科学出版社 1989 年版，第 89 页。

外方针政策和规章制度，以及对外协议的框架范围内，承包单位对项目实施和管理享有一定的自主权。项目所需费用按照对外商定的合同价格和相关政策条例，由承包单位包干支配。投资包干制的适用范围包括：成套项目和大修项目（从考察、设计、施工、一直到移交）、培训实习生项目（包括成套项目的实习生和单项的实习生）、地质普查项目、资源考察（勘探）项目、化验项目、单项设备项目、零配件项目和技术合作项目等。国务院各部、委、总局和各省、市、自治区人民政府均可作为承包单位，并可交由本部门、本地区外经机构组织实施。承包单位可将项目的部分工作分包给其他单位，实行严格的经济核算，费用包干使用。

很多前辈援外人员回忆说，当时，这种改革的目的是"简政放权"，调动项目实施单位的积极性，但是，由于在改革开放初期，援外工程承包单位多是各部和各省援外办公室改制而成的企业，它们或多或少享有行业垄断地位，同时由于市场体制尚未建立起来，它们也没有真正学会按照市场规则和价格规律行事，所以常常出现"包干费封不了顶"的现象，因此无法真正实现效率和公平。

投资包干制没有实行多久，就开始改为"承包责任制"。石林一书对"承包责任制"也有十分具体的介绍。当时（1983 年），中国的财政经济状况逐渐转好，国家经济体制改革和国家机关机构转变职能的改革也出现了新的进展，许多承包单位由政府部门改制为各级政府下属的国际经济技术合作公司或其他具有法人地位的国营企业、事业单位，实行政企分开、独立经营、自负盈亏。与此同时，中国对外援助也走出了低谷，开始扩大规模。1983 年 12 月，对外经济贸易部颁发了《对外经援项目承包责任制暂行办法》，改变了原有的投资包干制，试行承包责任制，由上述各国际经济技术合作公司，或者其他具有法人地位的国营企业、事业单位竞标承包，根据对竞争企业的项目报价、合同工期、技术能力等因素的考核，择优选定承包单位，同时扩大承包单位的自主权，并根据责、权、利统一的原则，进一步明确了承包单位的经济、技术责任，对各项费用的计费标准作了明确规定，通过招议标方式确定承包企业主体。此外，承包形式和承包范围采取了比较灵活的方式，允许对一个项目的考察、设计和施工进行分开承包，也可以对整个项目进行总承包。①

在"承包责任制"的管理体系中，对外经济贸易部负责根据中央的精神和财政部下达的财政指标，制定援外方针政策，进行统筹安排，并制定对外援助计划、编制预算，负责对外谈判并签订政府间的援款协议书，组织援外项目的可行性调查，安排招投标并向中标企业拨付援款，与受援国就援助事宜进行磋商，检查监督项目进展，代表中国政府举行项目移交仪式，负责各项统计工作并制定规章制度。承包单位负责项目的考察、协助项目的商签和设计、图纸、概算、协助中国成套设备出口公司对外商签施工合同并负责实施，保证工程质量和进度，向受援国提交竣工图纸和有关技术资料。承包单位有权决定施工方案、出国人员的管理，并且按照国家规定支配所得收益。②换句话说，就是将与援外工程相关的事权、人权和财权都下放给了承包单位。

通过根据市场规则设计的"招投标"程序，"承包责任制"在中国援外工作中引入并借用了市场力量，不仅取代了承建部制时期的行政网络管理体系，而且带动了援外结构、方式乃至机构的大调整、大变革。在上述援外管理方式的调整和转变中，中国援外机构职能也经历了从行政主管向协调和管理市场行为主体的转变，不过这种转变经历了一个过程，一直到20世纪90年代才正式确立了援外承包工程的招投标制度，包括完整的资格准入制度、独立评审专家工作制度和封闭式评标制度。

1982年，受中央精简机构政策的影响，两部（对外贸易部、对外经济联络部）、两委（外国投资管理委员会、国家进出口管理委员会）合并，此前主管援外工作的外经部合并到新组建的外经贸部中，成为一个司局级单位，同时成立中国成套设备出口公司，负责援外项目的执行。此后，对外经济贸易部根据政企分开、"简政放权"的原则，于1985年5月将一部分管理权限下放给中国成套设备出口公司，同时，国务院有关部门和省、自治区、直辖市政府也将项目实施全部交由所属国际经济技术合作公司负责办理，从而简化了管理体制。为了实行政企分开，成套公司于1993年正式成为独立

---

① 石林主编：《当代中国的对外经济合作》，中国社会科学出版社1989年版，第73页。
② 同上书，第90—93页。

企业。由援外司负责援外项目的实施并进行"一条龙"管理，直接对口总承包企业，负责项目的立项、确定实施企业及实施管理。

改革后，中国援外管理体制中最大的问题是责任关系变得复杂了。改制后的各类"国际公司"和企业成为承建中国对外援助项目的主要责任者，而这些公司实行市场运作，主要的考虑是经济利益。调动经济效益为政治目标服务，或者将两者很好地协调和结合在一起并不容易。在体制机制的摸索过程中，中国付出了巨大的努力，很多细节的管理单靠立法、规章、发文、验收、监督是无法杜绝必然要出现的各种漏洞的。中国援外主管部门的负责人在各种会议上屡次强调对外援助工作的政治意识、责任意识、组织纪律性和诚信标准，甚至直接批评转包分包、以包代管、质检不严等问题，要求企业从维护国家形象的责任感出发，同时不断探索新的管理方法，目的就是要将市场和政府的积极性结合起来，同时又要避免"市场失灵"现象干扰中国对外援助事业的发展。

第三节　市场机制与中国对外援助

一　市场力量参与对外援助

随着中国社会主义市场经济体制在 20 世纪 90 年代的建立，市场在社会主义国家宏观调控下对资源配置起到基础性作用，[①] 市场力量在中国对外援助工作中的作用也日益加强。市场力量在给对外援助项目执行带来活力、动力和竞争机制的同时，也带来了一些新问题。如何处理好市场力量追求经济效益与对外援助作为政治任务这两者之间的关系，也就日益成为突出的问题。

首先，市场力量改变了中国援外的组织管理方式。20 世纪 90 年代，全球性的市场化浪潮，包括受援国的私有化运动，开始冲击中国对外援助项目。在世界银行的推动下，很多受援国宣布对中国援建的项目实施私有化改

---

① 江泽民：《加快改革开放和现代化建设步伐夺取有中国特色社会主义事业的更大胜利——在中国共产党第十四次全国代表大会上的报告》，载《人民日报》1992 年 10 月 21 日。

制。这个时候，中国已经通过体制改革接受了大量来自西方资本主义国家的投资，开始与外资进行合资经营。既然中国能够同资本主义国家搞合资经营，为什么就不能与发展中国家搞合资经营呢？因此，针对当时中国援建工厂落成以后受援方不会经营管理，又意图通过将中国援建的工厂私有化而转移资产的情况，中国开始以多种整合资金的方式与受援方开始了合资管理。经过艰难谈判，中经对外公司在 1994 年与马里签订了合股经营合同，在中国援建马里糖厂的基础上组建"卡拉糖联股份有限公司"，中方占股 60%，享受马里合资法规定的各项优惠政策，并承诺不裁剪 2100 名员工，不降低工资福利，还要偿还几十亿西非法郎的长、中、短期债务。转制后的合资公司运转良好，采取了一业为主、多业经营的方针，雇员达到 4500 人，高峰期达到 7000 人，成为中国援外项目中第一个"外债转股"的典型。其他项目，如中国援建马里的纺织厂也将 80% 的股份转给中国海外工程公司，由中国海外工程公司负责偿还马里政府欠中国政府的债务，两国政府为合资企业提供优惠，借此扶植市场化的合作。[①]

　　当然，私有化也并不是一剂包治百病的灵丹妙药。中国投资规模最大的对外援助项目——坦赞铁路的私有化进程就经历了很长一段时间。这条为了帮助新独立的坦桑尼亚和赞比亚发展民族经济、打破殖民主义控制的巨型工程从 1975 年全线通车以后，在缺少维护和投入的情况下运营了 30 多年，基础设施状况始终良好，被誉为"钢铁之路"。但是自 20 世纪 90 年代以来，随着南部非洲政治生态的变化，赞比亚货物出口通道增多，加上铁路运营成本居高不下等原因，坦赞铁路经营连年亏损。坦、赞两国与中国之间就坦赞铁路私有化问题进行了十多年的调查和商谈，其间更有世界银行、欧盟和美国、瑞典等国的介入，但仍因合资所需投资巨大和其他原因而屡遭搁置。

　　市场因素的加盟使得一些濒临破产的援建项目获得了良好的经济效益，也为援外管理合作增添了一种新的方式：参股合作。有时，中国企业在此基础上再追加投资，当然在投资的时候需要根据当地的实际需要和经济发展的可能性做出经济而非政治决断，例如一些合资销售中国商品的"中国商城"

---

　　① 李安山：《改革开放以来中国对非政策的三种转变》，载杨光主编《中东非洲发展报告（2006—2007）·中国与非洲关系的历史与现实》，社会科学文献出版社 2007 年版，第 21 页。

的修建，合资办的小型农机、农具、装配厂等就这样发展起来了。结果，随着这种合作规模的扩大，中国与过去的受援国之间的利益进一步融合，长期的技术和管理合作也发展起来，中国自己发展市场经济的思路和方法因而传导到发展中国家。中国和发展中国家也借助援助的力量，发展起一些新的联系和关系。

在全球性的世界市场快速发展的背景下，中国利用人力资源优势，发展中国家利用矿产资源优势，两者相互配合，带动了资本和技术的跨国流动和重组，促使双方关系向纵深发展。例如，中国与受援国之间开始通过合资的方式，管理一些陈年的老项目，将部分因经营不好而无法偿还的老项目的债务转为中国的股份。中国企业参与经营管理，帮助培养受援国的管理人才和技术工人，并加强经营管理、严格劳动纪律，使中国在受援国的影响加深。再如，中国在管理援助项目的过程中根据世界市场的需要，强调经济效益和项目的可持续性，开始改变过去以建筑完工为单一政治任务的援助方式。此外，中国援建企业在受援国参与了更多领域的经济建设项目，带动了中国在受援国水电站、热电站、公路、铁路、桥梁、水库等设施建设中的投入，为发展中国家的建设作出了无可替代的贡献。

与中国正在进行的市场经济体制改革相一致，中国对外援助管理体制与方式在1993年以后也发生了比较大的改变和调整。一个重要的改变是：根据受援国的需求，中国想方设法扩大援外资金规模，特别是开启了贴息贷款项目。贴息贷款项目源起于1993年10月的东京"非洲发展国际会议"。当时非洲国家代表提出增加外贸和吸引外资是比政府间的传统援助方式更加有效的发展方式，希望援助国扩大对发展中国家的投资，而这也与中国自身的发展经验相吻合，因为在改革开放之初，国际援助曾经是中国外汇的重要来源，而随后快速增加的外商投资不仅为中国带来了数量远远超过国际援助的资金，而且成为促进中国发展的重要力量。另外一个重要的变化就是：顺应中国国内体制改革的总方向，中国对外援助管理机构开始实行"简政放权、政企分开"的改革，加强了对市场力量的管理。

开始时，为了扩大援助资金规模，中国尝试将回收的，也就是受援国偿还的援款，纳入"合资合作基金"，用于开展与受援国的可持续合作。1995年起，中国又开始提供政府贴息优惠贷款，由财政部和人民银行分别划拨出一笔资金，交给1994年成立的中国进出口银行，由中国进出口银行对外借贷，利用政府援款作为利息补贴，使银行利率降低，借贷条件变得优惠。与这些变化相适应，中央1995年10月援外工作会议对中国援外形势进行了研判。会议认为，中国援外所面临的国内外环境发生了深刻的变化，发展中国家的政治经济形势也发生了很大变化。发展中国家迫切希望吸引更多的外国企业投资，参与其经济发展，减轻政府的债务负担，增加收入和就业。在这种条件下，中国政府鼓励中国企业与受援国企业以合资经营、合作经营等方式，或中国企业独资方式，实施中国的对外援助项目，并将中国市场化改革的成功经验运用于对受援国的援助，如在受援国建立经济开发区等。会议认为，中国企业与受援国企业在援助项目上的合资合作，"有利于政府援外资金与企业资金相结合，扩大资金来源和项目规模，巩固项目成果，提高援助效益"。①

贴息优惠贷款的使用范围涉及在中国购买设备和材料，聘请中国工程技术人员，经与中国协商，受援国也可以利用贴息优惠贷款向第三国采购必需的设备、材料以及在受援国建设的当地费用。贴息优惠贷款形式的出现为中国对外援助事业带来了更多的援助资金和渠道。通过贴息优惠贷款，受援国建设了一批有经济效益的生产性项目，也购置了成套设备或机电产品。一些有自主知识产权的中国机械设备，如大型机电产品、飞机、集装箱检测设备、电信设备等都通过贴息优惠贷款的形式走出国门。

贴息优惠贷款的年利率最高不超过5%，贷款期限最长不超过15年。贴息优惠贷款的发放和管理程序是：中国进出口银行承贷，外经贸部归口管理，国务院批准年度优惠贷款规模，外经贸部会同外交部、中国进出口银行就提供贴息优惠贷款的额度和主要贷款条件逐项报国务院批准，并抄送中国人民银行。国务院批准之后，经贸部代表中国政府与受援国政府签订政府间框架协议，并抄报财政部。协议中包括贷款的额度、条件、执行机构、使用范围等条款。在协议范围内，受援国政府或申请使用优惠贷款的企业（可以是双方合资企业）提出具体项目，经外经贸部初步审核同意后向中国进出口银行书面推荐，并由中国进出口银行对使用优惠贷款的项目申请进行评估，

---

① 王昶：《中国高层决策·外交卷》，陕西师范大学出版社2001年版，第168—169页。

结果及相关材料报外经贸部备案。在优惠贷款的提供、使用和偿还过程中如遇需政府间解决的问题，由外经贸部同受援国政府有关部门进行商谈。①根据这一程序，贴息优惠贷款项目将企业行为与国家行为结合在一起，通过调动企业的资源和优势，达到为国家对外援助政策服务的目的。

中国的贴息优惠贷款在西方世界引起了不少误解和非议，大都是因为外界对这项政策缺乏了解，当然也有些人是因为根本不想真正了解中国对外援助。贴息贷款本身是一种在西方援助国常见的做法。中国进出口银行的借贷方式与中国传统的援外方式不同，是按照市场规则，对于有发展前途的大型项目进行投资（一般在 1000 万美元以上），并且参与管理，保证其可持续性，通常考虑到了发展中国家可发展的资源领域，如能源、交通、信息。这些项目的投资无疑会带动当地社会民生的发展。从中国的角度来看，中国根据自身发展的成功经验，将优惠贷款作为一种帮助发展中国家发展的方式，在中国对外援款的计算中只计算政府贴息的部分，而并没有计算中国进出口银行根据市场规则进行的借贷。从整体思路来看，将对外援助的有限资源用在关键的部门和领域，用于撬动更大的市场资源，使得经济社会真正发展起来，这是中国的发展经验之一。

市场资金进入中国援外领域是一个新现象，它调动的不仅是中国银行和社会的资金，而且还调动了受援国的资金和资源，并且通过援、受双方在企业和金融机构层面的合资合作，推动了受援国自身的发展及发展能力的建设，并且大大促进了中国与受援国之间在包括发展援助在内，但远远超过发展援助领域的多方面合作。②至于在对外援助工作中，商业和公益、市场和政府容易产生混淆的问题，胡锦涛主席后来做出了"不能让市场绑架政府，而要让政府引导市场"③的指示，中国政府援助的重点开始转向社会、文化和公益事业，将有效益的领域留给了更有效率的市场力量，而政府则关注民生、关注社会，从而引导平衡发展。

---

① 商务部援外司：《对外援助管理规章制度文件汇编》（1958—2004）第八集，第 1779—1784 页。
② 周弘：《中国对外援助与改革开放 30 年》，载《世界经济与政治》2008 年第 5 期。
③ 根据课题组对老一辈援外工作者的系列访谈记录整理。

二　管理援外领域的市场力量

适应 20 世纪 90 年代在对外援助领域里的上述变化，中国的援外管理体制也在不断地进行改革调整。1992 年，国务院决定按照"社会主义市场经济"的要求进行政府机构改革。中央主管经济的部门大都被"大砍一刀"，砍下来的一些部门和人员成立了行业协会和实体性公司。[①]根据这种"政企分开"的政策，1993 年原本承担援外项目管理职能的成套公司脱离外经贸部，自负盈亏，实行企业化管理，援外成套项目的建设完全由作为市场行为主体的企业来承担。外经贸部对外援助司统一负责援外政策的制定并监管项目的执行。此后成立的"中国进出口银行"则负责援外优惠贷款业务及其他业务。

随着传统援助项目进一步向民生和社会领域发展，中国涉援的机构越来越多，中间环节和程序也就越来越多，援外司负责确定招投标企业的资质。原来的 100 多家"国际公司"大都是各省市部门的"窗口单位"，有在海外从事经济活动的资格，但是承包以后要分包给实体公司执行。实行市场化改革以后，实体公司也有了对外经营的资格，不愿意经过国际公司进行转包，要求直接参与招投标，于是，中国援外主管部门又引进了资质管理程序、资质审查程序等等。援外主管部门还利用会计师事务所对援外执行单位提取的项目管理费进行审核。此后，一些民营企业也有了参与援外项目招投标的资格，对于援外管理部门来说，规划和总结、质量检查和验收等程序也相应增加。

行为主体的变化潜移默化地影响着援外管理体系和程序，渐渐地，行政干预越来越少，专业程序越来越多。除了三大部委（即外交部、财政部和商务部）在政策层面进行密切磋商以外，其他程序，如动议、考察、协商、决策、拨款、立项、招投标、实施等整个援外工作流程中都出现了新的行为主体，而援外行政管理机构则一路削减。1998 年政府机构改革中，援外司被精简到 64 人，平均每人管 4 个国家。这种状况到了 2003 年才由于"国际经济合作事务局"的成立而有所改善。国际经济合作事务局与援外司实行分段管理。援外司负责立项前工作，合作局负责立项后管理。

---

① 李鹏：《市场与调控：李鹏经济日记》（中卷），新华出版社 2007 年版，第 935—936 页。

在对外援助工作中调动市场资源，需要解决的是如何规范市场力量的问题，因此 20 世纪 90 年代也是中国对外援助迅速建章立制的年代。1992 年国家印发了《对外经援项目试行承包责任制的管理办法》等五个援外工作文件，将承包责任制的步骤方法，包括招（议）标的规则方式、承包项目单位的政治和经济技术责任以及实施项目的管理自主权等加以规范，在调动市场积极性，缩短建设周期、节约建设投资、提高援外效率的基础上，对项目质量保障加以制度规范，并出台了对外经济援助招（议）标委员会章程。投资额在 1000 万元以上的通过招标，1000 万元以下的通过议标方式确定承包单位。

市场化条件下的中国对外援助在动议和决策方面继续信守"八项原则"，对受援国平等相待，仍然是在受援国提出需求的基础上，通过适当的外交途径，并且经过专家实地考察认定以后进入决策过程。在决策程序中，各相关部委之间存在着协商关系。在实施过程中则比较充分地引进了市场力量。

市场力量的多层参与使得中国对外援助的政策制定和项目实施都变得比过去更加复杂了。商务部援外司和国际合作局承担重大的协调任务，援外司要协调各个涉援的部门，包括外交部、财政部、卫生部、农业部、教育部、中国进出口银行等，以及各省、市、自治区，而国际合作局则需要协调所有涉援的市场行为主体。1993 年开始正式实行的"总承包责任制"和"监理责任制"就是在市场发展的条件下进一步管理涉援市场主体的典型步骤：经贸部（后改名为商务部）按照援外项目的专业性质，通过招议标方式确定具体项目的设计单位、施工单位和监理单位。三者相互配合并相互制约。在受援国施工现场，既派驻工程队，也派驻设计代理和监理。这种制度虽然在实施中遇到了许多的困难和问题，但是在制度设计上是向对市场力量放权，同时尝试让市场力量相互制约的方向发展。从整个执行的角度来看，各个涉援部门均编制年度对外援助项目支出预算，经财政部审核并报请国务院和全国人民代表大会批准后执行。各部门对援外项目资金实行预算控制管理。财政部和国家审计署对预算执行情况进行监督检查。[1]从改革后的决策和执行程序来看，中国已经形成一种包容了市场力量的对外援助机制。

---

① 　2011 年 4 月 21 日中华人民共和国国务院新闻办公室发布《中国的对外援助》白皮书，第 7 页。

如前所述，由于要解决市场化进程中不断出现的各种问题，20世纪90年代就成为中国对外援助各种规则密集出台的年代。1994年中国开始试行对外成套项目实施管理办法，此后根据市场建设情况多次修改。与对外援助方式的不断改革相适应，外经贸部、财政部、中国人民银行、中国进出口行等相继联合或分别颁布各种规定、通知和条例，规范和指导各项实践活动。在引入了市场主体以后，又引入市场力量之间的评比活动，提出以高质量的援建工程为国家和公司争荣誉等口号，例如1997年在援建马达加斯加体育馆质量现场会上公开表彰一批优质的援建工程，孟加拉国马哈南达大桥、蒙古国裘皮加工厂、柬埔寨第一制药厂、马尔代夫第三栋住房、苏丹恩图曼友谊医院、马里会议大厦、基里巴斯机场跑道扩建等工程均榜上有名。也有一批存在质量问题的项目和项目主管部门受到了点名批评。这种现场会以及项目执行者之间相互进行经验交流、相互竞争并借鉴的做法，此后成为外经贸部管理对外援助的一种定期机制。

三　援外人员的管理

在中国援外引入市场化要素的过程中，援外人员管理是一个重要的环节。用一位援外主管官员的话说，在世界上"并不是任何东西都能用钱买得到的"。中国在发展中国家树立起来的信誉和威望一靠政策，二靠人员。在修建坦赞铁路的时候，中国先后动用了5.6万人的援助大军，最多的时候一次达到1.6万人，很多人牺牲在铁路修建的第一线。改革开放以后，特别是国内体制转变以后，这种真诚和投入换来的信任将如何延续成为一个多次讨论的问题。改革开放初期，主管援外的工作部门已多次发文，要求各执行方在加强援外工作的经济核算的同时，注意提高援外人员的思想认识、外语水平和业务素质。以援外医疗队为例，改革开放以后，中国对外医疗队经费试行收支包干，经费结余按一定比例分给派遣单位。医疗队的经费来源有两个渠道：一种是由受援国按照两国协议规定的标准支付，由中国卫生部收取，以收抵支；另外一种的费用来自中国政府的无偿援助，由外经部从援外经费中拨付给卫生部。具体到医疗队，来自两种渠道的经费都实行包干制。但是管理部门发现，这种包干制无法持久地解决援外医疗队的士气和动力问题。随着国内条件的改善，援外医疗队的吸引力也在降低。同时，援外医疗人员的选拔也就出现了问题。有些地方由"择优"变为"强制性委派"。

援外人员管理方面的另外一个问题是：对援外人员的经费管理可以实行硬性规定，但是其他方面的管理却多为软性要求。在《对外经援项目试行承包责任制的管理办法》等文件中提出援外人员应执行援外政策、遵守受援国法律法令，选聘出国人员应保证良好的素质，做好思想政治工作和家属工作等要求。① 但是，在贯彻实施过程中难免有走过场的现象。从整体上讲，中国援外人员秉承优良传统，以他们吃苦耐劳、勤学肯干和平等待人的作风赢得了受援国的普遍尊重，但是也出现了一些因思想政治工作不力，使部分援外人员政治业务素质下降、纪律松弛、团结涣散的苗头，损害了中国援外人员的对外形象和国家声誉。在计划经济时期，行政管理是重要而有效的手段，到了市场经济阶段，行政管理不再具有原来的约束力。这不仅因为承包单位将经济核算看得十分重要，思想政治指标成为软指标，而且援外人员个人也面临更多的市场机遇和多种自我实现的可能。援外任务对于有些技术人员来说成为"次选"目标。在这种情况下，很难通过规制化的管理来规范人的思想品德和工作态度，特别是因为进行规范的主体，即中国对外援助的主管部门，已经不是对外援助项目的实施者，而实施者的主要目标是完成任务和保证效益。

尽管如此，人的因素仍然是中国对外援助的优势所在，主管部门也花费大量气力去继承和发扬这种优势。1992 年商务部提出的《关于进一步加强援外出国人员思想政治工作的几点意见》要求各驻外使馆经济参赞处将援外出国人员的思想政治工作列入重要的议事日程，对援外出国人员的素质状况进行定期摸底分析，抓住苗头、杜绝隐患，联系实际，反对大国主义、无政府主义和极端个人主义，并表扬好人好事，解决实际问题。同时还制定了《援外人员守则》，号召援外人员发扬爱国主义、国际主义，反对大国主义，贯彻对外援助的"八项原则"，提倡举止文明、衣着整洁，纪律严谨，做好本职工作，与受援国合作共事，勤俭办援外，严格执行财经纪律，确保工程质量和进度，反对追求资产阶级生活方式，刻苦学习专业知识和外语、提高

---

① 中华人民共和国商务部对外援助司：《对外援助管理规章制度文件汇编》（1958—2004），2005年，第七集，第 1596—1604 页。

技术水平，以及提倡同志间相互关心、相互帮助等共 14 条行为准则。①

概括起来，20 世纪最后 10 年的中国援外进入了一个新的历史时期，其基本原则是继续遵循和平共处五项原则和对外援助"八项原则"，与发展中国家真诚友好、平等相待、互利互惠、共同发展，在援助中不附带任何政治条件，在国际事务中密切合作；同时在继承的基础上改革创新，借鉴国际上有效的援助方法，推行优惠贷款方式，拓宽援外资金来源的渠道，扩大援助规模，调整援外结构，使援外方式多样化，涵盖了合资合作基金、无偿援助（小型项目援助，技术援助，物资援助）、混合贷款、优惠贷款贴息等多种形式；援助项目也从建设一些永久性设施发展到开办一些独资企业、合资企业、合作商业，推动中国企业与发展中国家企业直接合作。90 年代还是中国援外探索管理方式改革、试行各种新的规章制度的时期，在这一时期，中国援外实行了参股经营，招投标和议标制度，开始了政府与市场力量合作开展对外援助事业。但是，如何有效利用市场力量为中国援外政策服务，一直是困扰援外主管部门的难题。

第四节　中国对外援助与 21 世纪

进入 21 世纪以后，中国对外援助事业进入了一个快速发展期，不仅援款数量以两位数的年均增幅急剧增加，② 而且援助方向和方式也迅速调整和改善，社会民生项目和国际应急人道主义援助成为新的亮点，对外援助的管理体制机制也相应持续地改进。

一　扩大规模，拓展领域，调整结构

2000 年 10 月 10—12 日，中非合作论坛在北京举行部长级会议，44 个与中国建交的非洲国家外长或主管部长与会。会议通过的《中非合作论坛北京宣言》和《中非经济和社会发展合作纲领》，是 21 世纪中国与发展中国

① 中华人民共和国商务部对外援助司：《对外援助管理规章制度文件汇编》（1958—2004），2005 年，第八集，第 1605 页。

② 2011 年 4 月 21 日中华人民共和国国务院新闻办公室发布了第一份《中国的对外援助》白皮书，其中提到，从 2004 年到 2009 年，中国的对外援助资金快速增长，年平均增长率为 29.4%。

家的行动纲领和指南。《中非合作论坛北京宣言》中采纳了中国提出的一系列方针政策，包括坚持平等互利的原则，主张多样化的发展形式和援助内容，践行具有实效性的发展，立足用友好的方式消除分歧等，标志中国与非洲平等合作、共同发展的基本原则和方向，表达了中国和非洲国家建立长期稳定、平等互利的新型伙伴关系的共识。《中非经济和社会发展合作纲领》则列举了中非在经济贸易等领域里合作的具体事项和措施，例如中国首次提出减免32个重债穷国和最不发达国家欠中国的100亿元人民币的债务，拨付专项资金支持鼓励有实力有信誉的中国企业到非洲投资，建立"非洲人力资源开发基金"用于帮助非洲国家培训专业人才等。

中非合作论坛成为中国与非洲国家之间一个制度性的合作平台，每3年一次在北京和非洲国家轮流举办。在第二届（2003）亚的斯亚贝巴中非合作论坛上通过的行动纲领中，中国宣布对非洲最不发达国家的部分商品免征进口关税。第三届（2006）中非合作论坛北京峰会同期召开了中非领导人与工商界代表高层对话会和第二届中非企业家大会，通过"政府搭台、企业唱戏"的方式，将务实合作、平等互利的精神继续发扬，以促进非洲经济社会发展和人民生活水平提高，同时中国有实力的企业，如中兴、华为、上海贝尔等也打破了被西方公司长期垄断的非洲电信市场，获得了史无前例的发展机遇，而这些企业在非洲的发展也促进了当地的经济和社会发展。在埃及沙姆沙伊赫举行的第四届（2009）中非合作论坛上，中国加大了承诺力度，除了将援建农业示范中心从15个增加到20个以外，还向非洲增派农业技术组，设立中小企业发展专项贷款，援建沼气、太阳能、小水电等清洁能源和小型水利项目，并适应当地经济发展，在非洲国家建立物流中心，提供100亿美元的优惠贷款，支持非洲全方位的发展。中国承诺培训人员的数字也大幅增加，从2010年的5862人次增加到2011年的7619人次，承诺的30个疟疾防治中心的2亿元设备及药品、50所友好学校、30所医院以及免债免关税措施等也陆续到位。到了第五届中非北京合作论坛（2012）时，中非关系已经得到了全面的发展，中国进一步扩大对非洲的投融资合作，支持非洲基础设施、农业、制造业和中小企业发展；继续扩大对非洲援助，实施"非洲人才计划"，培训3万名各类人才，提供18000个政府奖学金，派遣1500名医疗队员，并且支持非洲一体化建设，促进中非民间交流，还发起了"中非和平安全合作伙伴倡议"，以促进非洲的和平和发展事业。就像美国学者布劳汀根（Brautigam）所说，"当西方还在说的时候，中国已经在埋头做了"。

在中国加大对非援助力度的同时，中非其他经济关系也得到了快速发展。在第一届中非合作论坛上，中非签订了 20 项总价值在 3 亿美元以上的合作项目。2000 年中非贸易额为 110 亿美元，到了 2006 年就飙升至 550 亿美元，2011 年更是达到了 1663 亿美元。中国累计对非直接投资金额已达 150 多亿美元。从 2002 年开始，中国对非投资增长势头迅猛，截至 2010 年年底，中国对非洲直接投资存量为 130.4 亿美元，是 2005 年年底的 8.2 倍。而如果放在一个更大框架下观察，那么中非经济关系潜力虽大，但是分量并不重，中国对非投资仅占中国对外直接投资存量的 4.1%，远低于中国对亚洲和拉丁美洲的投资（分别占到 71.9% 和 13.8%）。同样，2010 年世界对非投资的存量为 5539.7 亿美元，其中中国仅占 2.4%。[1] 2006 年年底，中国国务院批准了用 50 亿美元筹建中非合作基金（一期投入 10 亿美元），由中国国家开发银行管理。随着中非合作基金在 2007 年 5 月的正式启动和投资合作、承包工程等经济关系的迅速发展，中国对外援助仅起到了一个窗口、纽带和带动作用。极具活力的中国向非洲以及广大的发展中国家全面开放，不仅在对经济发展具有关键作用的基础设施建设领域，同时也在各个发展中受援国具有国际比较优势的产业中，发展起健康且具有活力的关系，例如在古巴发展旅游业，在马里发展商品市场，在加蓬应邦戈总统的要求发展资源开发和木材加工等。在这些合作中，中国援助都曾经起到牵线搭桥、传授技术和提供资金的作用，而中国援助也通过这些工作更多地作用于发展中受援国的发展。

从数量上看，中国对外援助逐年增加，而且增速非常快，但是与中国国民经济的发展速度相比，中国对外援助的占比仍然很小。数量虽然有限，但是中国对外援助因为不附加任何政治条件，而且调动了各种市场因素支持发

---

① 黄梅波、任培强：《中国对非投资的现状和战略选择》，2012 年 5 月 17 日《中国权威经济论文库》，http：//thesis. cei. gov. cn/modules/showdoc. aspx？DocGUID = d232d5c377834befb0182c46bbdf094c &word = &title = 。

展中国家的发展，因此收效很大。

　　从结构上看，调整也是明显的。调整的主要方向是更加关注受援国的社会民生及公益事业。因为中国的发展已经从关注经济阶段进入社会发展阶段，中国发现受援国在很多方面都有需求和机会。例如非洲国家广播电视业发展大大滞后，十多个国家总统召集部长开会，都要用半导体。有些国家有电视台，但十分落后，于是中国开始提供广播电视方面的援助项目，多数国家缺少技术人才，于是中国开始援建学校、扩大培训。目前，中国在注重经济基础设施援建的同时侧重援助医院、农业培训中心、学校、防止疟疾的药物和疾病控制中心等社会公益和民生项目。除了双边援助以外，中国政府还在各种多边场合加强磋商与合作，并加强了在农业、基础设施、教育、医疗卫生、人力资源开发合作、清洁能源等领域的援助力度。①

二　"以人为本"的对外援助主题

　　"以人为本"是中国对外援助的新主题。随着中国经济社会的深入发展，人力资源作为中国发展的第一大资源不仅为中国自己所认识，也为广大的受援国所认识。埃塞俄比亚教育部的一位副部长曾指出，埃塞俄比亚不仅欢迎中国的援助和投资，更希望中国在埃塞俄比亚兴建学校，不仅仅是建造校舍，而是希望从中国引进从校长到教师再到教材和教育方法的全部教育内容。这位部长先生说，以埃塞俄比亚的资源，加上像中国人那样的好学和勤劳的劳动者，埃塞俄比亚不愁发展不起来。②

　　因此，中国对外援助的力量和作用绝不只于通过无偿援助、无息贷款、优惠贷款等资金渠道转移少量资本，也不仅限于通过建设成套项目、提供物资和技术合作、进行人力资源开发合作和派遣医疗队及志愿者、减免重债国的债务等方式提供经济帮助，伴随着这些资本转移的是中国发展的方式，传播的是中国与受援国人民之间的友谊及其彼此之间相互认同的发展理念，这些是比医院、农场、体育场、纪念碑更能够持久地发挥作用的援助。

　　基于对人的发展的重要性的认识，胡锦涛主席在 2005 年对联合国的

---

①　2011 年 4 月 21 日中华人民共和国国务院新闻办公室发布《中国的对外援助》白皮书，第 4 页。
②　引自课题组 2008 年 1 月 16 日对埃塞俄比亚教育部访谈记录。

"五大举措"① 承诺中，特别强调直接针对受援国人民提供服务，一是回应人的基本需求，为了提高人民健康水平而提供的医疗卫生和防病治病方面的援助；二是关注人的能力建设，为发展中国家培训各类人才提供帮助。将援助的重心转向帮助人提高自身发展能力。时任国务院副总理吴仪宣布："发展援外人力资源开发合作是我国对外援助的重要内容，是新时期我国开展对外人文交流的重要形式"，是一项"为发展中国家培养人才的政策主张"。吴仪要求援外机构"优化培训队伍，创新培训方式，提高培训效果"。②

"以人为本"的发展援助理念还使中国更加积极地回应国际突发事件和自然灾害给人造成的伤害。进入 21 世纪，中国明显地加大了提供国际人道主义救援的力度。2002 年，中国商务部建立了突发事件应急救援机制，负责制定相应的工作预案。2004 年，商务部会同外交部等相关机构，就建立中国的对外人道主义紧急救灾物资援助等事项制定工作机制，以应对频发的突发性事件，在应对过程中贯彻"以人为本"的基本理念，体现中国的人文和人道主义精神。

为了有效地实施人道主义援助，中国建立了以三部门为主，多部门参加的部际工作机制，由商务部和外交部就需要及时提供援助的对象和援助数额进行协商决定，而后启动应急任务的执行。在执行层面，商务部和总参谋部指定专人建立全天候对口联系制度，由总参谋部负责提供人道主义紧急救援物资的组织协调工作，并以"特事特办"的原则，采取一切必要措施，包括联系民航部门落实，使援助物资在第一时间运抵受援国受灾现场，使中国援助的高效率能够切实得到体现，减少了很多报批和审批

---

① "五大举措"包括：第一，中国决定给予所有同中国建交的 39 个最不发达国家部分商品零关税待遇，优惠范围将包括这些国家的多数对华出口商品。第二，中国将进一步扩大对重债穷国和最不发达国家的援助规模，并通过双边渠道，在今后两年内免除或以其他处理方式消除所有同中国有外交关系的重债穷国 2004 年年底前对华到期未还的全部无息和低息政府贷款。第三，中国将在今后 3 年内向发展中国家提供 100 亿美元优惠贷款及优惠出口买方信贷，用以帮助发展中国家加强基础设施建设，推动双方企业开展合资合作。第四，中国将在今后 3 年内增加对发展中国家，特别是非洲国家的相关援助，为其提供包括防疟特效药在内的药物，帮助它们建立和改善医疗设施、培训医疗人员。具体通过中非合作论坛等机制及双边渠道落实。第五，中国将在今后 3 年内为发展中国家培训、培养 3 万名各类人才，帮助有关国家加快人才培养。引自《胡锦涛宣布中国支持发展中国家五大举措》，http：//politics. people. com. cn/GB/8198/52409/52414/3702055. htm，2005 年 9 月 16 日 14：24。

② 《吴仪致信全国援外培训工作会议》，载《人民日报》2007 年 7 月 27 日。

程序。

在人的能力建设方面，中国增加了各种奖学金，并邀请受援国人员来华参加以技术和管理为主要内容的各类培训班，派中国青年志愿者到受援国基层参与发展，结交朋友。自 1983 年起，中国就与联合国开发计划署等国际组织和有关援助国合作，为发展中国家举办各种实用技术培训班。培训班的国际旅费由联合国开发计划署承担，而在华培训的费用则由中国政府提供，培训内容涵盖了一些基本的技能，例如气象预报、淡水养鱼、蔬菜种植、水稻栽培、小水电、太阳能、沼气技术等 30 多种专业技术，获得了很好的效果。1998 年，中国开始为非洲国家开办经济管理官员研修班，培训各个领域的政府官员，通过培训使这些官员转变思想、开阔视野、接触现实的发展经验和使用技术。进入 21 世纪以后，中国对外培训援助迅速发展，2003 年以后，为发展中国家培训的人数平均年增 25 倍，投入资金也从几千万元人民币增加到 3 亿到 4 亿元人民币，承办援外培训业务的单位扩展到 150—160 家，其中骨干的培训机构（来自科研和教育领域）有 50 家左右，接受培训的学员来自 150 多个国家。[①]根据不完全统计，截至 2009 年年底，中国为发展中国家培训的各类人才已有 12 万人次之多。如果算上早期工程培训，还要远远超过这个数字。

起初，培训内容主要是传授具体的技术和技能，例如培植蘑菇、编筐编篓的方法、针灸治疗和中草药使用，渐渐地发展为包括管理经济、促进发展、研讨法律、使用绿色能源等专题在内的培训，涉及的培训领域达 20 多个。从中国最近举办的几个培训班名称中即可以窥见中国与受援国之间关系的深度："非洲审计署长研讨班"、"中非共享发展经验部级研讨班"、"发展中国家行政管理硕士班"、"高级警官培训班"，等等。培训人员包括了技术人员，也包括政府各领域的官员。接受培训的人员与中方培训者共同探讨发展经验，并到中国各地体验减贫和发展经济的实践，研究并切磋适合本国国情的扶贫减贫策略。[②]

---

① 引自课题组 2007 年 11 月 21 日在商务部援外司培训处的访谈记录。

② 2004 年 9 月 24 日《人民日报》。转引自李安山《改革开放以来中国对非政策的三种转变》，杨光主编《中东非洲发展报告（2006—2007）·中国与非洲关系的历史与现实》，社会科学文献出版社 2007 年版，第 23 页。

在中国接受培训期间，来自发展中国家的学员们目睹中国企业的自动化设备、质量监控手段和现代化的管理，改变了世界市场上对于中国货"档次低、性能差"的偏见，促进了中国和受援国之间的经济合作和贸易，签署了一些中国比较先进的机械设备（例如中纺机械设备）的购买合同。更重要的是，培训合作为各国官员平等交流发展经验搭建了平台，进而加深了中国和这些国家之间的相互了解和友谊。

在发展的过程中致力于人力资源开发，这个概念既是中国的，也与西方发达国家密切相关。中国改革开放伊始，邓小平就向世界银行提出了为中国培训干部的要求。1980 年 9 月，中国代表团在出席世界银行年会的时候就根据中国政府确定的改革、开放、搞活的政策向世界银行提出了为中国培训干部的要求。世界银行对中国的要求极为重视，在中国正式提出要求两个月后，世界银行即派人到中国商讨合作培训的具体事宜，并于次年 5 月在华盛顿举办了第一期中国高级官员一般项目计划管理研讨会，紧接着又在上海举办了第一期中级官员讲习班，并在上海设立合作培训机构。此后，多、双边援助机构在中国和国外举办的各类培训班不可胜数。中国根据自己国家发展的需求从这些培训中大量地汲取现代的科学技术知识和管理市场经济的方法，[①] 这些知识和方法不仅在中国得到了传播，也通过中国对发展中国家的培训得到了继续传播。

在知识传播的过程中，中国的角色并不是简单的"二传手"，而是在消化和吸收西方知识和技能的过程中增添了"中国元素"和"中国经验"。这些经验由于来自一个曾经有过被殖民经历的中国，所以，对其他具有类似历史经验的发展中国家来说，也更加容易理解和消化，更能够针对发展中国家的现实需求。[②]中国通过培训传导的中国发展经验兼具现实性和中国特色。例如中国对于发展目标的选择是根据现实情况而不是教条做出的。当西方世界一再主张先民主化后现代化的时候，中国的经验是先投资长期被忽略的领域，例如发展经济所必需的基础设施领域。中国在自身发展过程中总结经

---

①　周弘、张浚、张敏：《外援在中国》，社会科学文献出版社 2007 年版，第 243、26 页。

②　Davies, Penny, *China and the End of Poverty in Africa —towards mutual benefit* ? Sundbyberg, Sweden：Diakonia, August 2007, p. 36.

验，再将这些经验传授给包括非洲在内的其他发展中国家，结果证明，中国经验有利于"非洲国家更好地融入全球经济"。① 再如，中国在意识到环境保护是可持续发展的关键以后，即通过培训援助和其他援助形式大量地向发展中国家传递有关绿色发展的信息、理念和方式，对于全世界的绿色发展起到了推动作用。一些非洲学员还看到中国人民"非常勤奋"，看到中国通过引进智力，加强教育，取得显著的成果，他们从中国经验中看到希望并受到鼓舞，希望在职业教育等方面向中国学习，从而产生了一种发展的向心力。②这种经验的转移和共享不仅有助于发展中国家的发展，而且促进了发展中国家合作伙伴的友谊，使得合作像滚雪球一样拓展开来，就像一位阿尔及利亚农业部的官员所说，中国农科院向阿尔及利亚推广了农业技术，使阿尔及利亚在几年内就还清了债务，这种形式的合作效果是援助数额所不能估算的。③

此外，中国对于培训的步骤和内容也格外关注。2008 年，商务部部长吴仪在对人力资源培训的具体布置中要求承办培训的单位，选好培训的国别和对象；定好培训基地（初步确定为商务部培训中心、外交学院、浦东干部学院、福建外经贸干部培训基地、湖北农业官员培训中心等）；结合多边培训和定向培训，满足个性化的需求；编好培训教材，在教材中体现中国国情和国策、中国的外交政策和发展道路；重点开展与脱贫解困、疫病防治以及经济发展相关的培训内容；评估好培训效果，制定科学合理的衡量方法，以确保培训质量等。总之，培训的布置十分细致，很有操作性和针对性。

三　顺应发展的管理机制改革

进入 21 世纪，中国援外由于规模扩大、领域拓宽而发挥出更多的优势，同时，在管理体制和机制方面也出现很多变动。

---

① Gill, Bates, Chin－hao Huang, and Stephen J. Morrison. *China's Expanding Role in Africa—Implications for the United States*, A Report of the CSIS Delegation to China on China－Africa－U. S. Relations. November 28－December 1, 2006, p. v.

② 引自课题组与参与我援外培训的埃塞尔比亚学员座谈会记录，2008 年 1 月 14 日。

③ 引自课题组阿尔及利亚农业部访谈记录，2010 年 2 月 21 日。

这个时期中国对外援助管理体制的调整有几个方面的内容：一是更加注重专业化分工，二是更加强调部门间协调。从工作协调小组（如对非洲经贸工作协调小组），一直到高级别的协调机制（如对外人力资源开发合作部际协调机制）都强调协调配合。随着援外工作向各专业领域的延伸，对于专业化和细致化管理的要求越来越高，分管的专业部门多了起来，专业部门之间协调不畅、信息不通的现象在所难免，因此，在各个层级和专业领域里重建协调机制就成为必要。这种先实施专业分工，后进行部门协调的管理调整与计划经济体制时期的援外条块联网管理不同。计划经济体制时期的援外行政网络是为了完成中央交办的任务自上而下地建立的，是行政主导型的体制。而改革开放后的各层协调机制虽然不似计划经济体制时期那样规整有序，而且有时还有缺失和重复，但大体都是根据管理需求而制定，并依照管理需求的变化而变化，其中既有行政的成分，也有其他因素。

中国援外管理实行了"投资包干制"和"责任承包制"以后，承包企业这种市场力量进入对外援助工作领域。主管部门需要对这些力量实行招投标和监督评估管理，相应的机构便应运而生。为了控制质量，管理部门引进了 ISO9000 质量体系认证（总承包企业必须是获得 ISO9000 质量认证资格单位），推行了对外援助项目的监理工程师、技术组长、总工程师、总会计师的岗前培训，同时还要求发挥受援国的监督作用，另外委派政府主管部门做好项目验收工作，并制定相应的奖优罚劣规定或机制，其目的是完善专业化管理。2003 年成立的商务部国际经济合作事务局也是从功能的角度出发，在项目的实施、验收等环节分担援外司的工作量，该局下设的招标处、资格审查处等机构也是引入市场机制的结果。由于招标程序的日益复杂，资格审查对象机构的日益增多，信息建设也经历了一个快速发展的阶段。同样由于在市场化条件下，援外人员出现"去单位化"和自由流动的倾向，因此，对援外人力资源的管理就增加了"事前培训"和"持证上岗"等新内容。[①]

由于各项援外业务工作仍然有很多交织，商务部于 2008 年再度对主管部门进行机制调整，增设了国际经济技术交流中心和国际商务官员研究学

---

① 引自课题组 2007 年 9 月 20 日对商务部经济合作局综合处访谈记录。

院，分担物资项目和培训项目的实施，国际经济合作事务局继续承担成套项目和技术合作项目的实施，中国进出口银行则继续负责优惠贷款项目的实施。援外医疗队由卫生部管理，由各省、市、自治区选派。志愿者由团中央管理。为了在政策层面更好地协调各相关部门，由商务部（主任单位）、外交部（副主任单位）和财政部（副主任单位）等三部委领衔，24个中央部委和单位于2008年10月组成的"对外援助部际联系机制"在2011年升格为部际协调机制，不仅负责统筹援外归口管理和多方联动，发挥各方专业功能的优势，就中国援外问题进行沟通，而且定期就政策问题进行协调，强化对外援助领域的发展战略规划、政策规划和制度建设。

进入21世纪以后，对外援助管理的一个重要主题是信息管理。面对迅速扩大的援外规模和日益庞大的援外队伍，以及对外援助面临的复杂多变的外部环境，没有足够的信息难以进行政策调整和有效管理。2000年，商务部援外司启动了办公自动化，此后又建立了信息处，进行信息的收集、整理、补充、统计，并推行统一的技术标准，进行经济技术监督，以促进科学决策、严格管理和公平竞争。

对外援助管理中十分重要的部分是对援外人员的管理。如果说，西方援助的优势在于资金量充足，那么中国援助的优势就是人的吃苦耐劳和敬业精神。中国与受援国之间多年的友谊通过中国援外人员向受援国社会各界传导。因此，中国领导分外注重中国援外人员的选拔、培养和派遣。在计划经济体制下，通过集中的行政管理措施，确保中国援外人员的政治思想、道德品质、业务技术和身体条件都非常优秀，他们在受援国为中国赢得了"忘我工作、不知疲倦"的美誉。[1] 在"文化大革命"期间，周恩来总理还针对外派人员重视政治条件而忽视业务能力和技术水平的倾向责成有关部门改进。[2] 改革开放初期，国务院曾经发文，充分肯定了中国对外援助赢得良好声誉的原因一是靠正确的方针政策，二是靠援外人员的言传身教、平等待人和艰苦奋斗的优良作风，同时要求继续发挥这一人员优势。进入21世纪以

---

[1]　中国公司员工比在当地工作的欧洲和日本同行的工作时间更长、更努力、更负责。Kaplinsky, Raphael, Dorothy McCormick and Mike Morris, *The Impact of China on Sub - Saharan Africa*, IDS Working Paper 291, p. 8.

[2]　石林主编：《当代中国的对外经济合作》，中国社会科学出版社1989年版，第268—269页。

后，中国援外项目更多地面向受援国社会，因此中国援外人员在受援国社会的接触面也就更加广泛。由于改革的成功，中国国内生活条件改善的速度远远快于发展中的受援国。一位援助东非厄立特里亚的医疗人员曾经描绘了援非医疗队的艰苦程度：每年要做上千台手术，午餐是每人两块黑面包……有人牺牲、有人病痛、有人不能回家奔丧……但是仍然用汗水、泪水甚至生命践行承诺。① 在这种条件下，中国坚持向发展中国家派遣医疗队，坚持服务受援国的人民，意义和作用都十分深远。

如前所述，随着中国援外事业的发展，中国多种行为主体开始走出国门，步入受援国社会，从承包企业的经理和员工到援外医疗队的医生和医务人员，再到青年志愿者，他们长年生活和工作在受援国，在日常工作和生活中直接与受援国同事交往合作，促进了中国和受援国之间的民间交流和相互了解。同时，他们的日常工作不是外交交涉和外交换文，但却是远较外交换文和外交交涉复杂得多和具体得多的经济外交或民间外交工作，他们因此而成为国家和人民之间的桥梁，他们的活动和工作也得到受援国国家领导人的高度关注，甚至成为国家间关系的重要议题。在援外项目结束以后，有些援外人员依靠在受援国建立起的信誉和关系网络参与其他开发项目的市场竞争，甚至可能被受援国挽留下来，承担开发任务。② 这些企业的经理和代表成为受援国领导人的座上宾，成为促进国与国之间友好关系的使者，同时又扮演着受援国的市场开拓者和合作开发者的角色，在受援国各界产生潜移默化的影响。

毋庸讳言，在新的时代，周恩来总理曾经严厉批评过的一些中国援外人员的素质问题和管理问题依然不同程度地存在，在有些方面甚至有加重的趋势。随着社会的发展，国家与援外人员的关系从上下级关系变为多重委托代理关系，在这种条件下要使市场化的管理方法与传统的行政方法相结合，保证对外援助事业所承载的政治和战略任务的完成，使政府有效地发挥科学决策和合理监督的职能，使企业和其他援外行为主体积极主动地参与中国援外事业，这是中国援外体制改革至今尚在探索和实验的问题。

---

① 刘营杰：《行在非洲》，载《中国经贸》（中国对外援助 60 年特刊）2010 年 8 月，第 38—39 页。
② 2008 年 1 月与"华为"公司、成套设备公司驻埃塞俄比亚经理的座谈记录。

　　总而言之，中国对外援助的政策和机制在过去的 60 多年中，顺应国际形势的变化和中国对外战略的要求，坚持帮助受援国提高自主发展能力，坚持不附带任何政治条件，坚持平等互利、共同发展，坚持量力而行、尽力而为，坚持与时俱进、改革创新，① 同时不断改革创新，调整重组，以适应国内体制和国际形势的发展变化。这种既坚持又发展又改革的态势还将随形势的变化而继续。

---

　　① 中华人民共和国国务院新闻办公室：《中国的对外援助》（2011 年 4 月），人民出版社，第 5—6 页。

第八章

国际援助的体制与政策[①]

　　现代国际援助大都与发展相关。邓小平曾说："现在世界上真正大的问题，带全球性的战略问题，一个是和平问题，一个是经济问题或者说发展问题。和平问题是东西问题，发展问题是南北问题。概括起来，就是东西南北四个字。南北问题是核心问题……第三世界人口大约占世界人口的3/4，……南方得不到适当的发展，北方的资本和商品出路就有限得很，如果南方继续贫困下去，北方就可能没有出路。"[②]

　　胡锦涛主席在匹兹堡G20峰会上也发表了题为"全力促进增长推动平衡发展"的讲话，他强调当前的首要任务是应对国际金融危机、推动世界经济健康复苏，坚定不移推进国际金融体系改革，在解决全球发展不平衡进程中实现世界经济全面持续平衡发展。胡锦涛主席认为从根本上看，失衡根源在于南北发展的严重不平衡。我国政府从三个方面提议改变这种不平衡状态：第一，完善促进平衡发展的国际机制，主要包括持联合国在解决发展问题方面更好发挥指导和协调作用，推动世界银行增加发展资源、增强减贫和发展职能，敦促国际货币基金组织建立快速有效的优先最不发达国家的金融救援机制；第二，加大形式多样的发展投入；第三，高度重视技术合作对促进平衡发展的重要意义，降低人为技术转让壁垒，为广大发展中国家缩小发展差距创造条件。

　　胡主席的讲话是对邓小平同志所说内容的继续阐述，特别是胡主席提到要"推动平衡发展"，这正是针对邓小平同志在分析世界主要矛盾时提出的

---

① 原载《国际援助的体制与政策》，社科大讲堂系列丛书·第二卷。报告时间：2009年9月28日。
② 《邓小平文选》第三卷，人民出版社1993年版，第281页。

南北发展不平衡问题的解决思路。我们这里通过对于国际援助体制和实践的分析，加深对于胡主席关于"促进平衡发展的国际体制"提法的理解。

第一节　国际援助的体制

国际援助体制主要由从事发展事业的多边援助组织和许多双边援助国，以及越来越多的国际性非政府援助机构组成，其中最具代表性的多边援助组织有联合国各援助机构、世界银行集团、区域性开发银行，以及为数众多的双边援助国。

一　联合国与千年发展目标

联合国系统不仅提供了大量的国际发展援助，而且在整合人类发展目标方面起着重要的作用。2000年9月，189个国家的元首和政府领导人签署了《千年宣言》，承诺在2015年以前将全球贫困人口比例减半。具体来说，宣言包含了8项"千年发展目标"以及相关的18项具体目标和48项指数。其中，8项千年发展目标为：（1）消灭贫穷饥饿；（2）普及初等教育；（3）促进两性平等；（4）降低儿童死亡；（5）改善产妇保健；（6）与疾病做斗争；（7）环境可持续力；（8）全球伙伴关系。为了要达到这样一个千年发展目标，他们制定了相应的具体目标和相关指数。例如为改善产妇保健，就要在现有的基础上降低产妇的死亡率，降低3/4的死亡率；又如为消除贫穷饥饿，就要降低50%以上的非洲贫困率。所以，8项目标都附加了一些很细致、很具体的目标和指标。这样，就使得大目标可以测算，也可以衡量，而不是说空话。然而，设定目标，设定方向这并非难事，最难的是如何实现这些目标？实现这些目标首先需要资金的投入和活动的开展，为此，在2003年3月，120多个国家的领导人再次聚会墨西哥的蒙特雷，提出要想达到联合国的这个千年发展目标，各个援助国必须认捐比以往更多的援款，就是说要加大投入，到2010年要实现世界发展援助总额达到1300亿美元的目标，其中对非洲的援助要增加一倍。

实际上，在联合国发展目标设定的时候，没有几个国家对这个千年发展目标表示过真诚的热心。这是因为冷战结束以后，发展中国家在两极格局中的战略地位发展了变化，西方世界不再需要通过援助来争取它们的支持，因此自20世纪90年代中期以后就一直在削减对外援助。但为什么在2003年的时候，这些主要的援助国会做出这样巨额的承诺呢？为什么美国和欧盟都在蒙特雷会议上答应把他们的对外援助增加一倍，甚至一倍以上？这是因为，在世界的格局里发生了一些重要的事件，如"9·11"事件、美国对阿富汗以及后来对伊拉克的入侵。当时，在美国很多人认为世界的主要威胁来自恐怖主义，而欧洲的主流思想界认为恐怖来自不发达，如果不解决发展问题，就没法解决安全问题。正是在这种压力下，也就是在欧盟和国际组织的强力推动下，美国有些人已经认识到发展问题是国际政治领域里一个很大的问题。当然，有些战略家也开始认识到，发展援助可能成为伸展国家实力的渠道，因此这些国家都开始愿意以实现千年发展目标为缘由，加大对发展中世界的援助力度。

当然，联合国不仅提出要增加发展援助的投入，还提出了国与国之间要相互合作，调动全社会的力量，让社会各界，包括政府部门、私营企业、民间团体、普通民众以及新闻媒体都参与发展工作。同时，联合国千年发展目标还为自己的行动确定了一系列的合作伙伴，如联合国开发计划署、千年运动、经济和社会事务部、世界银行、联合国儿童基金会、联合国环境规划署、联合国人口基金、世界卫生组织、国际货币基金组织、联合国人类住区规划署、联合国粮食及农业组织、国际农业发展基金、国际劳工组织、国际电信联盟、联合国艾滋病规划署、联合国贸易和发展会议、联合国发展集团、联合国教育科学和文化组织、联合国难民署、联合国妇女发展基金、联合国人权事务高级专员办事处、联合国世界粮食计划署等，要求所有这些伙伴都应把自己的力量集中起来去实现千年发展目标，形成一个联合国系统的国际援助的伙伴网。

从图8—1中可以看出，自20世纪90年代中期开始，国际援助规模开始徘徊不前，甚至下降，西方人称为援助疲劳症。但是，到了2002年，特别是2003年以后，国际援助的规模急剧攀升，每年的增幅都是在100亿美元以上，在2005年官方发展援助总额达到了创纪录的1068亿美元，其中减免伊拉克和尼日利亚债务占到了20%。那么1000多亿美元从发达的世界流向发展中的世界，是谁在背后起到了主导的作用？是谁在援助的流动过程中起着操盘和推动的作用？

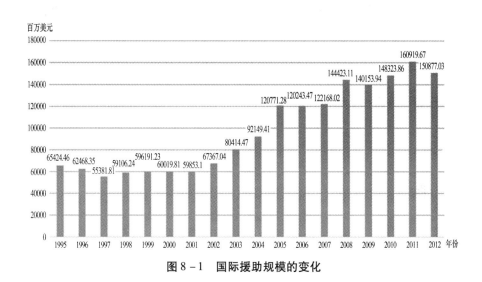

图 8 - 1 国际援助规模的变化

二 国际援助的主体

众所周知，1944 年的布雷顿森林会议协议成立了国际货币基金组织、国际清算银行和世界银行，这被统称为布雷顿森林机构或布雷顿森林体系。布雷顿森林机构的主要目的是利用西方控制的银行体系，调动西方资本市场，帮助当时的布雷顿森林体系的成员国解决国内的一些经济问题，比如说就业问题、价格稳定问题、经济增长和收支平衡的问题等。其实，当时世界银行体系和联合国体系一样，主要是想通过解决经济问题来解决安全问题。它认为只要有一个国际体系帮助成员国解决国内的经济问题，只要国内的经济保持平衡、不失衡，就不会导致这些国家向外扩张，或采取一种危险的举动。所以，这些布雷顿森林机构的设计者当时是要服务于主权国家，但是他们同时认为，如果对于经济干预过多的话，就会影响经济的发展，影响世界未来发展的动力。国家不可能是世界发展的真正动力，企业家才是经济发展的真正动力。所以，世界银行的宗旨和原则都侧重于为企业家提供必要的发展条件，有时甚至直接向企业家提供发展所需的资金。当企业的发展超出了国家的范围，世界银行体系又为这些企业跨国活动和跨国发展提供条件。世界银行为营造一个囊括整个世界的市场体系创造条件，这就是它解决发展问题的一个思路，也是国际援助体制的主要思路。

另外，我们还应注意到 1947 年美国的"马歇尔计划"。这是双边援助的著名例证。"马歇尔计划"的目标既是经济的又是政治的，它提出要在西欧重建资本主义的市场经济体系，以抗衡当时在东欧和苏联出现的社会主义的计划经济体制，因此，这种国际援助也是国际战略的一部分。

同样是在 20 世纪 40 年代，还出现了联合国的一些专业机构，这些机构的目标同样是帮助成员国进行战后重建。实际上，无论是布雷顿森林体系，还是美国的西欧重建计划，或是联合国的专业机构，都是通过提供发展援助实现以西方的制度理念重建世界体系的目标。

（一）联合国开发计划署（简称 UNDP）

在联合国系统中，它是最大的发展援助提供者，号称世界上最大的多边援助机构，在 166 个国家开展发展援助，在全世界有一个庞大的合作网络。UNDP 号称其宗旨是帮助发展中国家和地区加强经济和技术发展，倡导为变革而提供知识、经验和资源，同时促进发展中国家自力更生。联合国开发计划署的援助资金来源于联合国的成员国的自愿捐款，捐款数量直接影响这些机构的活动能力。联合国开发计划署提供的援款是无偿的，不需要回报的，各发展中国家都希望得到这种援助，所以援助者在投向和投入方式方面有很大的发言权，或主导权，这使得它可以将提供的援助项目相对集中与软领领，也就是偏重于管理而非生产领域，如投资评估，它实际上是给外资流动做一个铺垫；又如技术合作，它主要支付专家咨询服务，受援国的人员在境外考察和培训费用以及很少量的设备和仪器。UNDP 捐助的项目也多用于培训和咨询，在 100 万美元的援款中就要有大约 40 万美元用于聘请西方的专家提供技术服务。另外，UNDP 还致力于让发展中国家更多地了解外面的世界，向外国学习，并为此提供受援国组团出国考察的经费。联合国发展开发计划署是第一家对中国进行发展援助的多边组织，也是第一个带有西方色彩的援助中国的机构。它在中国的援助重点是削减贫困，加强法制，促进环境可持续以及防治艾滋病。根据不完全的统计，我国接受了联合国开发计划署 4 亿多美元的援助，但另有一个统计说是 6 亿多美元，我们完成了 UN-DP500 多个项目，其中教育的比重是最大的。由于中国在对 UNDP 的谈判

中一直保持着强势的地位，所以在基础设施建设和先进技术引进方面争取
到了大量的 UNDP 投入，如机械、电子、能源、冶金这些方面的知识和技
术都是我们当时最需要的投入。也就是说，在处理与 UNDP 关系方面，我
们国家比其他发展中国家有更多的主导权。从图 2 可以看出，在改革开放
初期，多边援助曾经一度占到对华援助总数的约 85%，当时 UNDP 是最大
的捐助者。后来，随着中国和西方一些大国建交，这些发达国家开始对华
进行双边援助，多边援助的比例逐渐缩小并稳定在 20% 左右的水平上。到
了 20 世纪 90 年代，外援在我国吸收外来资本的总数中仍然占据着重要的
比重。中国社会主义市场经济成熟了以后，在国际上的融资能力加强，外
援的相对比重才真正降下来。但是，在改革开放初期，中国一方面急需外
来投资，而一方面又很难说服外资到中国来，当时外援被看作是一种"优
惠的外资"，是倍受欢迎的。

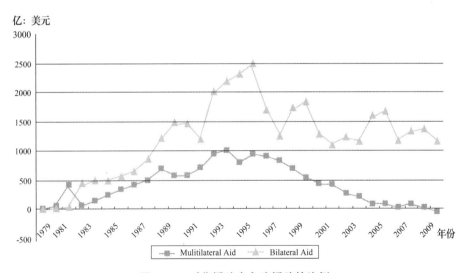

图 8 - 2　对华援助中多边援助的比例

（二）世界银行集团，简称为世界银行（The World Bank）

它主要包括国际复兴开发银行（IBRD，1945）、国际开发协会（IDA，
1960）、世界金融公司（IFC，1956）、多边投资担保机构（MIGA，1988）
和国际投资争端解决中心（ICSID，1966）等五个机构。他们联合向发展中

国家提供低息贷款、无息信贷和赠款。其中，从事发展援助的机构主要为国际复兴开发银行（IBRD）和国际开发协会（IDA），特别是 IDA，它对整个世界的发展投入是巨大的。但他们的援助方式和联合国是不一样的。联合国主要是对成员国认捐资金进行再分配，再发放；而世界银行有自己的规则，提供援助的方式是低息贷款，无息贷款和极少量赠款。赠款是带有条件的，也就是说，在签署了一系列低息贷款和很少量无息贷款以后，世界银行会提出，为了更好地执行项目，必须用他们推荐的专家，如果发展中国家不愿意使用西方专家，那么世界银行会提供一部分赠款，专门用于他们推荐的专家，再有就是提供培训赠款，让发展中国家的主管人士去"开开眼界"。目前，世界银行有 184 个成员政府。世界银行集团的所有组织都是由一个 24 个成员组成的董事会领导，每个董事代表一个重要的捐助国或一组国家。由各国自己任命或派遣。我国也是 24 个成员之一。从技术上来讲，世界银行也是联合国的一部分。但是，它的管理结构和联合国有很大不同。世界银行有自己的表决机制，低息贷款和优惠贷款给哪个国家哪个项目是要通过一个表决机制来决定的，而这个表决机制规定成员国所占的股份和它在表决时的权重是相对应的。换句话说就是，根据成员国缴纳会费的多少来决定它表决权重的大小。虽然，它有 184 个成员国，而且其中绝大部分是发展中国家。但是如果按照各国所占股份权重进行表决，就只能受到发达国家的控制，因为在 20 世纪末的时候美国还占有 16.4% 的权重，日本将近 8%，德国将近 4.5%，英国、法国各 4.3%。根据世界银行的另外一项规则，就是任何重要的决议必须是 85% 以上的多数表决通过。那么，美国一家就占了 16.4%，也就是拥有一票否决权。只要是美国人不想资助的项目，就达不到 85% 的要求。所以，我们可以看到，世界银行集团虽是一个很大的、资源雄厚的发展机构，它拥有众多的成员，但在它的高层决策机制中，实际上就是美国一家说了算，无论你有多少股份，它都可以否决你。而且，世界银行的宗旨是帮助企业家或帮助国家扶持企业家来推动整个世界经济的发展，来解决世界的发展问题。从 20 世纪 40 年代中期到 1960 年间，它主要是帮助西欧和日本的经济得到迅速恢复。在 1960 年前后，世界银行公开宣布西欧诸国和日本已经是"发展毕业"了，它以后的任务主要是针对贫困，而它消除贫困的宗旨仍然是通过发展私营部门，推动发展中国家的私有化改革。因此，世界银行的发展援助往往与市场化、私有化相关。

（三）国际货币基金组织（IMF）

国际货币基金组织是布雷顿森林体系的一员，其主要任务是监督货币的汇率和各国贸易情况，提供技术和资金的支持，然后保证全球的金融制度正常运行。如果哪个国家出现了资金短缺，它应该提供咨询意见和必要的帮助。它现有 186 个会员国，最高权力机构是理事会，每位成员地区有正、副理事代表，通常是本国的财政部长或中央银行行长。执行董事会由 24 名执董组成，执行董事由美国、英国、法国、德国、日本任命，其余由其他成员组成的选区选举产生，各成员的投票权按其缴纳基金多少来决定，这种体制和决策方式与世界银行有异曲同工之妙，其中发展中国家相对于发达国家来说，并没有平等的发言权和决策权。国际货币基金组织和世界银行有定期年会制度，在它们之间有非常畅通的沟通渠道，也就是说世界银行的宗旨和方式很快能够被国际货币基金组织接受，与此同时，国际货币基金组织的一些方式也会被世界银行参考或使用。然而，近年来，国际货币基金组织在世界上受到了广泛的批评，这主要是由于他们给发展中国家提供的那些咨询服务、提出的那些建议到最后都没有收到很好的效果。其中，比较典型的就是阿根廷。它采用了国际货币基金组织提出的经济政策建议，曾经一度被称为市场化的典范。但是阿根廷本来就没有强有力的政府行政体制和充分的社会积累，私有化的结果使得政府丧失了在必要的时候干预经济的能力，同时使社会保护资源枯竭。所以，阿根廷出现经济危机时政府既没有办法投资基础设施，也没有办法去维持社会福利计划，更没有办法去投资教育，结果国家出现了几近经济崩溃的状态。因而从那时起，其他一些南美国家纷纷采取了中间偏左的路线，重新建立政府的权威，走上了国有化的进程。此外，还有肯尼亚接收了国际货币基金组织的建议，放宽了货币政策，放松了中央银行对国际货币流动的监管，结果导致了巨额的贪污，外商对肯尼亚的投资剧减。现在，肯尼亚是世界上最穷的国家之一。国际货币基金组织虽然不是严格意义上的发展援助组织，但是它和它的姊妹机构——世界银行联手，其政策会影响整个世界发展的方向。另外，它还会对一些发展中国家的金融体制进行注资，对国家的稳定起到非常大的作用。所以，胡锦涛主席在匹兹堡峰会上也提到了国际货币基金组织。

（四）经济合作与发展组织（OECD）及下设的发展援助委员会（DAC）

OECD/DAC 成员都是双边援助国或国家集团，它号称提供了 95% 的世界发展援助。它的总部在法国巴黎，历年主席都为美国人，只是前不久才换了一任欧洲人。在这个双边援助的平台里，美国的影响力也不容忽视。双边援助的主体都是主权国家，越是大国就越是倾向于提供双边援助。虽然北欧国家力主增加对多边援助组织的投入，但是发达大国更愿意把钱攥在自己手里，愿意给谁就给谁。这主要是因为他们把外援作为外交的一部分，在外援中表现出来的国家特性和国家利益与其他领域没有本质的差别，但是与其他对外政策工具相比，援助活动可以使援助国的影响深入受援国社会的底层。OECD/DAC 本身并不提供援助资金，但它组织调研、进行政策协调、同行评议，引领国际援助的方向。比如它提出，2010 年要想实现联合国千年发展目标，就必须加大发展援助投入，使其总额达到 1300 亿美元。它设立了这么一个标准，然后又通过调研提出近几年发展援助的年增长率只达到了5%，而要实现目标就需要使增长率达到 11%，它还通过它的出版物，对一些援助国进行指名道姓的批评。它正是通过不断地出调研报告，不断地进行同行评议，不断地开会进行政策协调，来影响各个援助国，从而达到引领整个世界外援方向和为外援定调子的目的。但是，随着一些非 OECD/DAC 捐助国的发展，尤其是中国和印度等国援助金额的迅速增长，OECD/DAC 垄断地位也发生了变化。

OECD/DAC 把一些非成员称为"新兴的"援助国，主要包括中国、印度、南非、巴西、墨西哥，还有中东石油富国。OECD/DAC 认为，这些"新兴的"援助国，已经进入援助国的行列，但却没有进入国际援助体系。过去，国际援助体制的多双边成员之间是有着广泛密切的联系，有非常大的默契，但是中国、印度、南非、巴西、墨西哥，还有阿拉伯联合酋长国，在发展中世界，特别是在非洲的影响越来越大，而这些捐助国并不向 OECD/DAC 公布援助数字、通报信息，也不公开自己援助的方式，不按照西方的规则和默契行事，这令他们感到非常不安。

（五）其他援助者

首先是主权国家组成的区域组织，如亚洲开发银行（ADB）。亚洲开发银行不是联合国的下属机构，但是却和联合国有密切的关系，是联合国亚洲及太平洋经济理事会赞助建立的机构，和联合国的专门机构及一些区域机构有非常密切的联系。它的宗旨和联合国的宗旨也相类似，主要是减少贫困，提高人们的生活水平。方法主要是政策对话，提供贷款、担保、技术援助和赠款。当然，与亚洲开发银行类似的还有欧洲开发银行、非洲开发银行等组织。其次，是全球性和区域性的非政府组织。其中一些非政府组织是援助国援助项目的执行者，如OXFAM（中文也翻译成"乐施会"）。实际上，OX-FAM本身并没有多少资金，但是它执行世界银行的项目，执行英国开发署的项目，实际上是西方国际援助体系向外的延伸。同时，也有一些非政府组织拥有自己的资金，直接提供援助。现在，有一些新的大亨把巨额资金拿出来建立基金和基金会，并在整个国际援助体系里占有一席之地，但他们的行为方式和刚才所讲到的国际组织是很不一样的。

第二节　国际援助的理论和政策

几乎每个援助国都宣布，要努力实现联合国的千年发展目标，要增加援助金额，要为人类的发展作出贡献。但是，每一个援助国在作贡献的时候都会有不同的方式，这些不同的方式往往体现它们不同的利益。

一　对外援助是一种战略工具

不能忽视对外援助的战略作用。1948年4月3日，杜鲁门在签署《对外援助法案》时说："很少有总统有机会签署这么重要的法案。这些措施（指对外援助——笔者注）是美国对于针对当今自由世界挑战的回应。"也就是说，杜鲁门认为，向西欧国家提供以"马歇尔计划"为标志的援助，主要不是为了发展，而是为了回应东方集团对于所谓自由世界的挑战。所以，美国的国际援助计划是战略性的，而不是发展性的。美国政府曾经坦言，它的援助与"西半球战略"密切相关。长期以来，美国对外援助的第一大户是埃及和以色列，其次是希腊和土耳其，这些地方都是美国"西半球战略"的前沿地带。只要是美国势力存在的地方就有美国的援助，而美国势力达不到的地方就是苏东阵营的地界。在东亚，美国在20世纪50年代曾长期保持对台湾地区的军事援助，那里是它的东亚战略前沿。美国对外援助的走向就是在世界格局中巩固西半球战略，也就是在巩固他的前沿阵地。"马歇尔计划"和美国的一些文件中说得非常清楚："马歇尔计划"在西部欧洲稳定了西方的制度和西方的方式，为美国的"西半球战略"作出了重要的贡献。到了 1960 年，随着西欧恢复了经济增长，美国停止了对西欧的援助，但这并不说明美国在战略上放弃了西欧，而是因为 1960 年在巴黎成立了经济合作与发展组织及发展援助委员会。自此，美国不是让出了西欧的地盘，而是让西欧国家也为美国的"西半球战略"贡献他们自己的力量，也就是说西欧国家也加入了援助国的行列，但援助国的主导者还是美国。

二　对外援助的理论依据

（一）发展经济学

它的主要代表人物是瓦尔特·罗斯托（Walt W. Rostow）和钱纳里（Hollis B. Chenery）。他们认为发展援助可以帮助不发达国家解决经济发展中碰到的实物、资金、技术、管理经验和制度方面的瓶颈。他们把西方发达国家的发展经验作为一个模本，认为在发展的过程中需要某些实物、资金、技术、管理和制度，而西方的发展历经了数百年才积累起必要的资本、技术、人才等。他们认为，通过发展援助的投入去"替代"西方耗费数百年形成的资本、技术和人才积累，可以帮助发展中国家更快地发展起来。也就是说，通过短期替代，解决发展中的瓶颈问题，使发展中国家的发展速度大大加快。实际上，这个逻辑就是：发达国家提供了发展经验，走发达国家已经走过的道路就能发展。发展中国家通过发展援助接受西方已经有的资金、技术、管理、人才、制度，就可以解决发展问题。比如，当时发展中国家最主要的问题是粮食短缺问题，所以，在早期很多援助都是投资在粮食等领域的，先把粮食运过去，然后再传播技术等。这是早期的发展援助能在西方立足的理论根据。

（二）新自由主义

20 世纪 70 年代石油危机之后发展经济学的理论受到了自由市场经济支持者的严厉批判。发展经济学家们认为，靠市场自己的方式去发展，不能解决发展问题中一些瓶颈问题。所以，他们认为需要政府，哪怕是外国政府的投入。但是新自由主义经济学家们却认为，政府的投入或非市场力量的投入会引起"政府失灵"。这不仅表现在发达国家，而且也表现在发展中国家，特别是在发达国家对发展中国家的援助中。比如，发达国家给发展中国家的援助落入一个强势但落后和腐败的政府手中，这只能加剧政府失灵。所以，从1980年里根上台后，开始调整对外援助理念和方式，强力推行以"结构调整基金"为主要方式的对外援助。他把美国对世界银行的投入拨出来建立了一个"结构性调整基金"，用它来鼓励和推动市场经济在全世界的建设和发展。如果谁想得到"结构调整基金"的资助，就必须对本国的市场进行结构性调整，进行市场化、私有化改造。

（三）国际政治学

在对外援助的领域里，有很多的行为主体，他们都是不一样的。因此，围绕着国际援助行为主体形成了不同的理论。

1. 现实主义理论。一是以摩根索（Morgenthau）为代表，认为无论什么形式的对外援助，本质都是政治性的，其主要目标都是促进和保护国家利益。也就是说，如果援助能够促进本国的国家利益，同时又能够符合某种国际指标，那么就提供援助；如果和国家利益相抵触，即使是千年发展目标所要求的，那也不提供。二是以华尔兹（Waltz）为代表，认为对外援助应服务于美苏争霸的国际格局。如在冷战时期的外援，都按照政治来划线，所有选择社会主义道路的国家，都到苏联去谋求援助，而所有选择资本主义道路的国家，都到美国和西方去寻求援助。三是以瑞德尔（Riddell）为代表，认为援助国应利用对外援助在后殖民时代延续殖民时期的各种传统不平等关系，比如不平等的交换关系等。四是以斯多克（Stokke）为代表，认为外援的本质是"通过压力（以停止外援拨款为压力），使受援国接受本来是不会接受的条件"。如果受援国不接受条件，那么援助国就会停止援助，这是所有国际援助的一个核心本质。现在，所有的西方援助国都认为这种"附加条件"是合理的，他们认为对于西方国家给出去的所有援助都应该增加附加条件，特别是要让受援国接受原本不能接受的政治条件。中国的对外援助尊重发展中受援国的主权，不附加任何政治条件，因此也最受以西方为主导的国际援助体系批判。

2. 建构主义理论。这种理论认为对外援助是社会与社会、公民与公民、行业与行业、机构与机构、个人与个人之间跨国联系、沟通、合作的渠道，通过这些渠道建立起了一整套包括国家行为体在内的全球治理体制。这个体制一方面受到国家力量的推动，但这个体制的行为是由各行各业的专家执行的，是在国家层面之下，在次国家层面上，在区域政府层面上，在行业的层面上，在个人的层面上，在社会的层面上，建立跨越国家边界的联系，结果这些联系纽带最终就形成了一种新的国际社会现象，一种有时可以反过来推动国家力量的体制和力量。

三　国际援助的基本原理

为了深入理解对外援助的基本原理，我们首先回顾一下国际援助的基本方式。国际援助的基本方式主要有：（1）优惠贷款，这是一个最受到争议的方式。OECD/DAC 设立了一个标准，规定贷款的优惠率必须达到 25％ 的赠予率才能算是发展援助，否则提供贷款、回收贷款、收取利息就是一种商业行为。当然优惠贷款有时会发生变化，例如一些最穷国借了债，还不起，最后减债、免债了事，但还要算是优惠贷款，因为援助国可以分两次计算援助，一次是在提供优惠贷款时，二是在减债免债时。（2）赠款，这是一种比较普遍的形式。欧洲联盟对外援助的形式 100％ 是赠款，联合国开发计划署的援款也是赠款，但赠款也不是白给的，通常是有附加条件的。（3）人道主义援助和实物援助，可以直接从援助国政府送达受援国基层。除此之外，各个援助主体还会利用援助进行网络化建设。比如说有一个援助的项目，援助额假设是 100 万美元，援助方会留出 15％ 作为管理经费，主要用于经验交流、网络建设和其他自身的用途。这些经验交流活动促进了国际援助各个主体之间的网络化联系，它们之间的信息是十分畅通的。它们认为这种网络有利于发展理念的交流和传播，有助于相互学习经验，通过这些渠道，西方援助方的技术和观念得到更加广泛的推广，大大地增强了国际援助体制相对于发展中受援方的优势。

对外援助的理论体系中有发展经济学、有国际政治学和战略思考，但它最原始的道理和最基本的行为方式是财政转移。我们知道，财政转移有自身的规律，如果财政转移发生在一国之内，由于缴费主体和支付对象是同一群体，是该国的国民，那么财政转移的方式和程度都将在很大程度上受制于这个国家内部的政治程序，由缴费者群体通过政治的方式来证明财政转移的合理性。因此，财政转移归根结底是一种通过政治程序达成的社会认同。对外援助是一种跨国的财政转移，它的缴费主体和支付对象是分离的，缴费主体是发达国家的公民，而支付对象却是发展中国家。因而，在对外援助这种跨国财政转移的合理性界定和需求认知都来源于援助国。援助国决定受援国需要什么，他们就给什么，援助国认为什么样的援助是合理的，就提供什么样的援助，因此国际援助领域里的一个重要问题是供给导向，力量失衡。援助方认为发展中国家需要什么就提供什么，即使提供的帮助可能是受援方并不需要的。反过来，发展中国家最需要的东西，他们可能不愿意给，这就造成了需求认知的脱节。例如，冷战结束以后，西方发达国家认为，不实行多党制民主选举的国家一定会产生腐败，而腐败的政府只能贪污和挥霍援款，因此需要向发展中国家提供"民主援助"，要资助建立反对党，结果并没有给接受了这类援助的国家带来发展。供给导向的援助往往会导致以下的结果。一是发达国家从自己的历史经验出发，制定受援国的发展方案和思路，所以提供的援助未必适合发展中受援国的国情；二是援助国提供的援助难免带有国家私利；三是在解决市场缺失时，往往会同时导致市场失灵和政府失灵，因此导致不发展的问题远远不只西方媒体所讲的腐败和低效益，还有被实践一再证明的国与国之间的依附关系。所以说，对外援助既可以是国家控制国家的工具，也可以是资本控制市场、控制资源的工具，当然如果使用得当，它也可以是一个发展工具。这里的关键是援助国的援助政策和援助方式是否建立在国家平等的原则基础上。

四　对外援助领域的国际关系学议题

第一，是援助国之间关系。以欧洲联盟为例，它和它的成员国花费了巨额资金用于发展中国家的发展，但是在这些巨额资金之间存在不协调和相互博弈问题。欧洲联盟因此提出了 3Cs 方针，即协调（Coordination）、互补（Complementarity）和一致性（Coherence）议题。就是说，援助国之间要在对外援助过程中相互协调，实现互补和步调一致。但事实上，每个援助国都有自己的传统势力范围和独特的利益，所以，要实现援助国之间的协调性和互补性其实并不容易。在国际援助领域里，有大量研究国与国之间关系的成果。第二，是援助国与受援国的关系，特别是权力关系。发展战略和发展规划是在援助国之间讨论形成的，在发展援助项目里体现了援助国的主导权，而发展中国家则认为，援助应该体现一种平等的合作伙伴关系。如何解决发展援助领域里的主导和被主导的关系，这是一个值得探讨的问题。第三，是决策程序问题。在决策程序里，在落实发展援助的各个程序里，根据什么决策，谁说话算数，还是一个主导权的问题，同时也是一个所有权的问题，只有发展中受援国全面参与，积极主导，才会真正拥有发展，才会使发展可持续。第四，就是实施过程的问题。在对外援助中要考虑到适用性、文化差异和对称性。第五，这里有一个焦点问题，即"附加条件"和"依附论"。附加条件的问题，已经变成一个政治化的议题，斯多克（Stokke）认为，北方国家对南方国家的援助向来都是有条件的，只是这些条件随着时代的不同而在变化：在20世纪60—70年代，附加条件主要是经济上的，到了80年代变成了体制机制的改革，斯多克还发现，90年代以后，西方援助的附加条件又发生了一次大变化，完全政治化了，变成了援助政治民主、法制建设和人权与自由，附加条件变成了政治条件。所以说西方发达国家的发展援助从来都不是受援国主导的。中国和西方发达国家对外援助的一个根本区别就是中国提供的援助是受援国主导的，如果中国和受援国谈一个援助项目，一般中方会请受援国提出一个单子，列出在哪些方面最需要帮助，然后中国根据自己的能力审核要求，如果我们的能力能够达到，就帮助他们。但是，发达国家的对外援助是他们自己出一个单子，让发展中国家选择，然后谈判。这就是为什么附加条件一直都是由援助国控制的原因。发达国家认为受援国应该投资人力资源，就提供一系列投资人力资源的项目，超出这个范围就没有办法选择。第六，最近国际援助体系热议援助有效性的问题，实际上是希望通过有效性议题全面规范所有援助国的援助行动。

第三节　中国与国际援助

一　中国作为一个受援国

从1949年到20世纪60年代早期，中国一直接受苏联的援助。1949年毛主席到苏联争取到了3亿美元的优惠贷款，开始接受苏联的援助。这绝不仅仅是3亿美元贷款的问题，通过这3亿美元的贷款，中国学会了怎样制定第一个五年计划，邀请了大量的苏联专家教会了我们怎么样去管理计划经济，投资了156个大型的重型工业化项目，奠定了我国工业化起步的基础。这说明了援助不仅仅是一个数字，不是援助资金达到多少数额的问题，援助带来的是技术的更新、观念的转变、制度的创新和政策的转变，它有相当大的厚度。从60年代初期以后，中苏关系破裂，苏联单方面宣布停止对中国的一切援助。但是，苏联方式还在很长一段时间内影响着中国的发展进程。

从20世纪60年代到70年代末的将近20年中，中国没有任何外来援助。从1979改革开放开始，重新敞开国门，开始接受西方援助。不仅是接受西方援助，而且是去争取了西方援助。1974年，邓小平在联合国一个特别联大上提出，我们国家要准备接受西方国家的援助来发展我们自己，但后来因他再次离开领导岗位而没有实行。到了1978年，我国的经济代表团，开始外出去寻找优惠贷款，希望接纳西方的援助，从而开启了中国和发达国家的一个交往通道。从那时起到现在的30年来，实际上，外援的流入对我国的改革开放起到了很重要的作用。它带来了技术和技能，带来了人力资源和知识，带来了资本和投资，带来了对改革的财政刺激。80年代世界银行的贷款、联合国的资助和其他一些机构的援助使北京和其他一些地方变得非常活跃，到处都在开着研讨会，有大批的学生受到资助去国外留学，培养和造就了新一代的专家；获得了一些资本和投资，沿海地区很多基础设施建设都是通过国外的援助来完成的，包括一些高速公路，中国的改革和发展全面提速。

中国接受外援的最大特点是保留了自己的主导权，也就是"以我为主、为我所用"。邓小平在与当时的世界银行行长麦克纳马拉（McNamara）谈话时讲到，没有这些援助我们一样搞经济建设，一样发展，一样实现我们的现代化目标，但是有了这些援助，有了世界银行的支持，有了各方面的支持，我们的发展就更快一些。另外，中国主管外援的官员也说过，外援对我国各个机构的改革起到了财政的刺激作用。联合国对我们的早期投入都是在一些关键的领域和部门，如人事、金融等。后来，通过援助建立对外交流与合作窗口的部门不断增多，除了早期的农业部、财政部、教育部、卫生部以外，最近几年发展到高等法院、警察部门、司法部门等，在这些部门的国际合作中，都有国际援助的身影。通过下面图 8—3 我们可以看出，国际援助对中国的"硬件"投入在经历了 20 世纪 80 年代一个稳定的增长期以后，于 90 年代迅速下降，对经济基础设施和服务的投入也在同期开始下降，与此形成鲜明对照的是对社会基础设施和服务的投入在 90 年代以后迅速增长，包括环境保护等领域的多部门跨领域投入也稳步增长。外援流入中国的这个趋势正好反映了中国发展的步伐。中国最初重视对基础设施的投入，最需要对基础设施的资金投入，随着中国的发展，经济的发展，我们需要社会方面的发展，以及后来政治经济各个方面的发展。于是在这些方面，中国与援助国之间的国际合作开始加大。所以，外援在中国折射了中国发展的路向。外援对中国绝不仅仅是优惠的外资，它带来了科技和人才，带来了基础设施建设的投资，带来了经济社会改革的经验，对于改革的认知、观念、态度、机制和政策一系列的转变。外援使我们和援助国之间建立了很深层次的合作，使我们进入了世界体系。

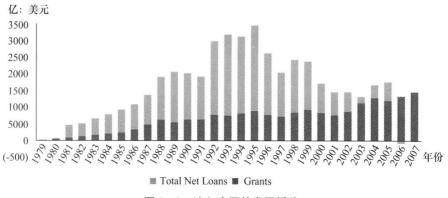

图 8－3 流入中国的发展援助

二 中国作为一个援助国

一位美国教授说过，中国对外援助的"历史厚度和经验广度不亚于任何一种成熟的西方援助"。在过去的半个多世纪里，中国向 100 多个国家和区域组织提供了约 2000 个援助项目，其中既包括受援国急需的生产基础设施，也包括各类社会和公共设施，还包括免除友好重债国的债务以及向自然灾害发生地提供的人道主义援助。近年来，中国加大了对改善民生项目的援助力度。截至 2005 年年底，中国在 53 个非洲国家建成了 769 个成套项目，大多数集中在与百姓生产和生活密切相关的领域，如铁路、公路、电站、水利设施、农场、学校、医院和体育场馆等。中国还派出了 115 万名医务人员，为发展中国家培训了 2 万多名各类人才，免除了 109 亿元人民币债务。据《商务部对外援助司王世春司长谈中国对外援助》[1] 统计，中国在 2006 年通过不同的机构向全球提供了 82137 亿元人民币的援助。[2]

从新中国成立到改革开放，中国对外援助经历了近 30 年的历史发展，确立了以"八项原则"为基础的中国对外援助方针，体现了国际主义和爱国主义的高度统一，为中国对外援助事业后来的发展留下了一份宝贵的遗产。我们国家在过去的 30 年里经历了一个援外体系快速改革的阶段，在改革的过程中坚持了八项基本原则，坚持了邓小平的实事求是的方针，改革了一些政策、一些方式、一些管理方法，现在改革还正在进行。其中，最关键的是中国经历了一个史无前例的社会市场经济的转变，从计划经济转到了市场经济，市场的力量进入了我们对外援助的领域，从而也进入了国际关系的领域。这些市场力量使我们对外援助更加有效率，更加遵循效率原则，但是这并没有改变我们对外援助的一些根本原则，即胡锦涛主席在 2005 年联大上讲的以人为本的一些国际发展的理念。

三　国际援助尚未解决的问题

在国际援助的体系和国际援助的领域里有很多没有解决的问题，这些问题有很多人在努力研究和解决，但绝非易事。如在援助里无偿援助和有偿援助哪一种更有效？世界银行采用的是贷款，联合国采用的是无偿援助，日本采用的是贷款多赠款少，欧洲联盟采用是赠款。那么，它们为何采取不同的方式呢？世界银行认为，采用贷款作为国际援助的方式是要培养一种负责任的精神，因为有了还债责任就有了某种发展动力；欧洲联盟认为，采用赠款

---

[1]　http：//video. mofcom. gov. cn/class_ onile010671790. html.

[2]　中华人民共和国统计局编：《中国统计年鉴》，中国统计出版社 2007 年版，第 286 页。

的方式是因为只有赠款才能够使提供有限援助的一方有更多的发言权和主导权，同时也不给受援国增加负担。所以，这里的优势和劣势，原因和理由都是莫衷一是的，值得探讨和研究。

还有一个问题是中国为什么能够成功地使用外援？这里有很多不同的解释，例如为什么中国能够消化结构调整资金，能够消化一些以市场为主导的基金，同时又不受这些基金的左右，能够使这些基金为中国的发展服务。有一个很有力的解释认为，虽然中国接受的外援资金很多，到 1995 年的时候，中国是全世界最大的受援国，但所有的外援资金加在一起在中国只是很小的一部分。比如说扶贫基金，各个发展组织都集中来中国进行扶贫事业，但是相对于中国自己的扶贫投入来讲，它们只占到 1% 弱，因此不能动摇我们基本的社会制度，不能发挥它在其他受援国那样的杠杆作用。

再如援助方和受援方到底发展怎样的合作才是比较理想的？大家都讲援助，援助谁，谁受益是起关键的导向作用的。西方国家讲，中国提供的援助只是援助政府，如果政府腐败，援助就没有效益，这不是以人为本的；而他们直接援助给个人，把他们的资金用于利益集团、非政府组织，使得他们对于自己的政府形成一些制约，但是也导致那些国家不可能上下一心谋发展。所以到底怎么援助？援助谁？谁收益？怎么影响发展的方向？这些都是值得讨论的。

还有就是在外援和外资的关系上，捆绑性的援助（tied aid）也有一些前沿性的问题需要探讨。比如说我们国家的对外援助最受到批评的是进出口银行的优惠贷款。进出口银行在什么样的情况下可以算是国家行为，在什么情况下只能算企业行为，这也是需要解释清楚的问题。进出口银行是一家商业银行，他们去投资资源性的项目，因为资源性的项目回报率最高，这无可厚非。也有一些人说，资源性的投资有政府配套的利息减免，就使得银行有强大的力量去竞争，对西方的贷款形成了巨大的威胁。虽然西方援助国一向都是这样做的，但是它做的不好就要指责别人，我们就需要在概念上、实践上解释清楚并进行合理化改革。

最后，中国援助到底要达到什么样的成效，用什么标准衡量，是用社会标准衡量，是用政治标准衡量，还是用经济标准衡量，然后做出科学的评估，这些都是尚未解决的问题。

学术索引

参考文献

［意］福·阿蒂纳：《全球政治体系中的欧洲联盟》，中国社会科学出版社
　　2009 年版。

薄一波：《若干重大决策与事件的回顾》（上、下卷），中共中央党校出版社
　　1991 年版。

《陈云文选（1956—1985）》，人民出版社 1986 年版。

《当代中国》丛书编辑部：《当代中国外交》，中国社会科学出版社 1988
　　年版。

《当代中国史研究》2003 年第 2 期。

《当代中国的基本建设》（上），中国社会科学出版社 1989 年版。

《邓小平会见马里总统特拉奥雷时的讲话：中国将来发展了仍属第三世界》，
　　《人民日报》1986 年 6 月 22 日。

《邓小平文选》第一、二、三卷，人民出版社 1994 年版。

《对外援助管理规章制度文件汇编》（1958—2004），中华人民共和国商务部
　　对外援助司，2005 年。

董志凯、吴江：《新中国工业的奠基石——156 项建设研究》，广东经济出版
　　社 2004 年版。

高小升：《浅析欧盟的对外发展援助政策》，http：//www. studa. net/guoji-
　　maoyi/090113/09120632. html。

［德］迪特·海茵茨希：《中苏走向联盟的艰难历程》，新华出版社 2001
　　年版。

黄修荣：《共产国际与中国革命关系史》第 2 卷。

《抗战苏联对华三次军事贷款简介》，http：//www. xinjunshi. com/ziliao/xiandaizs/kangri/200412/879. html。

邝杨：《欧共体的对外援助：演化趋势与主要特征》，载周弘主编《对外援助与国际关系》，中国社会科学出版社 2002 年版。

李鹏：《市场与调控：李鹏经济日记》（中卷），新华出版社 2007 年版。

刘丽云：《欧盟对外发展援助政策变化及其原因探析》，http：//www. doc88. com/p – 099107031161. html。

裘元伦、沈雁南主编：《欧洲与世界》，中国社会科学出版社 1998 年版。

朱晓中：《中东欧与欧洲一体化》，社会科学文献出版社 2002 年版。

伍贻康主编：《欧洲共同体与第三世界的经济关系》，经济科学出版社 1989 年版。

王玉萍：《欧盟对外发展援助的原动力》，《烟台大学学报：哲社版》2006 年第 4 期。

张海冰：《欧盟对外援助政策调整的背景及趋势》，《德国研究》2011 年第 2 期。

Communication on the Reform of the Management of External Assistance, European Commission, 2000.

Cotonou Agreement, Part 1: General Provisions.

Development Cooperation, in General Report 2000 – Chapter VI: Role of the U-nion in the World, European Commission, 2001.

Development Cooperation Policy in the Run – up to 2000, European Commission, 1996.

ECDPM, "Some Basic Facts: Cotonou Infokit", in http: //www. oneworld. org/ecdpm. , 2001.

EU – ACP Negotiation Information Memo No. 9, European Commission, 1999.

EU – ACP Negotiation Information Memo No. 10, European Commission, 2000.

EU Aid to ACP Countries Evaluated, in http: //www. oneworld. org/ecdpm. , 1999.

EU Commission's Communications.

EU Development Council's Regulations.

EU Development Council's Resolutions.

Europe's Agenda 2000: Strengthening and widening the European Union, European Commission, 1999.

European Centre for Development Policy Management, Assessing Trends in EC Development Policy: An Independent Review of the European Commission's External Aid Reform Process, ECDPM, 2000.

European Development Policy towards Latin America: Trends and Prospects', CCPSD, 2000, in http://www. ccpsd. org. do.

Forward Studies Unit, The Future of North – South Relations: Towards Sustainable Economic and Social development, European Commission, 1997.

Hoebink, Paul, "Coherence and Development Policy: The Case of the European Union", in *Olav Stokke (ed.)*, 1999.

Infofinance 1999 , European Commission, 2000.

Koning, Antonique, "The European Commission: EDF Aid Management", in *Aidan Cox, John Healey & Antonique Koning*, 1997.

Koulaimah – Gabriel, Andrea, "The Geographic Scope of EC Aid: One or Several Development Policies?", ECDPM Working Paper, No. 42, Maastricht: ECDPM, 1997.

Koulaimah – Gabriel, Andrea, "The EU and the Developing World: Coherence between the Common Foreign and Security Policy and Development Cooperation", in Olav Stokke (ed.), 1999.

OECD Development Assistance Committee, "Development Cooperation Review Series: European Community", *Paris: OECD*, 1996, No. 12.

OECD Development Assistance Committee, "Development Cooperation Review Series: European Community", *Paris: OECD*, 1998, No. 30.

OECD Development Assistance Committee, "Development Partnerships in the New Global Context", *Paris: OECD*, 1995.

OECD Development Assistance Committee, "Cooperation for Sustainable Development", *Paris*: *OECD*, 1997.

OECD Development Assistance Committee, "Strengthening Development Partnerships: A Working Checklist", *Paris*: *OECD*, 1998.

OECD Development Assistance Committee, "Shaping the 21st Century: The Contribution of Development Cooperation", *Paris*: *OECD*, 1996.

Olsen, Gorm, "Changing European Concerns: Security and Complex Political Emergencies instead of Development", in http://www. dse. ruc. dk.

Report on the Implementation of the Communication— "Building a Comprehensive Partnership with China", *European Commission*, 2000.

Stokke, Olav, "Foreign Aid: What Now?", in *Olav Stokke* (ed.), 1996.

Stokke, Olav (ed.) Aid and Political Conditionality , EADI Book Series 16, Frank CASS. London: 1995.

Stokke, Olav (ed.) Foreign Aid towards the Year 2000: Experiences and Challenges, EADI Book Series 18, Frank CASS. London: 1996.

Stokke, Olav (ed.) Policy Coherence in Development Cooperation, EADI Book Series 22, Frank CASS. London: 1999.

The UK's International Development Partnership with the European Community: Institutional Strategy Paper, The Department for International Development of UK, 1998.

Towards a New Long – term Partnership Agreement, European Commission, 1998.

Data inhttp://europa. eu. int.

Whither EC Aid? Compendium, coordinated b Gwenaelle Corre, European Centre for Development Management, Maastricht: ECDPM, September 2009.

《刘少奇选集》（下卷），人民出版社 1985 年版，第 154—155 页。转引自沈志华《苏联专家在中国（1948—1960）》，中国国际广播出版社 2003 年版。

中共中央文献研究室编：《毛泽东传》（上卷），中央文献出版社 2003 年版。

《毛泽东选集》（一卷本），人民出版社 1964 年版。

《毛泽东文集》第 7 卷，人民出版社 1999 年版。

《毛泽东外交文选》，中央文献出版社、世界知识出版社 1994 年版。

［美］麦克法夸尔、费正清：《剑桥中华人民共和国史（1949—1965）》，中
国社会科学出版社 1990 年版。

《三中全会以来重要文献汇编》，人民出版社 1982 年版。

沈志华：《建国初期苏联对华援助的基本情况》，http：//www. shenzhihua.
net/zsgx/000140. htm。

沈志华：《苏联专家在中国（1948—1960）》，中国国际广播出版社 2003
年版。

沈志华、李丹慧：《战后中苏关系若干问题研究——来自中俄双方的档案文
献》，人民出版社 2006 年版。

石林主编：《当代中国的对外经济合作》，中国社会科学出版社 1989 年版。

斯大林：《苏联社会主义经济问题》，《斯大林选集》（下卷），人民出版社
1978 年版。

王昶：《中国高层决策·外交卷》，陕西师范大学出版社 2001 年版。

王玉萍：《欧盟对外发展援助的原动力》，《烟台大学学报：哲社版》2006 年
第 4 期。

伍贻康主编：《欧洲共同体与第三世界的经济关系》，经济科学出版社 1989
年版。

杨光主编：《中东非洲发展报告（2006—2007）·中国与非洲关系的历史与
现实》，社会科学文献出版社 2007 年版。

杨英杰：《苏联对于我国第一个五年计划的伟大援助》，中国财政经济出版
社 1956 年版。

杨云弱、杨奎松：《共产国际和中国革命》，上海人民出版社 1988 年版。

王泰平主编：《中华人民共和国外交史（1957—1969）》第二卷，世界知识
出版社 1998 年版。

《中华人民共和国发展国民经济的第一个五年计划（1953—1957 年）》，人民
出版社 1955 年版。

张海冰:《欧盟对外援助政策调整的背景及趋势》,《德国研究》2011 年第 2 期。

《中国共产党第十一届中央委员会第三次全体会议公报》(1978 年 12 月 22 日通过),人民网。

世界银行业务评价局:《中国:国别援助评价报告》,中国财政经济出版社 2000 年版。

中华人民共和国国务院新闻办公室:《中国的对外援助》(2011 年 4 月),人民出版社 2011 年版。

《中国对外援助 60 年特刊》2010 年 8 月。

周伯萍:《非常时期的外交生涯》(1964. 9—1982. 1),世界知识出版社 2004 年版。

周恩来:《在第三届全国人民代表大会第一次会议上周恩来总理作政府工作报告》,《人民日报》1964 年 12 月 31 日。

周弘:《中国对外援助与改革开放 30 年》,《世界经济与政治》2008 年第 5 期。

周弘主编:《对外援助与国际关系》,中国社会科学出版社 2002 年版。

周弘、张浚、张敏:《外援在中国》,社会科学文献出版社 2007 年版。

Alighiert, Dante, *On World Government* (*De Monarchia*), New York: the Bobbs-Merrill Company, Inc., 1957.

Allen, David & Michael Smith, "External Policy Developments", *Journal of Common Market Studies*, Vol. 38, Sept. 2000.

Almond, Gabriel &Verba, Sidney, *The Civic Culture*, Princeton University Press, 1963.

Babarinde, Olufemi A, "The Lomé Convention: An Aging Dinosaur in the Europena Union's Foreign Policy Enterprise?" in *The State of the European Union*, vol. 3, *Building a European Polity*, (ed.) by Carolyn Rhodes & Sonia Mazey, Longman, Lynne Rienner Publishers: 1995.

Bendix, Paul J., *The Netherlands' Development Cooperation Policy*, German Development Institute, Berlin: 1988.

Bretherton, Charlotte & Vogler John, *The European Union as a Global Actor*, Rout-
ledge: 1999.

Bücherl Wolfgang & Jansen Thomas *Globalization and Social Governance in Europe
and the United States*, working paper 1999, European Commission Forward Stud-
ies Unit.

Carlsnaes, Walter & Smith, Steve, *European Foreign Policy—the EC and Chan-
ging Perspectives in Europe*, SAGE Publications Ltd: 1994.

Cassen Robert, *Entwicklungszusammenarbeit*, Verlag Paul Haupt Bern & Stuttgart,
1990.

Claus, Burghard & Hofmann, Michael, *The Development Cooperation Policy of
the USA*, German Development Institute, Berlin: 1988.

Cosgrove – Sacks, Carol (ed.), *The European Union and Developing Countries:
the Challenges of Globalization*, MacMillan Press Ltd. : 1999.

Cox, Aidan &Koning, Antonique *Understanding European Community Aid*, Over-
seas Development Institute, London, 1997.

Cox, Aidan, Healey, John &Koning, Antonique *How European Aid Works*, Over-
seas Development Institute, London, 1997.

Crawford, Gordon, "Foreign Aid and Political Conditionality: Issues of Effective-
ness and Consistency", *Democratization*, Vol. 4, No. 3, Autumn 1997.

Chang Gordon H. : *Friends and Enemies. The United States, China, and the Soviet
Union*, 1948 – 1972, Stanford, CA 1990.

Chang Gordon H. : *Friends and Enemies. The United States, China, and the Sovi-
et Union*, 1948 – 1972, Stanford, CA 1990.

Communication on the Reform of the Management of External Assistance, European
Commission, 2000.

Cotonou Agreement, Part 1: General Provisions.

Davies, Penny, "China and the End of Poverty in Africa—towards mutual benefit?", Sundbyberg, Sweden: Diakonia, August 2007.

Development Cooperation. 1977, 1992 – 1997, OECD/DAC.

Development Cooperation, in General Report 2000 – Chapter VI: Role of the U-nion in the World, European Commission, 2001.

Development Cooperation Policy in the Run – up to 2000, European Commission, 1996.

Development Cooperation Review Series: European Community, OECD Development Assistance Committee, No. 30, 1998.

Development Cooperation Review Series: Sweden, OECD Development Assistance Committee, 1996, No. 19.

Development Cooperation Review Series: United States, OECD Development Assistance Committee, 1998, No. 28.

Ekengren, Magnus & Sundelius, Bengt "Sweden", *EU Member State Foreign Ministries: Change and Adaptation*, (ed.) by Brian Hocking and David Spence, to be published by MacMillan, 2000.

Ekengren, Magnus & Sundelius, Bengt "Sweden: The State Joins the European U-nion", Hanf, Kenneth & Soetendorp, Ben (ed.) *Adapting to European Integration: Small States and the European Union*, Addison – Wesley Publisher, 1998.

Elgström, Ole & Jerneck, Magnus "From Adaptation to Foreign Policy Activism: Sweden as a Promoter of Peace", in *Stable Peace among Nations*, (ed.) by Arie M. Kacwicz &Yaacov Bar – Siman – Tov (Hebrew University of Jerusalem), Rowman & Littlefield: 2000.

Elgström, Ole: "Giving Aid on the Recipient's Terms: the Swedish Experience in Tanzania", *Agencies in Foreign Aid—Comparing China, Sweden and the United States in Tanzania*, (ed.) by G. Hyden & and R. Mukandala, MacMillan Press Ltd. : 1999.

Elgström, Ole, "Norm negotiations. The construction of new norms regarding gender and development in EU foreign aid policy", *Journal of European Public Poli-*

cy, 7: 3 Special Issues.

Emmerij, Louis *Economic and Social Development into 21ˢᵗ Century.*

EU Development Council Resolutions.

Falkner, Gerda *EU Social Policy in the* 1990s: *Towards a Corporatist Policy Community*, London, Routledge, 1998.

Forward Studies Unit, The Future of North – South Relations: Towards Sustainable Economic and Social development, European Commission, 1997.

Frühling, Pierre (ed.), *Swedish Development Aid in Perspective*, Faelths Tryckeri AB, Vaernamo: 1986.

Geographical Distribution of Financial Flows to AID Recipients: 1960 – 1996. (CD – ROM) , *OECD/DAC , 1998.*

Gill, Bates, Chin – hao Huang, and Stephen J. Morrison. China's Expanding Role in Africa—Implications for the United States. A Report of the CSIS Delegation to China on China – Africa – U. S. Relations. November 28 – December 1, 2006.

Grilli, Enzo R. *The European Community and the Developing Countries*, Cambridge University Press, 1993.

Gwin, Catherine, *U. S. Relations with the World Bank* 1945 – 92, Brookings Occasional Paper, 1994.

Gilpin, Robert *The Political Economy of International Relations*, Princeton University Press: 1987.

Hanf, Kenneth & Soetendorp, Ben (ed.) *Adapting to European Integration: Small States and the European Union*, Addison – Wesley Publisher, 1998.

Hogan, Michael J. & Paterson, Thomas G. (ed.), *Explaining the History of American Foreign Relations*, Cambridge University Press, 1991.

Holland, Martin "Do Acronyms Matter? The Future of ACP – EU Relations and the Developing World", Europa Institute an der Universität Basel: Basler Schriften zur Europäischen Integration, Nr. 35.

Holland, Martin, "Vices and Virtues: Europe's Foreign Policy and South Africa: 1977 – 1997", *European Foreign Affairs Review*, Vol. 3, Issue 2, Summer 1998.

Hoebink, Paul, "Coherence and Development Policy: The Case of the European Union", in *Olav Stokke (ed.)*, 1999.

Hyden, Goran & Mukandala, Rwekaza (ed.), *Agencies in Foreign Aid—Comparing China, Sweden and the United States in Tanzania*, MacMillan Press Ltd., 1999.

Infofinance 1999, *European Commission*, 2000.

Koning, Antonique, "The European Commission: EDF Aid Management", in Aidan Cox, John Healey & Antonique Koning, 1997.

Koulaimah – Gabriel, Andrea, "The Geographic Scope of EC Aid: One or Several Development Policies?", ECDPM Working Paper, No. 42, Maastricht: ECDPM, 1997.

Koulaimah – Gabriel, Andrea, "The EU and the Developing World: Coherence between the Common Foreign and Security Policy and Development Cooperation", in *Olav Stokke (ed.)*, 1999.

Heinrizig. Dieter, Die Zowjetunion und das kommunistische China 1945 – 1950, Nomos Verlagsgesellschaft, Baden – Baden 1998,（中译本）［德］迪特·海茵茨希:《中苏走向联盟的艰难历程》, 新华出版社 2001 年版。

IMF and World Bank: *U. S. Contributions and Agency Budgets*, varies years, Congress Research Service, Congress Library.

Kaplinsky, Raphael, Dorothy McCormick and Mike Morris, "The Impact of China on Sub – Saharan Africa," IDS Working Paper 291.

Keohane, Robert, *After Hegemony: Cooperation and Discord in the World Political Economy*, Princeton University Press, 1984.

Kissinger, Henry, *Diplomacy*, New York: Simon & Schuster, 1995.

Krasner, Stephen, *Defending National Interests: Row Materials Investments and U. S. Foreign Policy*, Princeton University Press, 1978.

Krasner, Stephen D. *Structural Conflict: the Third World Against Global Liberalism*, *University of California Press*, 1985.

Lachmann, Werner, *Entwicklungspolitik: Band I: Grundlagen*, Oldenbourg, 1994.

Lachmann, Werner & Schultz, Eckhard, *Entwicklungspolitik: Band II: Binnenwirtschaftliche Aspekte*, Oldenbourg, 1997.

Lachmann, Werner, *Entwicklungspolitik: Band III: Au？ enwirtschaftliche Aspekte*, Oldenbourg, 1994.

Lancaster, Carol, *Transforming Foreign Aid. United States Assistance in the 21th Century*, Institute for International Economics, 2000.

Lancaster, Carol, *Aid to Africa: So Much to Do, So Little Done*, University of Chicago Press, 1999.

Lange, Peter, "The Politics of the Social Dimension", *Euro – politics—Institutions and Policymaking in the "New" European Community*, ed. by Sbragia, Alberta M., The Brookings Institute, Washington, D. C.: 1992.

Lembke, Hans N., *Denmark's Development Cooperation Policy*, German Development Institute, Berlin: 1987.

Lembke, Hans N., *Norway's Development Cooperation Policy*, German Development Institute, Berlin: 1989.

Lembke, Hans N., *Sweden's Development Cooperation Policy*, German Development Institute, Berlin: 1986.

Lister, Marjorie, *The European Union and the South: Relations with Developing Countries*, Routledge: 1997.

Lowe, David (Secretary of the European Parliament), "Keynote Article: The Development Policy of the European Union and the Mid – term Review of theLomé Partnership", *Journal of Common Market Studies*, Vol. 34, Annual Review, August 1996.

Lumsdaine, David Halloran, *Moral Vision in International Politics—the Foreign*

Aid Regime, 1949 – 1989, Princeton University Press: 1993.

McCormick, James M. , *American Foreign Policy and American Values*, Itasca, IL: F. E. Peacock Publishers, 1985.

Montgomery, John D. （ed.）, *International Dimensions of Land Reform*, Roulder: Westerview Press, 1984.

Mushi, Samuel S. "Determinants and Limitations of Aid Conditionality: Some Examples from Nordic – Tanzanian Co – operation", in Stokke, *Policy Coherence in Development Cooperation* .

Myrdal Gunnar, *Beyond the Welfare State: Economic Planning in the Welfare States and its International Implications*, Yale University Press: 1960.

Naim, Moisé "Washington Consensus or Washington Confusion?", in *Foreign Policy*, Spring 2000.

National Advisory Council on International Monetary and Fiscal Policies, Annual Report to the President and to the Congress (Washington: USGPO, 1972).

OECD Geographical Distribution of Financial Flows to Aid Recipients, 1960 – 96, CD – ROM, DAC.

OECD *Twenty – Five Years of Development Cooperation—a Review*, 1985 Report. OECD/DAC, Geographical Distribution of Financial Flows to Aid Recipients, 1993 – 1997, Paris: 1999.

OECD Development Assistance Committee, Development Cooperation Review Series: European Community, Paris: OECD, 1996, 1998.

OECD Development Assistance Committee, "Development Partnerships in the New Global Context", Paris: OECD , 1995.

OECD Development Assistance Committee, "Cooperation for Sustainable Development", Paris: OECD , 1997.

OECD Development Assistance Committee, "Strengthening Development Partnerships: A Working Checklist", Paris: OECD , 1998.

OECD Development Assistance Committee, Shaping the 21st Century: The Contribution of Development Cooperation, Paris: OECD, 1996.

Olsen, Gorm, "Changing European Concerns: Security and Complex Political E-mergencies instead of Development", in http: //www. dse. ruc. dk.

Olsen, Gorm – Rye, "Western Europe's Relations with Africa Since the End of the Cold War", in *Journal of Modern African Studies* 35 (2), June 1997.

Payaslian, Simon. *US Foreign Economic and Military Aid. The Reagan and Bush Administration*, University Press of America, 1996.

Pearson, Lester B. , *Partners in Development: Report of the Commission on Economic Development*, New York: Praeger, 1969.

Report on the Implementation of the Communication— "Building a Comprehensive Partnership with China", European Commission, 2000.

Piening, Christopher, *Global Europe, the European Union in World Affairs*, Lynne Rienner Publisher, 1997.

Pratt, Cranford (ed.), *Internationalism under Strain—The North – South Policies of Canada, the Netherlands, Norway, and Sweden*, University of Toronto Press: 1989.

Progress and Poverty—Swedish Development Cooperation with Asia, Sida, 1999.

Proposition (1987/1988) Regeringens proposition om Sverige och den västeuropeiska integrationen (Stockholm: Parliament Printing Office).

Pye, Lucian, "Political Culture", in David Sills (ed.), *International Encyclopedia of the Social Sciences*, New York, NY: Crowell Collier and Macmillan, 1968.

Rhodes, Robert I. , (ed.) *Imperialism and Underdevelopment—A Reader*. Monthly Review Press, New York & London, 1970.

Ruttan, Vernon W. , *United States Development Assistance Policy. The Domestic Politics of Foreign Economic Aid*, The Johns Hopkins University Press, 1996.

Sbragia, Alberta M. (ed.), *Euro – politics. Institutions and Policymaking in the "New" European Community*, The Brookings Institute, Washington, D. C. : 1992.

Sida 1998—*Looking Towards* 2000.

Stiglitz, Joseph E. , "The World Bank at the Millennium", in *Economic Journal*, November 1999.

Södersten Bo, "Sweden: Toward a Realistic Internationalism", in Pratt, Cranford (ed.), *Internationalism under Strain—The North - South Policies of Canada, the Netherlands, Norway, and Sweden*, University of Toronto Press: 1989.

Stevens, Christopher, "NegotiatingLome III: an example of North - South Bargaining", *Discussion Paper*, IDS, Sussex, May 1986.

Stokke, Olav (ed.), *Aid and Political Conditionality*, EADI Book Series 16, Frank CASS. London: 1995.

Stokke, Olav (ed.), *Foreign Aid Towards the Year* 2000: *Experiences and Challenges*, EADI Book Series 18, Frank CASS. London: 1996.

Stokke, Olav (ed.), *Policy Coherence in Development Cooperation*, EADI Book Series 22, Frank CASS. London: 1999.

Stokke, Olav (ed.), *Western Middle Powers and Global Poverty*, The Scandinavian Institute of African Studies, Uppsala, 1989.

Strömvik, Maria, "Fifteen Votes and One Voice? —the CFSP and Changing Voting Alighments in the EU ", in *Statsvetenskaplig tidskift*, 1998, Vol. 1010, No. 2.

Sundelius, Bengt, "Changing Course: When Neutral Sweden Chose to Join the European Community" in *European Foreign Policy—the EC and Changing Perspectives in Europe*, (ed.) by Walter Carlsnaes and Steve Smith. SAGE Publications Ltd: 1994.

Sweden's International Development Cooperation (Yearbooks), Regeringskansliet, 1999.

Sweden's International Development Cooperation, Yearbook 1999.

Truman, Harry S. "Inaugural Address of President (January 30, 1949)", Department of State Bulletin 33.

Urban, Marion, *Die Koordinierung der Entwicklungszusammenarbeit unter EU-Ge-*

bern, Europäischer Verlag der Wissenschaften, Peter Lang: 1997.

U. S. Code Congressional and Administrational News, 1950, 1961.

U. S. Loans, Grants and Assistance from International Organizations and Authoriza-tions (Washington: US/AID, various years).

US Department of State, *Proceedings and Documents of the United Nations Mone-tary and Financial Conference*, Bretton Woods, New Hampshire, 1944.

U. S. Senate, U. S. Contributions to Multilateral Development Banks and Inter-national Organizations Hearings, 97ᵗʰ Cong. , 1st Session. (Washington: USG-PO, 1981).

Wallerstein, Immanual, *One World, Many Worlds*, New York: Lynne Rienner 1988.

World Bank, "Supporting Peace: The World Bank's Role in Post – Conflict Re-construction", http://www. worldbank. org/html/extdr/backgrd/ibrd/peace. htm.

Whither EC Aid? Compendium, coordinated bGwenaelle Corre, European Centre for Development Management, Maastricht: ECDPM, September 2009.

www. die – gdi. de.

www. oneworld. org.

Zacher, George A. , *Political History of Food for Peace*, *Department of Agricultural Economics Staff Paper* 77 – 18, (Ithaca: Cornell University, May 1977).

Ekengren, Magnus & Sundelius, Bengt, "Sweden", *EU Member State Foreign Ministries: Change and Adaptation*, (ed.) by Brian Hocking and David Spence, to be published by MacMillan, 2000.

Ekengren, Magnus & Sundelius, Bengt "Sweden: The State Joins the European U-nion", Hanf, Kenneth & Soetendorp, Ben (ed.) *Adapting to European Integra-tion: Small States and the European Union*, Addison – Wesley Publisher, 1998.

Emmerij, Louis *Economic and Social Development into 21ˢᵗ Centuary.*

Falkner, Gerda *EU Social Policy in the* 1990s: *Towards a Corporatist Policy Com-munity*, London, Routledge, 1998.

Frühling, Pierre (ed.), *Swedish Development Aid in Perspective*, Faelths Tryckeri AB, Vaernamo: 1986.

Gilpin, Robert, *The Political Economy of International Relations*, Princeton University Press: 1987.

Grilli, Enzo R., *The European Community and the Developing Countries*, Cambridge University Press, 1993.

Hanf, Kenneth & Soetendorp, Ben (ed.) *Adapting to European Integration: Small States and the European Union*, Addison – Wesley Publisher, 1998.

Hogan, Michael J. & Paterson, Thomas G. (ed.), *Explaining the History of American Foreign Relations*, Cambridge University Press, 1991.

Holland, Martin, "Do Acronyms Matter? The Future of ACP – EU Relations and the Developing World", Europa Institute an der Universität Basel: Basler Schriften zur Europäischen Integration, Nr. 35.

Holland, Martin, "Vices and Virtues: Europe's Foreign Policy and South Africa: 1977 – 1997", *European Foreign Affairs Review*, Vol. 3, Issue 2, Summer 1998.

Hyden, Goran & Mukandala, Rwekaza (ed.), *Agencies in Foreign Aid—Comparing China, Sweden and the United States in Tanzania*, MacMillan Press Ltd., 1999.

Kärre, Bo & Svensson Bengt, "The Determinants of Swedish Aid Policy", in Stokke, Olav (ed.) *Western Middle Powers and Global Poverty*, The Scandinavian Institute of African Studies, Uppsala, 1989.

Krasner, Stephen D. *Structural Conflict: the Third World Against Global Liberalism*, University of California Press, 1985.

Lancaster, Carol, *Aid to Africa: So Much to Do, So Little Done*, University of Chicago Press, 1999.

Lange, Peter, "The Politics of the Social Dimension", *Euro – politics—Institutions and Policymaking in the "New" European Community*, ed. by Sbragia, Alberta M., The Brookings Institute, Washington, D. C.: 1992.

The Maastricht Treaty, Article 130u & 130x.

Mushi, Samuel S. , "Determinants and Limitations of Aid Conditionality: Some Examples from Nordic – Tanzanian Co – operation", in Stokke, *Policy Coherence in Development Cooperation* .

Myrdal Gunnar, *Beyond the Welfare State: Economic Planning in the Welfare States and its International Implications*, Yale University Press: 1960.

Naim, Moisé, "Washington Consensus or Washington Confusion?", in *Foreign Policy*, Spring 2000.

OECD *Geographical Distribution of Financial Flows to Aid Recipients*, 1960 – 96, CD – ROM, DAC.

OECD *Twenty – Five Years of Development Cooperation—a Review*, 1985 Report.

Olsen, Gorm – Rye, "Western Europe's Relations with Africa Since the End of the Cold War", in *Journal of Modern African Studies* 35 (2), June 1997: 299 – 319.

Piening, Christopher *Global Europe, the European Union in World Affairs*, Lynne Rienner Publisher, 1997.

Pratt, Cranford (ed.), *Internationalism under Strain—The North – South Policies of Canada, the Netherlands, Norway, and Sweden*, University of Toronto Press: 1989.

Progress and Poverty—Swedish Development Cooperation with Asia, Sida, 1999.

Pye, Lucian, "Political Culture", in David Sills (ed.), *International Encyclopedia of the Social Sciences*, New York, NY: Crowell Collier and Macmillan, 1968.

Sbragia, Alberta M. (ed.) *Euro – politics. Institutions and Policymaking in the "New" European Community*, The Brookings Institute, Washington, D. C. : 1992.

Stevens, Christopher, "NegotiatingLome III: an example of North – South Bargaining", *Discussion Paper*, IDS, Sussex, May 1986.

Stokke, Olav (ed.), *Western Middle Powers and Global Poverty*, The Scandinavian Institute of African Studies, Uppsala, 1989.

Stokke, Olav (ed.), *Aid and Political Conditionality*, EADI Book Series 16, Frank CASS. London: 1995.

Stokke, Olav (ed.), *Foreign Aid Towards the Year* 2000: *Experiences and Challenges*, EADI Book Series 18, Frank CASS. London: 1996.

Stokke, Olav (ed.), *Policy Coherence in Development Cooperation*, EADI Book Series 22, Frank CASS. London: 1999.

Sundelius, Bengt, "Changing Course: When Neutral Sweden Chose to Join the European Community", in *European Foreign Policy—the EC and Changing Perspectives in Europe*, (ed.) by Walter Carlsnaes and Steve Smith. SAGE Publications Ltd: 1994.

Sida 1998—*Looking Towards* 2000.

Stiglitz, Joseph E. "The World Bank at the Millennium", in *Economic Journal*, November 1999.

Sweden's International Development Cooperation (Yearbooks), Regeringskansliet, 1999.

Sweden's International Development Cooperation, Yearbook 1999.

Urban, Marion, *Die Koordinierung der Entwicklungszusammenarbeit unter EU – Gebern*, Europäischer Verlag der Wissenschaften, Peter Lang: 1997.

Wallerstein, Immanual, *One World, Many Worlds*, New York: Lynne Rienner 1988.

Williamson, John, "What should the Bank think about the Washington Consensus?" inwww. iie. com/TETMONY/bankwc. htm.

Karl Polanyi, The Great Transformation, New York and Toronto: Rinehart & Company, Inc. , 1944.

John Maynard Keynes, Collected Writings, Vol. IX: Essays in Persuasion, London: MacMillan, 1972.

Griesgraber and Gunter (eds.), Development: New Paradigms and Principles, Pluto Press, 1996.

Walt W. Rostow, The Stages of Economic Growth: A Non – Communist Manifesto, *Cambridge University Press*, 1960.

Jerve, Alf Morten (2002), "Ownership and partnership: does the new rhetoric solve the incentive problems in aid?", in Development Studies Forum, NUPI.

Stokke, Olav (1995), ed., Aid and Political Conditionality, FRANK CASS & CO. LTD, London, and Killick, Tony et al. (1998), Aid and the Political Economy of Policy Change, Routledge.

Roger C. Riddell, Foreign Aid Reconsidered, the Johns Hopkins University Press, 1987.

Middleton, Neil and O' Keefe, Phil, Disaster and Development, Pluto Press, 1998.

OECD, Income Distribution in OECD Countries, Paris, 1995.

Roger C. Riddell, Foreign Aid Reconsidered, the Johns Hopkins University Press, 1987.

Van Ufford, P. Q. and Giri, A. K., ed., 2003, A Moral Critique of Development, Routledge.

Griesgraber and Gunter (eds.): Development: New Paradigms and Principles, Pluto Press, 1996.

Cox, Aidan andKoning, Antonique. *Understanding European Community Aid.* European Commission, Brussels, 1997.

Development Cooperation. 1977, 1992 – 1997, OECD/DAC.

Geographical Distribution of Financial Flows to AID Recipients: 1960 – 96. (CD-ROM) , *OECD/DAC , 1998.*

Grilli, Enzo R. *The European Community and the Developing Countries*, Cambridge University Press, 1993.

Kissinger, Henry. *Diplomacy* . New York: Simon & Schuster, 1995.

Keohane, Robert. *After Hegemony: Cooperation and Discord in the World Political Economy.* Princeton University Press, 1984.

Lachmann, Werner, *Entwicklungspolitik: Band I: Grundlagen*, Oldenbourg, 1994.

Lachmann, Werner & Schultz, Eckhard, *Entwicklungspolitik: Band II: Binnen-wirtschaftliche Aspekte*. Oldenbourg, 1997

Lancaster, Carol: *Transforming Foreign Aid. United States Assistance in the 21th Century*, Institute for International Economics, 2000.

Payaslian, Simon, *US Foreign Economic and Military Aid. The Reagan and Bush Administration*, University Press of America, 1996.

Rhodes, Robert I. (ed.), *Imperialism and Underdevelopment—A Reader*. Monthly Review Press, New York & London, 1970.

Ruttan, Vernon W. , *United States Development Assistance Policy. The Domestic Politics of Foreign Economic Aid*, The Johns Hopkins University Press, 1996.

Stokke, Olav (ed.), *Aid and Political Conditionality*, EADI Book Series 16, Frank CASS. London: 1995.

Stokke, Olav (ed.), *Foreign Aid Towards the Year* 2000: *Experiences and Challenges*, EADI Book Series 18, Frank CASS. London: 1996.

Stokke, Olav (ed.), *Policy Coherence in Development Cooperation*, EADI Book Series 22, Frank CASS. London: 1999.

Alighiert, Dante, *On World Government (De Monarchia)*, New York: the Bobbs-Merrill Company, Inc. , 1957.

Almond, Gabriel &Verba, Sidney, *The Civic Culture*, Princeton University Press, 1963.

Babarinde, Olufemi A. , "The Lomé Convention: An Aging Dinosaur in the Europena Union' s Foreign Policy Enterprise?" in *The State of the European Union*, Vol. 3, *Building a European Polity*, (ed.) by Carolyn Rhodes & Sonia Mazey, Longman, Lynne Rienner Publishers: 1995.

Bendix, Paul J. , *The Netherlands' Development Cooperation Policy*, German Development Institute, Berlin: 1988.

Bretherton, Charlotte & Vogler John, *The European Union as a Global Actor*, Routledge: 1999.

Bücherl Wolfgang & Jansen Thomas, *Globalization and Social Governance in Europe and the United States*, Working Paper 1999, European Commission Forward Studies Unit.

Carlsnaes, Walter & Smith, Steve, *European Foreign Policy—the EC and Changing Perspectives in Europe*, SAGE Publications Ltd: 1994.

Cassen Robert, *Entwicklungszusammenarbeit*, Verlag Paul Haupt Bern & Stuttgart, 1990.

Claus, Burghard & Hofmann, Michael, *The Development Cooperation Policy of the USA*, German Development Institute, Berlin: 1988.

Cosgrove – Sacks, Carol (ed.), *The European Union and Developing Countries: the Challenges of Globalization*, MacMillan Press Ltd.: 1999.

Cox, Aidan &Koning, Antonique, *Understanding European Community Aid*, Overseas Development Institute, London, 1997.

Cox, Aidan, Healey, John &Koning, Antonique, *How European Aid Works*, Overseas Development Institute, London, 1997.

Crawford, Gordon, "Foreign Aid and Political Conditionality: Issues of Effectiveness and Consistency", *Democratization*, Vol. 4, No. 3, Autumn 1997.

Development Cooperation Review Series: European Community, OECD Development Assistance Committee, 1998, No. 30.

Development Cooperation Review Series: Sweden, OECD Development Assistance Committee, 1996, No. 19.

Development Cooperation Review Series: United States, OECD Development Assistance Committee, 1998, No. 28.

EU Development Council Resolutions.

Ekengren, Magnus & Sundelius, Bengt "Sweden", *EU Member State Foreign Ministries: Change and Adaptation*, (ed.) by Brian Hocking and David Spence, to be published by MacMillan, 2000.

The Maastricht Treaty, Article 130u & 130x.

OECD*Twenty – Five Years of Development Cooperation—a Review*, 1985 Report.

Olsen, Gorm – Rye, "Western Europe's Relations with Africa Since the End of the Cold War", in *Journal of Modern African Studies* 35 (2), June 1997.

Piening, Christopher *Global Europe, the European Union in World Affairs*, Lynne Rienner Publisher, 1997.

Pratt, Cranford (ed.), *Internationalism under Strain—The North – South Policies of Canada, the Netherlands, Norway, and Sweden*, University of Toronto Press: 1989.

Progress and Poverty—Swedish Development Cooperation with Asia, Sida, 1999.

www. die – gdi. de.

www. oneworld. org.

www. sida. se/.

European Union, *European Report on Development*, 2013.